Andreï Makine
de l'Académie française

Etudes réunies par
Murielle Lucie Clément

Andreï Makine
de l'Académie française

Un écrivain essentiel

MLC

Éditions MLC
Le Montet – 36340 Cluis
www.emelci.com

ISBN : 978-2-37432-033-5
Dépôt légal : juillet 2016

© Éditions MLC 2016

Actes du colloque international 2013 à Cluis

Ce colloque a été rendu possible grâce à la généreuse contribution de : Mairie de Cluis, Syndicat d'initiative de Cluis, l'Association pour la sauvegarde des sites de Cluis, Plomberie-chauffage-électricité Jean-Michel Hérault, Association Les Amis de George Sand, Galéo Optimisation des Réseaux de transports, Chez Noëlle, Salon de coiffure Valérie Champeau, Alimentation générale SPAR, Les gîtes du Beau de Varennes, Les Bouquets de Clovis, Lucette Gouverneur, Anthony Appere, Ent. Daniel Petolon, Boucherie-charcuterie Benoit et Catherine Noc, Le Manteau d'Arlequin, Artisan Boucher Charcutier Marie-Pierre et Guillaume Huet, Bar-Tabac-Restaurant « Les Tilleuls », JFM Auto, Alix Pillay Architecture intérieure, Menuiserie Moreau, Taxi G. Moulin, Mid Bella Nemed, Boulangerie pâtisserie Allorent, Chambre d'hôtes La Cigogne de La haye, Les joyeux Piafs, A Capella, Gérard Guillaume Confrérie Neuvy, Le petit Tralala, Les Bordins de l'Arnon, Le Réveil Clusien, Gérard Vermont, Anne de Varennes, Willy Soulette et les Sonneurs ainsi que les nombreux participants.

Chaleureux remerciements à : Mr et Mme René Tardieu, Mr et Mme Pierre Ampeau, Mme Solange Weber, Mr Alain Baillon, Mr et Mme Jean-Pierre Lefever, Mr et Mme Robert Douard, Monsieur Didier Mayet, Madame Jocelyne Chavenaud et toutes les personnes ayant contribué à l'organisation de l'événement.

Bibliographie d'Andreï Makine

Sous le nom d'Andreï Makine :
1990 : *La Fille d'un héros de l'Union soviétique*
1992 : *Confession d'un porte-drapeau déchu*
1994 : *Au Temps du fleuve Amour*
1995 : *Le Testament français*
1998 : *Le Crime d'Olga Arbélina*
2000 : *Requiem pour l'Est*
2001 : *La Musique d'une vie*
2003 : *La Terre et le ciel de Jacques Dorme*
2004 : *La Femme qui attendait*
2006 : *Cette France qu'on oublie d'aimer*
2006 : *L'Amour humain*
2007 : *Le Monde selon Gabriel*
2009 : *La Vie d'un homme inconnu*
2011 : *Le Livre des brèves amours éternelles*
2013 : *Une Femme aimée*
2014 : *Le Pays du lieutenant Schreiber*
2016 : *L'Archipel d'une autre vie*

Sous le nom de Gabriel Osmonde :
2001 : *Le Voyage d'une femme qui n'avait plus peur de vieillir*
2004 : *Les 20 000 Femmes de la vie d'un homme*
2006 : *L'Œuvre de l'amour*

2011 : *Alternaissance*

Prix :
1995 : Prix Goncourt, Prix Goncourt des Lycéens et Prix Médicis (ex æquo avec Vassilis Alexakis) pour *Le Testament français*
1998 : Prix Eeva Joenpelto pour *Le Testament français*
2000 : Grande médaille de la francophonie pour l'ensemble de son œuvre
2001 : Prix RTL-Lire pour *La Musique d'une vie*
2005 : Prix de la fondation Prince-Pierre-de-Monaco pour l'ensemble de son œuvre
2005 : Prix Lanterna Magica du meilleur roman adaptable à l'écran pour *La Femme qui attendait*
2013 : Prix Casanova pour *Une Femme aimée*
2014 : Prix Wartburg de Littérature pour *Le Pays du lieutenant Schreiber*
2014 : Prix mondial de la Fondation Simone & Cino del Duca-Institut de France
2016 : Elu membre de l'Académie française

Introduction

Murielle Lucie Clément

Au printemps 2011, Andreï Makine faisait son « coming out » officiel et avouait être Gabriel Osmonde ce qui, d'autre part, n'était plus vraiment un secret. Au cours d'un entretien, Andreï Makine explique la raison de ce retournement. « J'ai été trahi par mon éditeur Albin Michel qui a commencé à raconter cela à tout le monde. Du coup, le fait a commencé à être trop connu pour que je garde l'anonymat et, surtout, il y a eu deux ou trois articles, quatre peut-être, dans le *Figaro* où ils divulguaient ce secret. J'ai su par mon attachée de presse qu'ils préparaient encore quelque chose. Je me suis dit : "Il faut dire les choses clairement". Mais ce n'était pas calculé. Si j'avais pu rester dans mon anonymat, j'aurais continué à travailler tranquillement »[1].

Véritable tour de force éditorial – prise en considération la différence intrinsèque des deux œuvres – à quelques mois d'intervalle, l'auteur

---

[1] Entretien du 12 juillet 2011, à Paris. Propos recueillis par Murielle Lucie Clément.

publiait *Le Livre des brèves amours éternelles* (janvier)[2], sous son nom d'écrivain le plus connu, et *Alternaissance* (mars)[3], quatrième roman signé Osmonde. Dix ans auparavant, paraissait *Le Journal d'une femme qui n'avait plus peur de vieillir*[4], suivi par *Les 20 000 Femmes de la vie d'un homme*[5] et de *L'Œuvre de l'amour*[6]. En ce qui nous concerne, nous choisissons de traiter Makine et Osmonde comme deux écrivains distincts. Non tant parce que cela serait le souhait de l'auteur, mais bien parce qu'il s'agit de deux écritures totalement dissemblables, tant par les thèmes traités que dans la manière dont ils le sont[7]. Deux plumes singulières qui, sans s'ignorer – comme peuvent le démontrer certaines passerelles entre

---

[2] Andreï Makine, *Le Livre des brèves amours éternelles*, Paris, Seuil, 2011.
[3] Gabriel Osmonde, *Alternaissance*, Paris, Pygmalion, 2011.
[4] Gabriel Osmonde, *Le Voyage d'une femme qui n'avait plus peur de mourir* (2001) Paris, Le Livre de poche, 2004.
[5] Gabriel Osmonde, *Les 20 000 Femmes de la vie d'un homme* (2004), Paris, Le Livre de poche, 2007.
[6] Gabriel Osmonde, *L'Œuvre de l'amour*, Paris, Pygmalion, 2006.
[7] Ceci est loin de nous surprendre si nous observons *Le Monde selon Gabriel* (première mondiale le 15 mai 2009 à Amsterdam dans une mise en scène de Murielle Lucie Clément) où Andreï Makine manie un tout autre registre que celui habituel de ses romans.

les deux œuvres[8] –, n'en sont pas moins très diverses. D'où la nécessité pour Andreï Makine de recourir à un autre pseudonyme. Mais, dit-il : « Il s'est imposé. Ce n'était pas un déchirement. Ce n'était pas du tout un choix stratégique ou tactique. C'était un autre personnage, mon double en moi. Pourquoi ne pas lui donner un nom qui le différentie. »[9]

Andreï Makine en Gabriel Osmonde se compare aux bodhisattvas et désire, par la littérature, ouvrir une voie pour les pauvres humains prisonniers de leur première et deuxième naissances[10]. Osmonde permettrait la sortie du cercle vicieux du Bien et du Mal. Il est, en effet, impossible de connaître les destinées humaines ou celle de l'humanité comme l'écrit déjà Voltaire[11],

---

[8] Fait que nous évoquions déjà lors du colloque « Le Monde selon Andreï Makine » en janvier 2009 dans notre communication : « Andreï Makine et Gabriel Osmonde : Passerelles ». Cf. Murielle Lucie Clément et Marco Caratozzolo (eds.), *Le Monde selon Andreï Makine. Textes du Collectif de chercheurs autour de l'œuvre d'Andreï Makine*, Sarrebruck, Éditions Universitaires Européennes, 2011.
[9] Dans l'entretien susmentionné.
[10] Au cours de l'entretien susmentionné. Cf. aussi l'article de Astrid de Larminat, « Osmonde sort de l'ombre », dans *Le Figaro* du 30.03.2011.
[11] Cf. entre autres, « Zadig ou la destinée », dans Voltaire, *Romans et contes*, Gallimard, coll. La Pléiade, 1979.

mais Osmonde propose de ne pas se réduire aux deux premières naissances, organisées au niveau planétaire, mais de vivre selon la Troisième naissance. La Première naissance est donnée à l'homme, c'est son enveloppe physique qu'il peut difficilement échanger contre une autre. La Deuxième naissance est son moi formé par les situations et positions sociales, les jeux sociaux. La Troisième naissance, « déjà en nous », est le véritable mystère au cœur du roman.

****

Les Rencontres littéraires de Cluis en 2013 ont permis la réalisation d'un grand colloque international auquel de nombreux chercheurs ont offert leur concours. Le titre, *Andreï Makine versus Gabriel Osmonde* a généré un approfondissement, entre autres, du concept de la pseudonymie en relation avec cet auteur. Les interventions proposées par Erzsebet Harmath et Annie Morgan ont projeté une vision intégrante nouvelle tant au niveau linguistique que culturel, historique, psychologique, sémantique… Tant le versant heuristique qu'explicatif du concept a été analysé dans une perspective interrogative qui pourrait se définir en une phrase : « Peut-on encore lire Makine sans référence à Osmonde et vice-versa ? »

Le colloque s'est aussi investi d'une dimension majeure, établie entre la doxa et l'épistémè entre l'ensemble de l'œuvre des deux auteurs, ayant comme point de convergence un imaginaire hors norme. Les points de vue divergents sur l'œuvre engendrent des interventions allant de la phonostylistique en passant pour certains par la sémantique lexicale et la syntaxe, et jusqu'à la pragmatique et l'argumentation pour d'autres. Regroupées dans ce recueil, ce sont majoritairement des études englobant l'imagination, la genèse littéraire, les images, les ekphraseis, les symboles, les mythes, les archétypes en approches théoriques ou par des études de cas.

Les interprétations multiples, parfois contradictoires de l'œuvre de Makine/Osmonde peuvent sembler irréconciliables, mais elles ont toutes leur place si l'on tient compte de la méthode et de l'argumentation relevant des domaines respectifs.

***

Depuis 2016 et son entrée à l'Académie française, Makine occupe une place encore plus essentielle et incontournable dans la littérature française. Il s'inscrit dorénavant dans la grande tradition des écrivains ayant accédé au statut suprême du gotha littéraire français. Les journalistes et les lecteurs recherchent avidement des éléments de sa biographie personnelle dans ses romans. Toutefois, selon l'auteur, cela amoindrit une œuvre. En effet, on pourrait dire qu'il y a toujours trois auteurs en un : l'auteur selon son œuvre ; l'auteur selon sa vie ou si l'on préfère sa biographie ; l'auteur selon la légende.

Il est possible d'évaluer les relations entre l'œuvre et la vie de l'auteur. Pour Makine, une enfance russe, une jeunesse russe, un grand amour de la France, entre autres, dans ses livres et dans sa vie. Ce que les chercheurs ont beaucoup moins analysé, c'est le sens de l'humour de Makine, l'érotisme de Makine et il serait réducteur de le confiner à deux ou trois éléments littéraires, car sa parfaite connaissance des littératures, histoires et cultures russes et françaises, le fait transcender cette même tradition dont il est issu. Galina Ovchinnikova soulève une partie du voile et nous fait accéder à l'humour et le rire chez Makine dans

« Le rire à travers la parole théâtrale dans la pièce d'Andreï Makine *Le Monde selon Gabriel* ».

L'œuvre makinienne s'avère charnière entre deux univers : l'un – celui de l'ancienne URSS – et l'autre qui comprend le reste du monde, surtout l'Occident, avec en portion congrue la France. Par la géographie ainsi couverte, l'œuvre d'Andreï Makine occupe certainement une place à part dans la littérature contemporaine et l'auteur se différencie grandement des auteurs multilingues en général, qui placent ordinairement leur univers à cheval sur deux pays au plus. Les auteurs franco-russes explorent le plus souvent la dialectique France-Russie. Toutefois, un atout majeur d'Andreï Makine, que l'on retrouve chez Gabriel Osmonde, est d'avoir engagé une transversalité des arts par-delà une délimitation trop rigide des frontières généralement admises. Bien entendu, l'ailleurs reste tout de même présent dans les romans de Makine, comme le souligne si bien Giula Gigante dans « La poétique de l'ailleurs d'Andreï Makine ». Alexia Gassin et Željka Janković étudient les rapports de Makine avec Wladimir Kaminer et Milos Tsernianski, tous les deux auteurs vivant en exil dans un pays d'accueil dont ils ont adopté la langue pour leurs écrits et Iulia Corduş décrit la différence entre la gastronomie française et la pénurie culinaire russe dans la traduction roumaine du roman avec : « La gastronomie française et la pénurie russe traduites en roumain : *Le Testament français* ».

Murielle Lucie Clément dans « De l'ekphrasis chez Gabriel Osmonde » analyse la fonction des descriptions se fondant dans le texte et s'actionnant de façon si naturelle que loin d'être réduites à un morceau descriptif de bravoure littéraire, elles permettent une plus grande compréhension de l'œuvre. Ces descriptions sont parfaitement illustrées dans « Une femme aimée : biographie et jeux de miroirs » d'Edith Perry où la lanterne magique de Makine et Osmonde éclaire les jeux de regards qui ne forment qu'une seule et même pensée au final : celle de l'auteur, même si les méthodes des deux auteurs ne sont pas identiques pour changer le monde.

L'article de Nicole Thatcher « Écrire l'autre vie » nous démontre qu'Andreï Makine, même lorsqu'il prend son nom de plume – Gabriel Osmonde – reste fidèle à cette quête des moments de grâce. Les articles réunis dans ce recueil comportent peu d'éléments biographiques de l'auteur, car Andreï Makine souhaite préserver au maximum sa vie privée, ce qui est respectable et respecté ici. Andreï Makine restera-t-il toujours un inconnu ? Un coin du voile est soulevé par F. César Guttiérre Niñayo dans son article « Histoires d'inconnus, l'histoire en continu » et Ricard Ripoll qui se penche sur la figure de l'inconnu chez Osmonde : « Gabriel Osmonde et la recherche de l'autre ».

Écrire l'autre vie

Nicole Thatcher

À première vue, il semble que les romans d'Andreï Makine et de Gabriel Osmonde – alias Makine – ne proviennent pas de la même plume. Les douze livres de Makine qui vont de 1990 à 2011 forment une fresque dont l'écriture fait appel au lyrisme, à l'ekphrasis, à l'humour, à l'ironie, à la musique et au silence. Les héros makiniens – suivis souvent de leur enfance jusqu'à leur maturité, à travers leur développement physiologique et psychologique –, découvrent des moments de grâce dans l'amitié, l'amour, ou même au-delà de la mort, sous des formes appropriées aux contextes géographiques, culturels et historiques de la Russie soviétique. Ils évoluent dans le monde russo-soviétique même lorsqu'ils se trouvent à l'étranger ; les narrateurs des œuvres de Makine sont russes comme les personnages. En revanche, même si la Russie, sans être nommée, se profile en arrière-fond – comme le rappelle Murielle Lucie Clément[12] –, les quatre romans d'Osmonde ont pour scène le monde occidental, des héros internationaux et leurs narrateurs révèlent un passé français. Les personnages sont adultes et leur préoccupation est avant tout sexuelle et corporelle. Leurs sentiments de désillusion et les descriptions d'un monde chaotique, déjà présents dans les romans makiniens, sont repris et développés par les narrateurs mais le contexte géographique est presque uniquement l'Occident et surtout la France. L'écriture est discursive, analytique, abordant philosophie, sociologie ou politique, avec seulement de brefs instants de lyrisme.

Je postule cependant, qu'en dépit d'une apparente distinction au niveau de l'écriture et des situations, les romans d'Andreï Makine et de Gabriel Osmonde témoignent d'une convergence dans la recherche du même idéal, entrevu dans des moments fugaces, indéterminés et sans forme. Cet idéal prend corps en tant que vision et sentiment, et sa nature varie suivant les âges des narrateurs et

---

[12] « Les Russes et la Russie chez Gabriel Osmonde » (pp. 311-378) in *Représentation des Russes et de la Russie dans le roman français des XXe et XXIe siècles,* études réunies par Murielle Lucie Clément, Editions Universitaires Européennes, 2012, 378 p., p. 326 seq.

leurs expériences. Ces dernières constituent, certes, un élément essentiel de distinction entre les romans de Makine et ceux d'Osmonde, mais j'argue qu'en réalité Osmonde prend la relève de Makine avec amplification de certains thèmes abordés dans les romans makiniens. De plus, ce qui est commun aux deux mondes, makinien et osmondien, c'est la flagrante différence entre les héros et la société où ils évoluent, soulignée par la découverte de ces moments fugaces inexprimables. Considérant cette différence dans l'optique de la relation des héros avec les Autres dans leur poursuite du bonheur, j'examinerai dans un premier temps le traitement de cette différence dans les romans de Makine et d'Osmonde en essayant de démontrer ce qui les unit ou les sépare. Dans un deuxième temps, j'étudierai les moyens employés par les narrateurs pour communiquer leur perception de « l'essence merveilleuse des choses »[13], l'expérience de cet étrange bonheur, de cette « autre vie » comme Osmonde la qualifie dans *Alternaissance*.

---

[13] Astrid de Larminat, « Osmonde sort de l'ombre », *Le Figaro*, www.lefigaro.fr/livres/2011/03/30, consulté 01/08/2013.

La relation avec les Autres et la poursuite d'un bonheur singulier

La relation avec les autres est décrite dès l'enfance, thème très présent dans les romans makiniens ; c'est là que se forme l'étrangeté de leurs héros par rapport au monde qui les entoure. Ils puisent à partir d'un petit noyau – la famille et les amis – une différence qui se transmet à travers les générations. Dans *Confession d'un porte-parole déchu*, la solidarité qui lie la famille du narrateur et celle de son ami à travers l'entraide de leurs pères, vétérans de guerre, tranche sur l'avidité et les violences de leurs voisins. Dans *Requiem pour l'Est,* Nikolaï se tient à l'écart de la société bolchevique naissante, constatant que « le monde qui les entourait devenait de plus en plus bavard. On parlait du travail au lieu de travailler »[14]. Avec sa femme Anna et leurs deux enfants, il cache leur existence paisible et heureuse dans leur modeste isba. Leur fils, Pavel, se réfugiera avec sa femme dans les montagnes du Caucase. Nikolaï et sa famille forment ce noyau différentiel avec Sacha, l'amie d'Anna, qui sauve Pavel de la mort quand il est petit et plus tard, son fils, le narrateur du

---

[14] *Requiem pour l'Est*, Paris, Mercure de France, 2000, p. 124.

Requiem pour l'Est. Les héros makiniens se détournent des bonheurs promis par le système idéologique et sont capables de distinguer ce qui est authentique et durable dans la vie quotidienne : « La joie du feu dans un grand poêle en fonte autour duquel nous nous rassemblions. Le plaisir d'entendre le vent. [...] Le bonheur pour nous, les enfants, de se sentir protégés par les adultes devenus tout d'un coup pleins de sollicitude et de tendresse »[15]. Il semble donc que les héros makiniens, ayant découvert qu'ils ne partagent pas les valeurs de leurs contemporains dans la poursuite du bonheur, préfèrent s'éloigner de cette société, même au risque de se marginaliser. Je reviendrai plus loin sur la marginalisation chez Makine et Osmonde.

Par contraste avec Makine, Osmonde n'aborde le thème de l'enfance que dans un seul de ses quatre romans, *Alternaissance*, et ne lui consacre qu'un chapitre de six pages, en reprenant la situation du héros orphelin de *Requiem pour l'Est* ; mais ici cet enfant a eu le temps de connaître quelque peu ses parents. Il est conscient d'être différent des autres, différence qu'il attribue à

---

[15] *Confession d'un porte-parole déchu*, Paris, Gallimard, Coll. Folio, 1996 (Belfond, 1992), pp. 83-84.

« une énigme personnelle [… dont il est [l']]héritier involontaire. […] Cette particularité [est] une manière d'être plutôt qu'un trait de caractère »[16]. Il nous en donne une illustration à travers une petite scène : assis avec sa mère derrière un bâtiment, un jour froid mais ensoleillé, comme il l'interrogeait sur le passé de leur famille et sur la patrie, elle lui mit entre les mains une plaque de glace qu'il laissa tomber : « [Elle] se brisa avec un bref froissement sonore qui me fit entendre le silence qui nous entourait. "Ta patrie est là …" me dit ma mère en indiquant d'un geste circulaire le recoin ensoleillé où nous restions réfugiés »[17]. Phrase obscure pour un enfant de six ans, mais il en retire le souvenir d'un moment de paix et de lumière. Placé dans un orphelinat à la mort de ses parents, la seule survivance de son passé familial est une vieille dame, une amie de sa famille, qui l'emmène parfois le dimanche, dans son appartement où se trouvent d'innombrables livres ; elle lui inculque l'amour de la lecture et lui apprend plusieurs langues qu'elle maîtrise. Ceci creuse davantage l'écart entre l'enfant et ses camarades. Mais, mettant à part ces quelques

---

[16] *Alternaissance*, Paris, Pygmalion, 2011, p. 54.
[17] *Ibidem.*

pages, Osmonde, dans ses quatre romans, ne s'attarde pas sur l'enfance ou la famille – la première naissance –, il met l'accent sur le héros adulte, isolé, assailli par les tentations que lui apporte sa deuxième naissance, sa place dans le monde.

Lorsque les héros makiniens et osmondiens deviennent adultes, leur relation avec les autres dans leur poursuite du bonheur est dominée par l'érotisme. Les adolescents sont curieux de connaître le corps féminin, le plaisir charnel et manifestent le désir de changement de partenaires. Comme l'affirme Thierry Laurent, « la sexualité [...] reste omniprésente dans l'œuvre [de Makine] et nous est présentée (presque toujours) de façon négative, parfois comique, le plus souvent abominable »[18]. Il nuance cependant cette assertion quelques pages plus loin car, en réalité, le héros makinien est conscient que l'érotisme ne lui apporte pas le bonheur envisagé. Il découvre celui-ci dans le grand amour, c'est-à-dire « la quiétude rassurante qui accompagne la jouissance d'un bonheur présent très simple et qui permet de

---

[18] Thierry Laurent, « La poésie de l'amour humain dans l'œuvre d'Andreï Makine », in *Andreï Makine. Le sentiment poétique,* textes réunis par Margaret Parry *et al.*, Paris, L'Harmattan, 2008, p. 211.

remonter "du fond des ténèbres" (*Requiem*, p. 284). […] [la] communion entre la paix amoureuse et le réconfort calme de la nature. […] quelque chose d'extrêmement simple, voire d'insignifiant »[19].

Les romans d'Osmonde arrivent à des conclusions similaires mais en soulignant plus fortement la sexualité et ses rapports avec la beauté diversement définie par les héros. Dans *Le voyage d'une femme qui n'avait plus peur de vieillir*, l'héroïne, âgée de quarante neuf ans, est consciente que son corps n'a pas la minceur requise par les normes de beauté en cours dans la société. Elle le rend responsable du manque d'amour dont elle souffre. Dans *Les 20 000 femmes de la vie d'un homme*, le héros se dit « quémandeur d'amour », amour qu'il pense trouver dans l'acte charnel qui devient chez lui une carrière professionnelle et qu'il recherche dans la poursuite effrénée du sexe particulièrement avec des femmes énormes : « Il reconnaît que l'attirance vers ces femmes aux corps extrêmes est obsessionnelle chez lui »[20]. Si l'amour se trouve dans l'érotisme, la difformité du corps, comme celle du héros bossu de *L'Œuvre de*

---

[19] *Ibidem*, pp. 216-7.
[20] *Les 20 000 femmes de la vie d'un homme*, Paris, Albin Michel, 2004, p.119.

l'amour, serait-elle un obstacle à cette découverte ? L'amour est-il synonyme de jouissance charnelle ? Dans les trois romans d'Osmonde ci-dessus, des réponses similaires aux romans makiniens, mais adaptées aux circonstances, se dessinent. Le bonheur inclut l'amour de l'autre dans la beauté de son humanité, beauté intérieure en harmonie avec la nature. Dans le premier roman, l'héroïne qui, n'espérant plus rien de la vie s'apprête à se suicider, découvre chez elle un inconnu qui lui apporte amour charnel et bonheur, c'est le miracle inattendu. Elle entrevoit de nouveaux horizons. Bien que leurs rendez-vous soient irréguliers, elle comprend « que l'espoir est en elle [...] Elle sait maintenant qu'on peut vivre dans la très quotidienne attente du miracle. Que cette attente est un mode de vie »[21]. Même si ce bonheur aboutit peut-être à la mort comme l'ambiguïté de la conclusion semble l'indiquer : elle part avec son amant pour le Nord, pour contempler l'aurore boréale, mais d'après une vieille croyance celui qui la regarde devient fou ! Dans le deuxième roman, le héros reconnaît que « d'autres hommes convertissent leur désir sexuel

---

[21] *Le Voyage d'une femme qui n'avait plus peur de vieillir*, Paris, Albin Michel, 2001, p. 257 et p. 261.

en carrière professionnelle, en puissance politique, en célébrité, en argent »[22], mais il se rend compte que, pour lui, la satisfaction de son désir prend une autre forme et qu'elle réside dans des moments de « bonheur » qui ne sont pas nécessairement liés au plaisir charnel. Ceci est confirmé et illustré dans le troisième roman. Le héros bossu découvre un de ces moments dans « cet instant de silence ensoleillé dans une ruelle qui débouchait sur le vide lumineux du ciel. Une femme posait une plante devant sa fenêtre et souriait au jeune infirme. [...Il conclut que] l'essentiel se passait non pas dans la routine vécue par tous, mais dans la fulgurance des instants visibles pour quelques-uns »[23]. Et le héros s'interroge sur cette poursuite de l'amour dans l'acte charnel : « A partir de quelle masse critique de chair possédée, l'homme se libère-t-il de la multiplicité érotique et accède-t-il à l'amour ? »[24]. Le dernier roman d'Osmonde, *Alternaissance* semble fournir la réponse attendue à travers les *diggers,* des êtres en rupture de ban avec la société. Pour eux, la lutte pour le pouvoir, la richesse, la célébrité, le plaisir sexuel, et la

---

[22] *Les 20 000 femmes de la vie d'un homme, op. cit.,* p. 233.
[23] *L'Œuvre de l'amour*, Paris, Pygmalion, 2006, p. 23 et p. 51.
[24] *Ibidem*, p. 299.

violence qui l'accompagne, peuvent être éradiqués par l'holopraxie, technique poussant les limites des sensations jusqu'au dégoût, afin de permettre ensuite à l'être humain en quête d'absolu et d'éternité de découvrir le sens de la vie et de retrouver ces instants fugitifs hors du temps, qu'ils nomment « l'autre vie ».

Les héros makiniens et osmondiens se démarquent de la société où ils vivent en refusant les idéologies et les plaisirs qu'elle offre et en reconnaissant la valeur de ces illuminations d'une autre vie. Ces moments fugitifs, ces éblouissements que connaissent les héros, sont porteurs d'une différence : ils sont révélateurs d'une beauté qui ne se confond pas avec les normes établies par la société. Ceci est souligné par l'intérêt des narrateurs makiniens aussi bien qu'osmondiens pour des êtres différents de la majorité de leurs semblables. Il suffit de penser à Outkine, le bossu d'*Au Temps du fleuve Amour*, à Piotr dans *Confession d'un porte-drapeau déchu* qui avait perdu ses jambes à la guerre, ou à Olga dans *Le Crime d'Olga Arbélina* que l'inceste met au ban de la société. Si le narrateur makinien brise les tabous, choisit comme héros des êtres mutilés, grotesques, repoussés par la société ou révèle un intérêt pour les vies hors normes, le narrateur osmondien recherche également les êtres en marge, mais de façon obsessionnelle comme nous l'avons vu plus haut, par exemple « les femmes aux corps extrêmes », leur découvrant à la fois la fragilité de la beauté et une parcelle d'éternité. La beauté résulte de la fusion du corps et de la nature comme l'a déjà découvert le narrateur makinien du *Testament français* observant la vieille dame, amie du héros :

> Les contours de son corps se perdaient imperceptiblement dans la luminosité de l'air, ses yeux [...] se confondaient avec l'éclat chaud du ciel, le geste de ses doigts qui tournaient les pages se tissait dans l'ondoiement des longs rameaux des saules ... C'était donc cette fusion qui cachait le mystère de sa beauté ! ».[25]

On pourrait multiplier les exemples tirés des romans makiniens qui utilisent le ciel comme révélateur d'une beauté autre, qu'on pourrait qualifier d'intérieure. Chez Osmonde aussi, dans cette fusion du corps et de la nature, le ciel ou la neige deviennent l'entrée symbolique dans cette autre vie, transcendant le bonheur ou l'acte sexuel,

---

[25] *Le Testament français,* Paris, Mercure de France, 1995, p. 246.

comme le souligne Murielle Lucie Clément en se référant à *L'Œuvre de l'amour* :

> Godbarsky, devenu photographe pour revues pornographiques, [...] imagine ses lecteurs devant ses photos et leur bout de ciel : "Ce lecteur [...] découvrirait [...] le reflet de la chute du jour et cette neige très lente qui voltigeait, ce soir-là, à Hambourg. Je me considérais comme professionnel car je parvenais à fixer ces instants de grâce au-delà du magma des chairs accouplées (190)" »[26].

Godbarsky semble le sosie d'Outkine dans *Au Temps du fleuve Amour*, qui lui aussi incorpore un pan de ciel dans ses bandes dessinées pornographiques.

Cette beauté intérieure que les héros makiniens et osmondiens découvrent dans leur relation avec les autres se confond avec l'humanité de l'Autre. Mais l'utilisation qu'ils font de cette connaissance les différencie. Les héros makiniens, ayant atteint le bonheur dans des moments d'illumination, se replient sur eux-mêmes et leur petit noyau familial et amical, alors que les héros osmondiens se

---

[26] Murielle Lucie Clément « Andreï Makine et Gabriel Osmonde : passerelles » (pp. 51-72), *in Le Monde selon Andreï Makine. Textes du collectif de chercheurs autour de l'œuvre d'Andreï Makine.* Murielle Lucie Clément et Mario Caratozzolo eds. Sarrebruck. Éditions Universitaires Européennes, 2011.

tournent, quoique graduellement, vers les autres, vers la société, dans un but rédempteur. Laura Baroncelli dans *Le Voyage d'une femme qui n'avait plus peur de veillir* ne communique pas sa découverte du bonheur à son entourage et Alex Taraneau dans *Les 20000 femmes de la vie d'un homme* ne fait part à personne de son expérience individuelle. Mais dans le troisième roman d'Osmonde, *L'Œuvre de l'amour*, Godbarsky s'efforce de faire connaître ses idées sur le bonheur « avec l'espoir de faire triompher la lumière et la divine beauté de l'humain »[27] ; sans succès, puisque ses déclarations mènent à son enfermement dans un asile psychiatrique. Le héros d'*Alternaissance*, dans le quatrième roman d'Osmonde, va plus loin : il se joint aux *diggers* qui désirent partager leur expérience de ces moments de bonheur avec leurs semblables dans le but politico-social de sauver le monde. Cependant, ce but salvateur n'est pas complètement absent chez Makine comme Marie Louise Scheidhauer le fait très justement remarquer dans son analyse de *La Musique d'une vie*. Le héros/narrateur, frappé par la masse que forment les dormeurs dans la salle d'attente d'une gare et par l'acceptation passive

---

[27] *L'Œuvre de l'amour, op. cit.*, p. 299.

des voyageurs du chaos ferroviaire, « s'arrête longuement sur ces tableaux déprimants, essayant de les analyser, pour "sauver" (c'est le terme qu'il emploie) les êtres humains qui les composent. En vain [...] C'est le triomphe de la manipulation »[28]. Le héros/narrateur déploie ici le désir de libérer ses compatriotes du conformisme qui les enserre, de leur redonner le sens de leur individualité et de leur faire découvrir une autre façon de vivre, une autre vie.

L'expression du bonheur, de cette "autre vie"
Cependant les héros makiniens comme osmondiens se heurtent à la difficulté de conserver et de partager ces fugitifs instants de bonheur : ils sont menacés par le temps qui passe et par la mort. La quête de ces instants privilégiés s'accompagne donc du désir de les retenir, de défier le temps et de chercher la pérennité. Mais c'est une erreur fatale, nous prévient Makine : « Cette obsession de la durée nous fait manquer tant de paradis fugaces, les seuls que nous puissions approcher au cours de

---

[28] Marie Louise Scheidhauer « Ni d'Est, ni d'Ouest : au-delà de l'horizon » (pp. 91-101), in *Andreï Makine : la rencontre de l'Est et de l'Ouest*, Margaret Parry *et al.*, Paris, L'Harmattan, 2004, p. 93.

notre fulgurant trajet de mortels »[29]. Osmonde reprend cet argument en insistant sur la nécessité du temps et même de la mort pour atteindre ces moments d'éternité. Pour le narrateur d'*Alternaissance*, « l'amour n'est rien sans la vision extatique de la beauté menacée à tout moment par une faillite physique et la mort »[30]. C'est pourquoi, pour lui, « les femmes aux corps extrêmes incarnent l'essence du Temps. […] Seules les femmes aux très gros seins expriment véritablement la tragédie du vieillissement et de la mort »[31] tandis que « la femme-adolescente […] anesthésie notre angoisse métaphysique, notre effroi de mortels »[32], déclenchant ainsi « l'impossibilité d'aimer »[33].

Les héros makiniens comme le héros/narrateur d'*Alternaissance* clament la possibilité d'une victoire sur la mort elle-même. Ils trouvent cette victoire dans une communion d'esprit au-delà de la mort. Volski ne cesse d'être en rapport avec Mila suivant la promesse qu'ils s'étaient faite : « Je n'ai jamais cessé de rencontrer son regard. Même

---

[29] *Le Livre des brèves amours éternelles*, Paris, Seuil, 2011, p. 81.
[30] *Alternaissance, op. cit.*, p. 359.
[31] *Ibidem*, p. 355.
[32] *Ibidem*, p. 359.
[33] *Ibidem*.

quand j'ai appris qu'elle était morte. [...] Je sais qu'elle regarde toujours le ciel »[34]. Le ciel est synonyme de lumière, comme la neige, la glace ou les rayons du soleil. « Cette union entre la matière et la lumière est très significative dans l'œuvre de Makine. Elle est le seul véhicule sensible vers la dimension de l'éternité »[35]. Osmonde reprend cette idée en la conceptualisant comme l'explique M. L. Clément :

> La neige est [...] métaphore de la liberté totale de l'esprit qui par la pensée peut s'élever au-dessus des contingences matérielles. [...] Dans l'univers d'Osmonde, cette liberté totale, [...] est la Troisième naissance, tout comme ces endroits où l'on peut aller en pensée et qui de fait sont éternels ».[36]

Pour pénétrer dans le monde de cette Troisième naissance, de cette autre vie, il faut refuser le monde tel qu'il se présente, nous suggère le

---

[34] *La Vie d'un homme inconnu*, p. 277.
[35] Marco Caratozzolo, « Le concept d'épiphanie chez Bounine et Makine » (pp. 163-174), *in Andreï Makine. Le sentiment poétique,* textes réunis par M. Parry, C. Herly et M.L. Scheidhauer, *op. cit.,* p. 171.
[36] « Les Russes et la Russie chez Gabriel Osmonde » (pp. 311-378), dans *Représentation des Russes et de la Russie dans le roman français des XXe et XXIe siècles,* études réunies par Murielle Lucie Clément, *op. cit.,* p. 327.

narrateur d'*Alternaissance*. Enfant, il peut seulement crier de rage devant son impuissance à dire ce qu'il avait entrevu : que l'enfant assassinée, trouvée morte dans l'herbe, ne l'était pas. Il peut seulement « garder dans sa mémoire un soir de juin, sa lumière pâle, son éternité que la mort même de l'enfant rendait évidente »[37]. Adulte, il se joint aux *diggers* qui cherchent à changer la société, à faire reconnaître à leurs adeptes « que l'autre n'est pas un adversaire, ni un concurrent, ni même un complice dans le jeu social, mais un être unique et précieux car doté de la Troisième naissance, sa parcelle d'éternité »[38]. Peut-il trouver le langage pour exprimer cette éternité ou le « mystère de ces moments hors du temps "instants perliers" »[39], cette autre vie?

Bien que les romans makiniens ne mentionnent pas nommément la Troisième naissance et son langage, nous y trouvons une tentative d'expression de ces moments de bonheur, d'éternité. Cette expression ne passe pas par la parole : « Avec stupeur, je découvrais que parler était, en fait, la meilleure façon de taire l'essentiel. Alors que pour le dire, il aurait fallu articuler les

---

[37] *Alternaissance, op. cit.*, p. 62.
[38] *Ibidem*, p. 291.
[39] *Ibidem*, p. 210.

mots d'une tout autre manière, les chuchoter, les tisser dans les bruits du soir, dans les rayons du soleil couchant »[40]. Mais le narrateur makinien avoue son impuissance à trouver un langage : « L'essentiel était indicible. Incommunicable. Et tout ce qui, dans ce monde, me torturait par sa beauté muette, tout ce qui se passait de la parole me paraissait essentiel »[41]. Osmonde reprend-il le défi du langage ? Les *diggers* reconnaissent qu'il est possible et peut-être facile d'expliquer au public que la Première naissance nous donne « une espérance de vie dérisoire : entre vingt mille et trente mille jours. [...] Quant à la Deuxième naissance, vous savez déjà à quoi elle ressemble : des pitreries mondaines dans une société où seuls comptent la force, la perfidie, la malignité, la richesse, le cynisme »[42]. Mais comment exprimer cette nouvelle vie, cette autre vie ? Il faut surtout « la dire avec des mots qui ne soient pas des concepts philosophiques »[43], recommande une des *diggers*. Or, c'est exactement ce que le public semble entendre, c'est l'une des failles du message des *diggers* remarque une femme sympathisante :

---

[40] *Le Testament français, op. cit.*, p. 156.
[41] *Ibidem*, p. 158.
[42] *Alternaissance, op. cit.*, p. 444.
[43] *Ibidem*, p. 445.

« C'est exprimé avec trop de terminologie, on dirait un cours de philo »[44]. Les *diggers* mettent leur espoir dans le narrateur d'*Alternaissance* sur la base d'un de ses livres parus, *Une Vie d'instants éternels*, un titre qui ressemble étrangement à celui de Makine *Le Livre des brèves amours éternelles*, et une narration qui présente des paragraphes similaires. L'objection du narrateur est que cette langue n'en est qu'à un balbutiement produit par « quelqu'un qui a traversé l'expérience de la mort »[45]. Pour les *diggers*, il est le seul « à vouloir chercher, après cette mort, non pas le retour vers la vie d'avant mais la voie vers l'Alternaissance ! »[46]. En réalité, le narrateur ressent une ambiguïté croissante quant au projet des *diggers*, « [ses] doutes ne se sont pas encore dissipés, […] cette "vie d'avant" [le] tente parfois »[47]. L'amour qu'il a trouvé avec Chloé en est une des raisons et il en rêve :

> Je voudrais me retrouver dans une chambre où il y aurait une fenêtre entrouverte, un lit que mon corps chaufferait, le corps de Chloé dans mes bras, une merveilleuse banalité du temps qui nous unirait,

---

[44] *Ibidem*, p. 461.
[45] *Ibidem*, p. 451.
[46] *Ibidem*.
[47] *Ibidem*.

nous réveillerait demain dans une vie tout ordinaire d'où disparaîtrait la terrible tension que nous demande l'insensé projet des diggers ... ».[48]

Dans l'assaut armé de la police contre la fondation des *diggers*, le narrateur est écrasé par une voiture militaire. Est-il mort ? dans le coma ? ou vit-il dans "l'autre vie" comme l'espèrent deux interlocuteurs penchés sur son corps, et il pourra en parler, disent-ils, si « nous parvenons à [le] sortir [...] de son sommeil »[49].

Ecriture et éblouissement

En conclusion, l'autre vie est faite de ces instants fugaces, lumineux, hors du temps et de l'espace, qui nous font voir l'essence de la vie. Elle est déjà présente dans les romans de Makine. Elle est reprise par Osmonde et théorisée dans le concept d'Alternaissance. Est-ce une utopie, un rêve ? Quelle que soit la réponse, comment fixer cette autre vie dans l'écriture ? Makine privilégie une vision « qui sait aller au-delà du "camouflage" jusqu'à l'essence des choses »[50]. Mais il ne sait

---

[48] *Ibidem*, p. 466.
[49] *Ibidem*, p. 479.
[50] Margaret Parry, « Instants perdus, instants éternels : Makine, le Proust russe de son temps », in *Andreï Makine. Rencontre de l'Est et de l'Ouest, op. cit.*, p. 109.

comment communiquer cet univers singulier : « Il fallait [...] la faire s'épanouir en moi. Il fallait, par un travail silencieux de la mémoire, apprendre les gammes de ces instants. Apprendre à préserver leur éternité dans la routine des gestes quotidiens [...]. Vivre, conscient de cette éternité »[51]. Pour Makine, « écrire est un choix métaphysique, une transfiguration : c'est révéler la part d'éternité que chacun porte en soi »[52]. Il fait appel à une mémoire imaginative, à l'ekphrasis et au lyrisme pour atteindre ce but. Osmonde illustre dans ses trois premiers romans l'importance de ces instants privilégiés et les conceptualise dans *Alternaissance,* où ils forment "une autre vie", une troisième naissance. « Il tire de ces expériences esthétiques et mystiques un projet politique. [... Il] ne prétend pas créer une religion mais ouvrir une Voie, par les moyens qui sont les siens : l'éblouissement que peut susciter la beauté d'un texte »[53]. Le style philosophique et nettement didactique de ce quatrième volume d'Osmonde ne

---

[51] *Le Testament français*, *op. cit.,* p. 278.
[52] Monique Grandjean, « Rencontre Est-Ouest dans *La Musique d'une vie* », in *Andreï Makine. Rencontre de l'Est et de l'Ouest*, *op. cit*., p. 121.
[53] Astrid de Larminat, « Osmonde sort de l'ombre », *Le Figaro*, www.lefigaro.fr/livres/2011/03/30, *op. cit.*

prédispose pas à l'éblouissement : pour cela, il faut se tourner vers les romans de Makine.

Une Femme aimée : biographie et jeux de miroirs

Edith Perry

> Tout portrait qu'on peint avec âme est un portrait non du modèle, mais de l'artiste. Le modèle n'est qu'un hasard et un prétexte.[54]

La fiction biographique qui permet à l'écrivain contemporain d'enquêter sur les grandes figures du passé est un genre prolifique, comme en témoignent entre autres les œuvres de Pierre Michon, Gérard Macé ou Jean Echenoz[55] mais aussi le Festival de la biographie qui, depuis 2001, fait les beaux jours de Nîmes ou encore l'intérêt que la critique[56] manifeste pour ce qu'on appelait

---

[54] Oscar Wilde, *Le Portrait de Dorian Gray.*
[55] P. Michon : *Rimbaud le fils* et *Vies minuscules,* G. Macé : *Le Dernier des Egyptiens.* J. Echenoz : *Ravel.*
[56] *Le Pari biographique* de François Dosse, publié en 2005 par les éditions La découverte, est réédité en 2011 avec une préface inédite de l'auteur où l'on peut lire que « le diagnostic porté sur le phénomène d'explosion

naguère un « mauvais genre ». En publiant en 2013 *Une Femme aimée,* roman centré sur l'écriture d'un biopic consacré à Catherine II, Andreï Makine prend place aux côtés de ceux qui, dépoussiérant la biographie traditionnelle, nous proposent des « fictions d'autrui ».[57] Deux ans plus tôt, ce même Makine révélait être aussi l'auteur de quatre romans publiés sous le nom de Gabriel Osmonde : *Le Voyage d'une femme qui n'avait plus peur de vieillir, Les 20 000 Femmes de la vie d'un homme, L'Œuvre de l'amour* et *Alternaissance.* Quelques esprits avisés avaient déjà soupçonné la vérité et recherché dans l'œuvre d'Osmonde des traces du célèbre romancier, lauréat en 1995 des prix Goncourt et Médicis. Murielle Lucie Clément, initiant les études comparatives, déclarait dès 2009 : « Je suis intimement persuadée que Gabriel Osmonde a lu " tout " Makine et qu'Andreï Makine connaît les livres d'Osmonde. Ils ont beaucoup en commun, et il existe de nombreuses passerelles de l'un vers l'autre et vice-versa ».[58] Dans la mesure où aucune

---

biographique n'a cessé de se confirmer et même de s'amplifier », p. 1.

[57] L'expression est empruntée à Dominique Viart, dans *Littérature française au présent,* Bordas, 2005, p. 100.

[58] Mohammed Aïssaoui, *lefigaro.fr,* « On a retrouvé leurs romans cachés », 26/02/ 2009.

preuve tangible n'avait été découverte, la prudence restait de mise et la critique ne pouvait évoquer que les jeux intertextuels. Il en va désormais tout autrement, si bien que le lecteur peut se demander comment lire *Une Femme aimée,* ce premier roman de l'après Osmonde. Car si autrefois il se risquait à deviner Makine derrière Osmonde, il se trouve aujourd'hui autorisé à saisir dans ce roman de Makine un écho d'Osmonde, étant entendu implicitement qu'il est impossible de devenir parfaitement autre. *Une Femme aimée* pourrait alors se lire comme un roman à deux auteurs, à deux voix, un roman hybride où la voix de l'un accompagne celle de l'autre, mais parfois l'étouffe ou par elle se laisse emporter. La fiction met d'ailleurs en abyme cette question de la dualité, non seulement grâce à Catherine II, Allemande devenue Russe, à Oleg Allemand ethnique que l'on surnomme encore le paysan de Sibérie et aux comédiens habités par leurs rôles, mais encore grâce à ces objets optiques que sont la lanterne magique ou le miroir qui permettent d'accompagner les êtres de leur ombre ou de leur reflet. Le miroir, dispositif astucieux pour organiser l'espace de la tsarine, servira également d'instrument d'investigation pour cette étude qui évoquera d'abord le miroir en éclats, puis le miroir aux vanités, avant de nous entraîner de l'autre côté du miroir.

Le miroir en éclats

> Tout n'est que répétition dans la vie,
> il pense aux éclats d'un kaléidoscope.
> Gabriel Osmonde[59]

Le scénario auquel travaille Oleg s'édifie sur un impressionnant socle de lectures car, animé par une véritable rage documentaire, il a tout lu et connaît la vie de la tsarine mieux que la sienne. De véritables copiés-collés, tels l'épigraphe que Catherine a composé pour elle-même ou le manifeste qu'elle publie à la mort de Pierre III, jouxtent des fiches chronologiques et des listes de noms, aide-mémoire pour l'enquêteur et guide-ânes pour le lecteur peu informé qui risque bien de se perdre dans cette mosaïque de textes. Ceux-ci émigrent dans le roman en rappelant le procédé cher à Modiano dans *Dora Bruder*. Des citations de biographes, des fragments de lettres ou de mémoires témoignent de ce qui fut. Parfois même, le lecteur averti peut reconnaître dans les dialogues imaginés par Oleg des propos volés aux grands de

---

[59] *Les Vingt mille femmes de la vie d'un homme,* Albin Michel, 2004, p. 108.

ce monde.[60] Le travail du biographe dérive de la fatrasie, du bric à brac, de l'accumulation infinie d'anecdotes et d'anthroponymes. La vie de la tsarine, toujours en expansion, annexe encore d'autres vies, comme celle d'Elisabeth ou de Potemkine, et explose en éclats multiples. Les fragments se juxtaposent au hasard, dont certains font retour pour entrer dans des configurations diverses, semblables aux compositions créées par un kaléidoscope. Une ronde d'images défile sous nos yeux, car la biographie se fractionne elle-même en plusieurs films : ceux d'Oleg, de Kozine, de Jourbine, de Pfister et d'Aldo Ranieri. Tous ces fragments se perdent dans le récit de la vie d'Oleg dans lequel s'intercale encore le récit de la vie du père et des catastrophes du XXe siècle. En somme, Makine réalise le projet de son personnage : montrer la « démentielle répétition » de l'Histoire et « sa rotation de dessin animé »[61] mais en même temps, en recourant à cette esthétique éclatée, il

---

[60] « Vous ne travaillez que sur le papier qui souffre tout. Moi, pauvre impératrice, je travaille sur la peau humaine qui est bien plus irritable et chatouilleuse… » Cette phrase est introduite sans guillemets dans *Une Femme aimée*, Editions du Seuil, 2013, p. 13. Elle est une citation chez Henri Troyat dans *Catherine la Grande*, Flammarion, 1977, pp. 276-277.
[61] *Une Femme aimée*, Editions du Seuil, *2013,* p. 362.

met en évidence l'impossibilité de retranscrire une vie.

Si la dimension mathésique du texte s'avère importante, l'addition de fragments divers empêche l'advenue d'un récit cohérent et déconcerte un lecteur qui ne parvient pas à saisir une image stable de Catherine et qui, ne lisant d'ailleurs pas le scénario achevé, n'aura accès qu'à des bribes de ce *work in progress*. Le biographe se refuse en effet à sélectionner et à hiérarchiser les informations, si bien que, voulant tout dire, il ne peut que « mosaïquer les physionomies »[62]. Il dédaigne l'organisation thématique aussi bien que le parcours chronologique et la périodisation normative traditionnelle qui fait succéder aux années de formation, la période de maturité, puis les dernières années. Le premier chapitre du roman constitue à cet égard une ouverture magistrale puisque défilent, en un lieu unique et en un vertigineux accéléré, de nombreux personnages qui ont traversé la vie de Catherine. Tout est déjà là, la vie privée et la vie publique. Les noms passent dans le cabinet de travail tandis que les corps anonymes s'activent dans l'alcôve. La vie se condense en une longue énumération de noms

---

[62] *Une Femme aimée, op.cit.*, p. 54.

propres que rythme la répétition du vocable « levier », ce mot signifiant allusivement la scène des ébats amoureux et désignant peut-être par métonymie l'amant :

> Le miroir monte, descend, remonte...Présidente de l'Académie, princesse Dachkova. Levier. Son altesse sérénissime le prince Potemkine. Levier. Giacomo Casanova, agent de l'inquisition. Levier. Prince Paul, fils mal-aimé. Levier. Comte Bobrinski, fils illégitime. Levier. Marquis d'Ormesson. Levier. Comte de Saint-Germain. Levier...[63]

La liste n'est pas exhaustive comme le signalent les points de suspension qui invitent à poursuivre indéfiniment le rythme alternatif. La totalisation recherchée s'avère ainsi un leurre et dans la mesure où les relations logiques se dissolvent pour que triomphent la juxtaposition et l'énumération, la rationalité disparaît. Le lecteur ne peut comprendre ni la stratégie politique du chef d'Etat ni l'intrigue amoureuse dans laquelle s'engage la femme. Les personnages foisonnent, les dates circulent dans le plus grand désordre, les détails s'accumulent pour faire échec au sens. Du *delirium tremens*, reproche Lessia à son ami qui

---

[63] *Ibidem*, p. 14.

lui-même évoque son propre « délire ». Oleg, peu soucieux de donner à « ce fatras de scènes la logique d'un récit »[64], refuse l'illusion téléologique qui recompose après-coup et rejette également le monologue intérieur qui, en nous ouvrant la conscience de son personnage, nous donnerait à lire l'être dissimulé sous les miroitements du paraître. Cette omniscience autorisée par le roman menacerait sans doute la crédibilité épistémologique du biographe, laquelle se fonde avant tout sur un savoir nourri de documents authentiques.

De surcroît, certains épisodes de la vie de Catherine II se déclinent en plusieurs versions et font échec à la reconstitution exacte du passé. Les modalisateurs, les phrases à modalité interrogative, les épanorthoses exhibent les doutes du biographe. Dans leurs dialogues, les locuteurs s'affrontent pour opposer leur interprétation des faits et des comportements. Le Pierre III de Lessia n'est pas celui d'Oleg, si l'une stigmatise le « crétin que Catherine épouse faute de mieux », l'autre plaide en faveur du songe-creux et voit en lui une victime de la société : « le monde punit

---

[64] *Ibidem*, p. 245.

toujours la faiblesse des rêveurs ».[65] Un même personnage peut hésiter entre deux interprétations : Bassov s'interroge sur la personnalité de Paul, « Un crétin germanophile haï par sa mère ? Ou bien un être tragique que cette haine a tué ? »[66]. Comment tant de fragments permettraient-ils de reconstituer l'image absente ? Celle de Catherine II varie selon les historiens et surtout selon les époques et les idéologies en place. La censure politique ou économique propose une Catherine II sanglante ou lubrique. Sémiramis du Nord, Messaline, amie des philosophes, massacreuse de paysans, les visages tournoient sans qu'aucun parvienne à s'imposer.

L'impossibilité d'accéder au mystère de l'être nous permet de comprendre la méfiance de Makine à l'égard de l'entreprise biographique. A l'instar de Milan Kundera ou de Julien Gracq, il refuse toute intrusion dans sa vie privée : le récit de vie, qu'il s'agisse d'une biographie ou d'une autobiographie, restant toujours une fiction de l'autre ou de soi, autrement dit, pour reprendre l'expression de Philippe Lejeune, un « mentir

---

[65] *Ibidem*, p. 48.
[66] *Ibidem*, p. 24.

faux ».⁶⁷ Sans doute, en ce qui le concerne se souvient-il également de la célèbre phrase de Proust, un de ses auteurs de prédilection : « un livre est le produit d'un autre *moi* que celui que nous manifestons dans nos habitudes, dans la société, dans nos vices »⁶⁸ à moins qu'à l'instar de Julien Green il n'estime que sa véritable autobiographie se trouve dans ses romans... Il est vrai que le biographe doit sélectionner, organiser, hiérarchiser les informations et même s'il s'y refuse, comme Oleg, il propose, comme lui, son interprétation du personnage biographié, il se sert de l'autre pour imposer sa vision. C'est ainsi que l'esthétique du dessin animé d'abord privilégiée par le scénariste correspond à une volonté de proposer de l'Histoire une représentation farcesque : « La violence, l'absurdité des désirs, la comédie des amours. Et la benne... ».⁶⁹ Une réflexion similaire sur l'écriture de la vie s'imposait également chez Osmonde par le truchement d'Alexis Taraneau, auteur d'une autobiographie qu'il intitulait *Les Vingt mille femmes de la vie d'un homme*. Relisant

---

⁶⁷ Cf. *Le Désir biographique* (Colloque de Nanterre, 1988, dir. Philippe Lejeune), n° 16 des *Cahiers de sémiotique textuelle* (Publidix, Université Paris X).
⁶⁸ *Contre Sainte-Beuve,* Gallimard, 1954, p. 157.
⁶⁹ *Une Femme aimée, op. cit.,* p. 68.

son manuscrit, au demeurant refusé par l'éditeur, le protagoniste constatait que tout était faux dans ces pages dans la mesure où il avait négligé d'évoquer un certain nombre de petits faits qui pouvaient paraître sans intérêt mais qui pourtant hantaient sa mémoire et s'avéraient être les éléments catalyseurs d'une expérience indicible. Ainsi déplorait-il *a posteriori* n'avoir rappelé dans son œuvre ni la veine noire sur le sein d'une prostituée, ni les revues érotiques de son père, ni ces scènes purement imaginaires et pourtant plus vraies que les grands événements de sa vie. Le regard rétrospectif du narrateur préférait sélectionner dans sa vie les événements qui expliquaient sa situation actuelle plutôt que de prendre en compte des détails qui lui paraissaient, à tort, anodins.

L'émiettement de la construction trahit par ailleurs l'impossibilité de saisir le sens de l'Histoire, « sens » signifiant aussi bien « signification » que « direction ». Le retour des mêmes séquences, comme celle réunissant aux bains l'éprouveuse et l'amant ou celle évoquant la succession des mâles dans l'alcôve impériale, souligne le caractère répétitif de toute vie mais aussi le ridicule triomphe de la mécanique des corps. Ce constat s'établit à partir d'un cas singulier, celui de la tsarine alors que dans *Alternaissance,* les *diggers* partant des mêmes observations, recouraient à la généralisation, théorisaient et expérimentaient avec l'intention avouée de changer l'humanité. Le roman d'Osmonde, avant celui de Makine, dénonçait « l'absurde répétitif de notre monde fonctionnel » [70] et plaçait, dans un but pédagogique, son protagoniste devant l'oculaire d'un immense kaléidoscope lui montrant « un papillotement de figures humaines qui s'accolent, se séparent, s'opposent, s'embrassent, se battent ».[71] La même pensée transmigre donc d'un roman à l'autre mais quand Osmonde, par la médiation de ses personnages, soutient une thèse, Makine préfère raconter une histoire et laisser au lecteur l'initiative de découvrir le dessin dans le tapis. Certes, ce dessin sera d'autant plus visible que le destinataire aura lu les romans d'Osmonde, ceux-ci servant alors de clé pour lire autrement *Une Femme aimée,* c'est-à-dire pour entendre plus qu'il n'est dit.

Au bout du compte, l'accumulation des lectures faites par Oleg n'a servi qu'à opacifier le

---

[70] *Alternaissance,* Pygmalion, 2011, p. 262.
[71] *Ibidem,* p. 320.

personnage tandis que la dissémination a révélé l'impossibilité de saisir l'objet de la quête. Makine s'inscrit ainsi parmi les héritiers du soupçon et parmi les romanciers de la biographie impossible, ce sous-genre qui remonte à *La Nausée* de Sartre et qu'explore aujourd'hui encore la fiction anglo-saxonne lorsque, mettant en scène cette relation du biographe avec son objet[72], elle offre le reflet d'un genre : la biographie, dans un autre : le roman. Ajoutons qu'à la biographie de Catherine II se mêle celle du père, une vie minuscule pour reprendre une expression de Pierre Michon, une de ces vies qu'Andreï Makine avait déjà transcrite dans son beau roman, *La Vie d'un homme inconnu.* De ce fait, par cet intérêt accordé aux sans-voix, aux laissés pour compte de l'Histoire, le romancier – souvent qualifié de Proust russe quand ce n'est pas de Tolstoï français – trouve parfaitement sa place parmi des écrivains français contemporains. Expatrié, il ressemble à certains de ces auteurs exigeants qui, se sentant parfois exilés dans leur propre pays, ont voulu s'approprier la « belle

---

[72] Parmi ces biographies impossibles appelées aussi romans méta-critiques, on peut citer *Le Perroquet de Flaubert* de Julian Barnes et les romans de A.S. Byatt *Possession* et *The Biographer's Tale.*

langue ». Pierre Michon, né aux Cards, dans la Creuse, explique à Marianne Alphant :

> J'ai l'impression parfois que beaucoup d'écrivains de notre génération, ceux de chez Verdier et d'autres qui sont originaires de trous perdus dans la campagne et en banlieue sont tous dans ce cas : comme des métèques, des immigrés de l'intérieur. On est peut-être les derniers rejetons pauvres de l'école laïque : ceux qui apprenaient en classe Racine et Hugo comme une langue étrangère.[73]

Alors Andreï Makine par ses origines russes et par sa filiation avec la littérature contemporaine, tant anglo-saxonne que française, peut s'étudier comme un écrivain international[74] et puisque son imaginaire, à l'instar de celui de Kessel, de Conrad ou de Nabokov, dépasse les frontières d'un pays, devenir Gabriel Osmonde, un écrivain du monde.

---

[73] Cité par Dominique Viart dans Vies *minuscules de Pierre Michon*, Gallimard, foliothèque, 2004, p. 92. D. Viart évoque parmi ces écrivains schizés entre leur origine et leur désir P. Michon (Creuse), P. Bergougnioux et R. Millet (Corrèze), A. Ernaux (Normandie).
[74] Cette proposition a été faite par Murielle Lucie Clément dans *Andreï Makine, l'ekphrasis dans son œuvre*, Rodopi, 2011.

Le miroir aux vanités

> Nous vivons dans une double fausseté. Un monde déformé vu dans un miroir déformant...
> Gabriel Osmonde[75]

Le biographe nous offre une refiguration des personnages du passé mais ces personnages étaient eux-mêmes le plus souvent en représentation sur ce que les écrivains de l'âge baroque appellent le grand théâtre du monde. Tout est spectacle ou mise en scène dans cette Russie du XVIIIe siècle : la jeune Catherine se fait spectatrice pour épier, grâce au trou percé dans une cloison, les ébats d'Elisabeth avec ses favoris. Cette dernière entre au bal comme on entre en scène, organise des divertissements où les hommes sont contraints de s'habiller en femmes et les femmes en hommes. Le faux prétend être vrai : les villages Potemkine masquent la misère des paysans tandis que s'imposent des imposteurs comme Cagliostro, Pougatchev ou la princesse Tarakanova. Le champ lexical du théâtre sature le texte, tout n'est que jeu, comédie, farce ou mascarade où s'agitent masques et pantins. La métaphore de la comédie s'avère d'ailleurs récurrente dans le langage de Catherine :

---

[75] *Alternaissance, op. cit.*, p. 315.

« J'ai étudié le langage de Catherine... Ce qui est épatant c'est la fréquence avec laquelle elle employait le mot "comédie". Pour elle, tout était comédie : la diplomatie, les guerres, les simagrées de ses courtisans... Et même l'amour ».[76] Le lecteur, quant à lui, se trouve souvent désorienté puisqu'il ne sait pas toujours distinguer dans cette biographie les énoncés fictifs des énoncés factuels. Ainsi que penser de ce fameux miroir qu'Oleg fait descendre et monter grâce à des poulies mais que Lourié, historien soucieux d'épingler les erreurs du scénariste, fait se déplacer horizontalement sur une glissière ? L'objet fait retour dans le roman et s'impose comme une réalité historique alors même que les biographes de la tsarine, tels Henri Troyat ou Hélène Carrère d'Encausse ne le mentionnent pas[77]. Paradoxalement, la suspension d'incrédulité requise pour lire ce roman cesse parfois d'opérer de sorte que le lecteur, se mettant à questionner le

---

[76] *Une Femme aimée op. cit.,* p. 153. Casanova, dans le biopic de Fellini (1976), conçoit lui aussi la vie comme un théâtre. La lanterne magique, le théâtre d'ombres comme le système qui permet d'épier dans la villa de l'ambassadeur de France les ébats du héros transmigrent dans le roman de Makine. Dans l'un et l'autre cas, ces scènes mettent en abyme le septième art.
[77] On peut également s'interroger sur la réalité factuelle du trône de Pologne devenu chaise percée ou sur l'authenticité des cartes retrouvées.

texte, craint d'être manipulé par un narrateur peut-être mystificateur. La lecture devient une expérience de remise en question et d'insoumission comme elle l'est pour Oleg questionnant sans répit livres et documents.

Le roman nous montre le plus souvent des scènes fantasmées par Oleg avant qu'il ne s'endorme ou des scènes jouées par des acteurs, autrement dit une représentation de la représentation, le reflet d'un reflet d'où s'absente l'objet. Au lieu de faire apparaître la véritable Catherine II, le narrateur nous offre son image sur un écran ou son jeu sur un plateau de cinéma afin de nous rendre plus sensible encore le fait que sa vie ne fut que comédie.[78] Du même coup, parce qu'il renonce à reproduire avec exactitude le monde dont il parle, le récit en assume le caractère illusoire. Le lecteur se prend alors à se demander si les masques recouvrent un visage et si les décors ne dissimulent pas l'insupportable néant, le *Vanitas vanitatum* cher à l'*Ecclésiaste*. Les personnages ne chercheraient-ils pas à s'étourdir dans le divertissement, au sens pascalien du terme, pour oublier la terrible réalité de la mort, celle qui

---

[78] Murielle Lucie Clément propose une étude des ekphraseis filmiques dans *Andreï Makine. L'ekphrasis dans son œuvre*, Rodopi, 2011.

attend la tsarine au pied de sa chaise percée ? Si la vie est une pièce de théâtre, il convient d'occulter que le dernier acte est sanglant. Ce que le roman *Alternaissance* développait explicitement grâce à l'essai de Théo Godb intitulé *Le Monde de la Troisième naissance*[79] qu'à bien des égards le dernier roman de Makine semble mettre en fiction. Le lecteur y reconnaît en effet des bribes de la théorie des deux naissances, biologique et sociale, mais il peut aussi retrouver des traces d'autres textes du fameux maître à penser. Ainsi, derrière le désir de « changer d'identité tout le temps »[80] qui caractérise Potemkine se lit comme en palimpseste le titre d'un essai de Godb, *Multiplicité contre temps*, où le philosophe évoque la multiplicité des masques qu'il a portés avant de vivre une expérience épiphanique.[81]

De fait, la vie de Catherine est un éternel spectacle. Se succèdent bals et réceptions, entrent et sortent les amants examinés au préalable par le docteur Rogerson et éprouvés par la comtesse Bruce. Les mêmes situations se rejouent inlassablement tandis que sur le plateau les acteurs doivent reprendre plus de dix fois une même scène

---

[79] *Alternaissance, op. cit., chapitre* IV, pp. 125-140.
[80] *Une Femme aimée, op. cit.,* p. 153.
[81] *Les 20 000 Femmes de la vie d'un homme, op. cit.,* p. 195.

pour satisfaire un cinéaste exigeant. Tourne la lanterne magique, défilent les images de dessins animés pendant que Sisyphe roule à tout jamais son rocher. Les métaphores utilisées dans *Une Femme aimée* – en particulier celles du jeu, du dessin animé et du kaléidoscope signifiant le caractère factice et répétitif de toute vie – sont également récurrentes dans les romans de Gabriel Osmonde. Chez Makine, comme chez son hétéronyme, Sisyphe est heureux parce qu'il joue et que sa servitude est volontaire. Les hommes consentent à rouler le rocher pour s'assurer un salaire et surtout obtenir un rôle enviable dans la société. Ils en sont au stade de la deuxième naissance qui les propulse dans « la Foire aux esclaves heureux »[82]. En témoignent chez Catherine le goût du pouvoir et des honneurs et le triomphe du désir mimétique qui l'incite à rivaliser avec Paris, « ce miroir où elle se regardait chaque

---

[82] *Alternaissance, op.cit.,* IV, p. 126 : « Le livre de Théo Godb. D'une naissance à l'autre », pp. 125-140. Rappelons que Godb distingue la première naissance qui est biologique, la deuxième qui est sociale et annonce la troisième : « un autre monde est possible au-delà de la Foire ». Dans *Une Femme aimée,* Bassov regrette de n'avoir pas trouvé dans le film de Kozine « une vie à l'écart de l'ingénieuse farce des humains… » p. 184.

jour ».[83] L'illustrent encore les comédiens engagés par Jourbine, de vrais stakhanovistes soucieux de satisfaire le producteur, tant ils craignent de perdre leur travail et de sombrer dans le chômage.

La comédie humaine permet de surcroît de dissimuler la violence et la sauvagerie de l'âge primitif, « les élans biologiques »[84] de la première naissance, que sont le sexe, le désir de dominer et la peur de mourir. Les scènes de violence pure abondent, telles celles relatant l'assassinat de Pierre III ou l'écrasement de la jacquerie de Pougatchev. Cependant, ces massacres sanglants s'habillent des prestiges de la civilisation. Les principes de l'ordre et de la raison travestissent habilement l'ancienne loi du plus fort. Dans la société parisienne du XVIIIe siècle, parangon du raffinement et de la délicatesse, la mort et la sexualité se métamorphosent en jeux savants autour d'un corps supplicié, celui de Damien, ou des corps effeuillés dans des soupers fins. La voix d'Osmonde ou plutôt celle de Godb se fait soudain entendre dans le roman de Makine :

> On dirait un accord tacite entre auteurs pour préserver les lois de ce monde : la force écrase la

---

[83] *Une Femme aimée, op. cit.*, p. 228.
[84] *Alternaissance, op. cit.*, p. 246.

faiblesse, le sexe exacerbe la soif de dominer, le rêve signifie l'inadaptation, l'incapacité de survivre dans la jungle sociale. Et puisque nous sommes des gens civilisés, notre langage dissimule adroitement cette bestialité : la logique de l'Histoire, la victoire de la Raison…
L'orgueil de la Raison ! L'orgueil des historiens qui veulent endiguer le chaos par leurs chronologies. L'orgueil du 'siècle des Lumières' qui a divinisé l'homme.[85]

Il suffit d'écouter Kaïs dans *Alternaissance* pour se convaincre que la même pensée irrigue le monde romanesque d'Osmonde et de Makine : « La farce sociale multiplie les artifices qui dissimulent nos élans biologiques : la faim, le sexe, le désir de dominer, la peur de mourir. La religion, la morale, la politique encadrent la bête que nous sommes, la domptent, lui apprennent à jouer selon les règles établies ».[86]

Le recours aux métaphores animales qui réduisent l'Histoire à n'être que « la chronique d'une meute de fauves humains »[87] invite également à corréler ce roman à l'œuvre de Godb auteur en effet de *Fauve,* le livre fétiche de Taraneau.[88] Un bestiaire hante l'œuvre

---

[85] *Une Femme aimée, op. cit.,* p. 197.
[86] *Alternaissance, op. cit.,* p. 246.
[87] *Une Femme aimée, op. cit.,* p. 197.
[88] Voir *Les 20 000 femmes de la vie d'un homme.*

d'Osmonde mais se glisse aussi subrepticement dans le dernier roman de Makine. Ainsi dans l'église de Santa Maria delle Grazie les deux voyageurs ont-ils la surprise de découvrir, suspendu sous la voûte, un crocodile empaillé ! Faut-il y voir un symbole de la société dévoratrice ? En tous cas les deux auteurs reconnaissent d'une même voix que le plus souvent la violence des hommes n'a rien à envier à celle des bêtes.

Une Femme aimée démantèle le mythe de l'Histoire comme progrès et remet en question la thèse que le grand homme a le pouvoir d'agir sur son cours. Il semble au contraire que ce pouvoir soit contrarié par une forme de fatalité et que des grains d'absurde viennent enrayer la mécanique de son action. S'effritent alors les dernières illusions de l'historien. En nous découvrant la farce de l'Histoire et l'absurde qui préside au destin de Catherine, Oleg Erdmann semble poursuivre le programme initié par Stanislas Godbarsky : « avant de transfigurer le monde, il faut rendre risible son état actuel ».[89] Cependant avant de passer de l'autre côté du miroir, celui de la transfiguration, il vaut de souligner que lorsque

---

[89] *L'Œuvre de l'amour, Ed*. Pygmalion, 2006, p. 116.

l'auteur nous décrit la Russie de Catherine II et celle qui a suivi la chute du mur de Berlin, il choisit d'évoquer des époques de fracture, des moments privilégiés pendant lesquels tout bouge et invite à inventer un monde nouveau. Puisqu'au XVIIIe siècle la France rivalise avec la Russie en matière de violence et d'horreurs, le lecteur actuel *ne* peut-il deviner dans le tableau de la Russie post-soviétique un reflet plus ou moins déformé de son propre monde, lequel frappé par les crises financière, économique et politique est en train de se détraquer ? Cette Russie qui se déglingue, ce pays victime du capitalisme déréglé et parcouru par des identités malheureuses n'est certes pas imaginaire si l'on en croit les témoignages recueillis par Svetlana Alexievitch dans *La Fin de l'homme rouge*[90]. Makine n'affabule pas lorsqu'il évoque la misère des laissés pour compte, la violence au quotidien ou les fortunes colossales édifiées aussi vite qu'elles sont perdues. Cependant ce roman publié en France dans une Europe en crise peut se lire comme une mise en garde et une invitation à aller voir de l'autre côté du miroir.

---

[90] *Op. cit.* traduit du russe par Sophie Benech, Actes Sud, 2013.

De l'autre côté du miroir

> J'avais franchi le miroir et je connaissais
> l'harmonie qu'on trouvait là
> mais j'étais toujours incapable de la faire
> partager à mes semblables.
> Gabriel Osmonde[91]

Puisque Catherine n'offre que des représentations d'elle-même sur la scène de l'Histoire et puisque ses biographes ne proposent de cette tsarine que des images réductrices et forcément fallacieuses, chacun des personnages se montre désireux de rencontrer la vraie Catherine, celle qu'elle était quand elle sortait du jeu et ôtait son masque, celle qui échappait aux rôles imposés par sa fonction. Il ne s'agirait rien moins que de la ressusciter, de la libérer de ce sarcophage que constituent toutes les biographies savantes qui l'emprisonnent et de parvenir à elle grâce aux prestiges de l'imaginaire.

Oleg la libère et lui offre la possibilité de vivre une *vita nuova* aux côtés de Lanskoï, le seul homme qui l'ait aimée. Il s'appuie pour ce faire sur de bien fragiles indices, il s'intéresse à ce qui dans l'Histoire n'a pas laissé de traces et qui cependant a dû être, à ce regard de femme qui suit la chute

---

[91] *L'Œuvre de l'amour*, *op.cit.*, p. 178.

des flocons de neige, à cette silhouette qui marche le long de la mer Baltique. Le biographe alors fait alliance avec le romancier et l'empathie vient au secours de la recherche défaillante. Conscient que tous les témoins sont suspects, que le savoir s'est fait incertain et que l'absence de preuves n'est pas preuve d'absence, notre biographe va privilégier les moments dont l'Histoire ne parle pas. Ce qui aurait pu être importe autant dans une vie que ce qui fut, la vie d'un homme ne se mesure pas seulement à la somme de ses actes mais aussi au poids de ses rêves et de ses désirs. Et ceux-ci se trahissent dans des faits minuscules, dans ces quelques détails que Roland Barthes appelait des biographèmes.[92]

De fait, quand il nous parle de Catherine, Oleg nous parle aussi de lui et il en est de même pour chacun de ceux qui s'intéressent à elle, en l'occurrence Bassov, Kozine, Lessia et Eva. Oleg s'approprie la vie de Catherine à un point tel que ce qu'il voit se confond avec ce qu'elle a vu et que ce qu'elle a vécu l'habite comme un souvenir personnel.[93] Mais comment mesurer ce que le biographe donne de lui à son objet et ce qui de

---

[92] Voir *Sade, Fourier, Loyola,* Seuil, 1971.
[93] Voir *Une Femme aimée,* p. 50.

l'objet passe en lui ? Comment séparer ce qui est projeté de ce qui est introjecté ? S'instaure entre l'un et l'autre ce que Martine Boyer-Weinmann a appelé la « relation biographique »[94] et se réalise parfois un phénomène de possession, pour reprendre le titre d'un roman de A.S. Byatt[95]. Il apparaît dès lors qu'Oleg en construisant Catherine se construit également, qu'il se sauve en tentant de la sauver de ce monde pétrifiant. Le récit s'approprie ainsi le programme de la collection « l'un et l'autre » fondée en 1989 par Jean-Bernard Pontalis, sans toutefois y souscrire entièrement, puisque Catherine n'est pas l'héroïne secrète de l'auteur mais celle du personnage, Oleg :

> Des vies, mais telles que la mémoire les invente, que notre imagination les recrée, qu'une passion les anime. Des récits subjectifs, à mille lieues de la biographie traditionnelle. L'un et l'autre : l'auteur et son héros secret, le peintre et son modèle. Entre eux, un lien intime et fort. Entre le portrait d'un autre et l'autoportrait, où placer la frontière ? Les uns et les autres : aussi bien ceux qui ont occupé avec éclat le devant de la scène que ceux qui ne sont

---

[94] *La Relation biographique,* Editions Champ vallon, 2005. L'auteur veut montrer dans cet essai en quoi et dans quelle visée un biographe contemporain se relie à son objet et produit un récit de cette relation.
[95] *Possession,* traduit de l'anglais par Jean-Louis Chevalier, Flammarion 1993.

présents que sur notre scène intérieure, personnes ou lieux, visages oubliés, noms effacés, profils perdus.[96]

Oleg se détourne de la filiation biologique pour lui préférer une ascendance d'élection. Mais Catherine, la tsarine, contre toute attente intègre également la foule des parias de la société puisqu'elle est une femme qu'aucun homme n'a aimée, à l'instar de ces femmes extrêmes évoquées dans les romans d'Osmonde. Oleg, émule de Bôlos, décide de la sauver en lui donnant l'opportunité de commencer une autre vie, si bien que la princesse, grâce au baiser du prince, charmant sort du tombeau des livres et du château qui la retenait prisonnière pour rêver à un projet qui fut aussi celui d'Emma Bovary : partir en Italie avec un homme qui l'aime. Or il se trouve qu'Oleg quitte la Russie pour rejoindre l'Italie aux côtés d'une femme aimée, réalisant ainsi le dessein qu'il avait prêté à la tsarine. Ricœur a expliqué que le soi (*ipse*) se construit non dans la répétition du même (*idem*) mais dans le rapport à l'autre.[97] C'est par la médiation de la fiction biographique que le personnage découvre ses propres désirs et parvient

---

[96] Dans *Le Pari biographique, op. cit.*, p. 52.
[97] Cf. *Soi-même comme un autre,* Le Seuil, 1990.

à mettre un terme à ses déchirements identitaires. S'altérant et se transformant grâce au sujet dont il écrit la vie, il parvient à faire émerger un soi devenu autre. De même que le biographe a, par la force des choses, changé sa créature, celle-ci, à son tour, a changé son créateur.

Une Femme aimée peut donc se lire comme un récit initiatique ou, pour le dire autrement, une nouvelle naissance. On se souvient qu'Oleg retournait fréquemment vers cet immeuble rocher où il avait passé son enfance et retrouvait parmi les objets d'autrefois une petite baignoire[98], évocatrice d'un véritable paradis, mais aussi lieu qui favorise le *regressus ad uterum*. Dans ce souvenir symbolique se lisait déjà le désir de tout recommencer. Puisque le voyage est, comme le pense Jung, quête de la mère perdue, il n'est pas indifférent de lire en Eva, le nom hébreu *Hawwa*, mère de tout vivant et d'entendre dans le patronyme Sanders le nom *sand,* ce sable qui symbolise la matrice et s'apparente une fois de plus au retour vers le ventre maternel.[99] Le roman s'achève en outre par la visite d'une petite église

---

[98] Motif récurrent dans les romans de Makine et d'Osmonde.
[99] Cf. Jean Chevalier, Alain Gheerbrant, *Dictionnaire des symboles,* Robert Laffont, 1982.

où Eva et Oleg découvrent le culte que les humains désemparés vouent à Marie, la mère de Dieu. Par ailleurs, des images (au sens visuel du terme) font retour, celle d'Eva sous des arbres blanchis par le givre et celle de Catherine marchant le long de la mer. La mer appelle le nom « mère », son homonyme, tandis que le blanc est « la couleur de passage, au sens auquel on parle de rites de passage ».[100] Au blanc s'associe encore la page blanche des commencements, alors que tout est encore possible, ainsi que le révèle cette réflexion du peintre W. Kandinsky : « Le blanc [...] c'est un rien plein de joie juvénile ou pour mieux dire, un rien avant toute naissance, avant tout commencement ».[101] C'est en tout cas le regard de la femme aimée qui permet à la dernière page du roman la naissance d'un nouvel être : un homme[102] tout simplement, c'est-à-dire un être libéré de tous ces mots réducteurs qui le désignent : mutant russo-allemand, paysan de Sibérie, cinéaste rebelle ou artiste protégé par le régime. De surcroît, la maquette construite par le père d'Oleg, symbole

---

[100] *Ibidem.*
[101] *Ibidem.*
[102] Peut-être peut-on relier Adam, nom qui vient de l'hébreu *adamah* « terre labourée » à Erdman, patronyme du protagoniste et à Osmonde qui suggère cette même appartenance à la terre.

d'illusions, est détruite par le feu mais laisse apparaître un objet de corail, une figurine représentant un couple d'artistes dans lequel il est possible de voir triompher la Beauté libérée du temps aussi bien que l'Amour.

Le lecteur appréciera ce que ce dénouement doit à la notion d'alternaissance évoquée dans le roman éponyme. Oleg se déleste de la tracassante question identitaire, renonce à la reconnaissance, à la réussite sociale, il se libère du « Magma[103] » pour se consacrer à une œuvre exigeante qui a peu de chance de devenir un *blockbuster,* tandis que Makine remplit en écrivant ce roman la mission que Lourié assignait à Oleg : oser dire qu'une autre vie est possible. Le narrateur d'*Alternaissance,* supposé être capable de dire le monde transfiguré de la troisième naissance, annonce ainsi Oleg qui se propose d'offrir aux spectateurs une autre Catherine en privilégiant dans la pléthore des faits ces instants où il ne se passe rien. L'accéléré propre au dessin animé fait place au ralenti et à l'immobilité pour que se manifeste une nouvelle relation entre le sujet et le monde auquel il appartient. Cette esthétique qui va à l'encontre du

---

[103] Ce terme désigne dans *Alternaissance* la famille, la société, la morale, l'histoire, l'économie, la politique. *Op. cit.,* p. 74.

projet initial du cinéaste s'affirme en même temps comme une religion, au sens étymologique du terme et reflète la poétique du romancier : la forme, chez lui doit être porteuse de significations.

Des énoncés, des mots du roman *Une Femme aimée* réveillent le souvenir de mots et de phrases lus chez Osmonde ; étrangement les textes s'appellent et se répondent sans pourtant se confondre. L'un n'est pas l'autre même s'il y a du même dans l'autre. Ainsi le projet d'Oleg, né du désir de filmer ce que Catherine n'était pas, c'est-à-dire de montrer ce qu'elle a véritablement vécu : « Un soir comme à présent, cette brume, la dernière douceur d'avant l'hiver... »[104] peut être corrélé à la remarque du narrateur d'*Alternaissance* lorsqu'il déplore l'impossibilité d'imaginer les monstres de la deuxième naissance devenant enfin eux-mêmes : « Pourriez-vous imaginer un Hitler ou un Staline s'arrêter sur la berge d'une rivière, par un jour d'automne, regarder le courant, la course des nuages, se sentir seul, étranger à ce monde ? »[105] *Une Femme aimée* réalise donc ce qui était refusé par un personnage d'*Alternaissance*.

---

[104] *Une Femme aimée*, p. 59.
[105] *Alternaissance*, p. 252.

La lecture d'Osmonde a sans doute modifié notre réception d'*Une Femme aimée*. En recherchant derrière un auteur l'ombre d'un autre, nous avons vérifié que le dédoublement était impossible ainsi que Romain Gary l'avait déjà constaté : « Trop profondes sont les racines des œuvres, et leurs ramifications, lorsqu'elles paraissent variées, très différentes les unes des autres, ne sauraient résister à un véritable examen et à ce qu'on appelait autrefois l'analyse des textes »[106].

Dans *Une Femme aimée* s'entend distinctement la pensée de Godb mais celle-ci se diffracte en fragments épars tandis que disparaissent quelques-uns de ses éléments constitutifs, ceux qui peuvent parfois agacer certains lecteurs, comme tout ce qui a trait à la métaphysique des gros seins et aux femmes extrêmes. Quant à la thématique de « l'instant perlier », cette expérience que les narrateurs d'Osmonde se disaient incapables de faire partager, à cause des défaillances de la langue, elle se fond discrètement dans le reste du récit et se dit en quelques phrases très simples où souvent affleure le mot « blanc ». Tandis que le personnage

---

[106] *Vie et mort d'Emile Ajar,* Gallimard, 1981, p. 34.

osmondien, multipliant les discours dogmatiques, faisait appel aux concepts philosophiques, aux références érudites et privilégiait grâce au raisonnement inductif la généralisation, Makine choisit un cas singulier, use de la suggestion[107] et, entourant le dit d'un halo de non-dit, nous laisse deviner « l'absente de tous bouquets »[108]. Un autre monde transparaît derrière les mots, il faut entendre plus que ce qui est dit et en particulier s'arrêter sur les fragments descriptifs comme on rêve devant une fenêtre, laisser errer son regard sur le blanc de la neige mais aussi se laisser happer par le vide bleuté du ciel ou par la lumière cuivrée de l'automne. L'auteur, à l'instar du héros d'*Alternaissance* abandonne ainsi le politique au profit du poétique.

Dans cette première œuvre de l'après Osmonde, Makine met en échec l'absurde pour faire triompher, aux côtés de l'imagination,

---

[107] Makine semble assez proche d'Alain Gerber. Ce dernier a publié une biographie de Chet Baker présentée comme « roman » car s'y mêlent énoncés factuels et énoncés fictionnels. Il déclare avoir voulu « découvrir une certaine vérité par-delà le réel. Dire le faux, en somme, pour prononcer *quand même* un vrai qui reste, et sans doute doit rester, indicible », *Le Pari biographique, op. cit.,* p. 83.
[108] Expression de Mallarmé, « Avant dire » au *Traité du verbe* de René Ghil.

l'amour et susciter chez le lecteur une réflexion d'ordre éthique. Mais si la pensée est la même, les méthodes employées pour changer l'homme diffèrent. Au lieu d'imposer par la médiation des *diggers* une vision du monde, il laisse au lecteur l'initiative de l'interprétation. Les personnages ne sont plus des professeurs de philosophie, des psychanalystes ou des militants écologistes mais des artistes. La répétition, par ailleurs, cesse d'être une figure persuasive pour s'allier à la variation et participer de l'art de la fugue, ce qui convient parfaitement à un roman dont les héros n'aspirent à rien d'autre qu'à trouver une vie au-delà de cette vie. La transformation de l'homme n'est plus collective, encadrée et provoquée par des méthodes parfois contestables et au demeurant contestées par le protagoniste. Un homme seul, Oleg, à travers ses errements et ses errances, découvre par la médiation de l'écriture biographique qu'une autre vie est possible de sorte que le récit de cette expérience peut également, par empathie, ébranler la vie du lecteur. Celui-ci peut dès lors penser que Makine a entendu Bôlos et a répondu aux attentes qu'il exprimait dans cette interrogation rhétorique : « A quoi sert de lire si, la dernière page tournée, on ne commence pas à respirer autrement, à voir autrement, à vivre et à attendre la mort différemment ? »[109]. Il découvre à son tour que le salut par l'écriture peut se doubler, comme dans un miroir, du salut par la lecture.

---

[109] *L'Œuvre de l'amour, op. cit.* p. 148.

Gabriel Osmonde et la recherche de l'autre

Ricard Ripoll

Universitat Autònoma de Barcelona

Introduction

En mars 2011, à l'occasion de la sortie de son roman *Alternaissance*, André Makine dévoile être Gabriel Osmonde à la journaliste du Figaro Astrid de Larminat[110], et il s'explique sur son pseudonyme : « Makine n'est pas mon vrai nom [...] Osmonde est plus profondément ancré en moi que Makine » et ajoute que « Alternaissance est sans doute mon roman le plus autobiographique ». Il explique ensuite que

---

[110] Un article s'ensuivra le mercredi 30 mars 2011, « Osmonde sort de l'ombre », *Le Figaro*.

> Rester dans la posture d'un nanti de la littérature ne m'intéressait pas. J'ai voulu créer quelqu'un qui vive à l'écart du brouhaha du monde (pour) continuer à cheminer librement. Osmonde m'a permis d'aller plus loin, d'élargir le champ des questions, jusqu'à l'ineffable.

Dans le *Testament français*, le thème du double et de l'ailleurs est omniprésent. C'est la grand-mère du narrateur qui y fait figure de guide : « Vivre auprès de notre grand-mère était déjà se sentir ailleurs »[111]. Ce qui amène le narrateur à forcer un autre regard : « Je voyais autrement »[112] et « Je compris qu'il faudrait cacher ce deuxième regard »[113]. Ce double regard est directement associé à l'appropriation de deux langues, la langue maternelle et une langue nouvelle, qu'il faut découvrir (« langue grand-maternelle »), comme une langue secrète, « inédite »[114]. La France devient vite, pour le narrateur, un horizon où la transformation, presque chirurgicale, puisqu'elle est comparée à une « greffe », permet de retrouver une communauté, une culture qui l'accueille, alors qu'il se sent exclu parmi ses

---

[111] Andreï Makine, *Le Testament français*, Mercure de France, 1995, p.29.
[112] *Ibidem*, p. 58.
[113] *Ibidem*, p. 59.
[114] *Ibidem*, p. 62.

camarades d'école : « Je voulais que la France greffée dans mon cœur, étudiée, explorée, apprise, fasse de moi un autre »[115].

Cet « autre » va sans cesse osciller dans la production osmondienne entre la recherche passionnelle d'une identité en « vivant parmi les étrangers »[116] et la sensation de vivre comme un « étranger dans le monde de mes semblables »[117]. L'étranger pour Gabriel Osmonde apparaît inscrit dans un espace qui n'est pas fixe et marque, dans le sens deleuzien, une ligne de fuite[118] : la figure qui en ressort est celle du nomade, du « clandestin » : « Clandestin : C'était la meilleure définition de ma place dans cette maison, dans cette ville. Dans cette vie. »[119]

---

[115] *Ibidem*, p. 151.s
[116] Gabriel Osmonde, *Les 20 000 femmes de la vie d'un homme*, p. 222.
[117] Gabriel Osmonde, *L'Œuvre de l'amour*, p. 97.
[118] Gilles Deleuze, *Dialogues*, avec Claire Parnet, Ed. Flammarion, 1977 : « La ligne de fuite est une déterritorialisation. […] Fuir, ce n'est pas du tout renoncer aux actions, rien de plus actif qu'une fuite. C'est le contraire de l'imaginaire. C'est aussi bien faire fuir, pas forcément les autres, mais faire fuir quelque chose, faire fuir un système comme on crève un tuyau... Fuir, c'est tracer une ligne, des lignes, toute une cartographie. », p. 47.
[119] Gabriel Osmonde, *Ibidem*, p. 145.

Nous voulons montrer comment la figure de l'autre, dans le choix même du nom, permet de mettre en place une stratégie d'écriture qui allie fiction et mémoire. Pour ce faire nous proposerons une analyse détaillée de la figure de l'inconnu dans le premier roman signé Osmonde et, à partir de certains concepts développés par Gilles Deleuze, nous verrons comment peut se développer une réflexion sur l'espace.

Nommer l'autre

C'est donc sous le pseudonyme de Gabriel Osmonde que Makine met en place une série de romans qui cherchent à dévoiler cet autre qui est en lui. A la journaliste du *Figaro,* il avoue : « Osmonde m'a permis d'aller plus loin, d'élargir le champ des questions, jusqu'à l'ineffable. » Cet « ineffable » répond à « l'indicible » qui apparaît dès les premières pages du *Testament français* :

> L'indicible ! Il était mystérieusement lié, je le comprenais maintenant, à l'essentiel. L'essentiel était indicible. Incommunicable. Et tout ce qui, dans ce monde, me torturait par sa beauté muette, tout ce qui se passait de la parole me paraissait essentiel. L'indicible était essentiel.[120]

---

[120] Andreï Makine, *Le Testament français, op. cit.*, p. 158.

Ainsi Gabriel Osmonde a pour mission d'accéder à l'essentiel, à cet ineffable, à cet indicible, qui parcourt déjà les romans d'Andreï Makine. Murielle Lucie Clément a fort justement montré que le pseudonyme n'est pas innocent et que ce choix botanique (l'osmonde est une fougère) permet de décrypter une certaine mythologie makinienne[121]. Nous voudrions ajouter que le nom peut également se décomposer en OS (bouche) et MUNDO (purification), ce qui nous renvoie à la poétique sans cesse réactivée de la modernité et, plus précisément, à la poésie d'Arthur Rimbaud lorsque celui-ci affirme qu'il faut inventer une langue[122]. Il ne peut exister de « rupture » en littérature sans cette volonté de créer un monde singulier, en opposition au monde réel, et cette singularité ne peut passer que par la langue qui devient un véritable marqueur de subversion.

---

[121] « L'osmonde, une fougère des lieux humides (de la famille des Osmondacées), aux grandes feuilles lobées et sans dents, dont le sporange présente un épaississement en fer à cheval, se plaît au bord des marécages ou des bassins. », dans "La représentation des Russes et de la Russie chez Gabriel Osmonde", *Représentation des Russes et de la Russie dans le roman français des XXe et XXIe siècles*, Murielle Lucie Clément (ed.), Editions Universitaires Européennes, 2012.

[122] Arthur Rimbaud, Lettre à Paul Demeny, connue comme "Lettre du voyant", 15 mai 1871.

Inventer une langue, c'est assumer un rôle d'oracle et, en même temps, c'est construire les fondements d'une nouvelle relation au Réel.

A la fin du roman *Les 20000 Femmes de la vie d'un homme*, Alexis « a l'impression qu'il vient d'apprendre à parler »[123]. Dans *L'Œuvre de l'amour*, le narrateur en appelle à une « Vita Nuova » et affirme que « L'essentiel était d'apprendre, instant par instant, cette langue du silence »[124], qui est comprise comme une langue purifiée. A la fin d'*Alternaissance*, c'est encore la langue qui est l'enjeu des discours, c'est « une langue qui se passe de mots. »[125] Et à la question : « –Vous croyez qu'on pourra, un jour, numériser cette main qui caresse les pétales ? » la réponse est qu'aucune technique ne pourra jamais restituer « la consonance entre cette fraîcheur neigeuse, la soie des pétales, les larmes de la femme, la tendresse de l'homme qui la regarde, oui, cet instant unique dans son indivisible entité… ». Et la seule langue capable de comprendre ces « instants éternels » est « Sans doute celle que parleront certains d'entre

---

[123] Gabriel Osmonde, *Les 20000 femmes de la vie d'un homme*, op. cit., p. 298.
[124] Gabriel Osmonde, *L'Œuvre de l'amour*, Pygmalion, 2006, p. 247.
[125] Gabriel Osmonde, *Alternaissance*, Pygmalion, 2011, p. 479.

nous, au-delà de la mort. La langue de l'Alternaissance. »[126]

Il y a donc dans cette idée de « naissance » la volonté de fonder une nouvelle relation à l'autre et à sa langue, à partir des silences, une relation bien plus authentique que celle qu'impose le quotidien, puisqu'il s'agit d'appeler à un langage permettant de mettre à nu la fusion entre le « bref » et « l'infini ». Les « instants éternels » deviennent l'image de cette renaissance souhaitée et qui s'inscrit également dans la remise en cause du nom propre. Avec « Osmonde », l'« osmose », le « mélange intime, la fusion de deux éléments » permet de résoudre la greffe évoquée dans *le Testament français* comme un problème qui empêche « de vivre dans le monde réel »[127] ou qui condamne le narrateur « à vivre dans un pénible entre-deux-mondes »[128].

Il est intéressant de parcourir le site web consacré à Gabriel Osmonde et tout particulièrement sa biographie. Il est né le 31 mai 1968 à Paris, c'est-à-dire, de façon symbolique dans un « entre-deux », date qui marque la fin des émeutes, le 30 voit le retour du Général de Gaulle,

---

[126] Gabriel Osmonde, *Ibidem*, p. 478.
[127] Andreï Makine, *Le Testament français*, *op. cit.*, p. 223.
[128] *Ibidem*, p. 224.

après sa « disparition » le 29 pour consulter l'armée et le 1ᵉʳ juin suppose la fin des événements et le retour à l'ordre. Les écrivains préférés de Gabriel Osmonde sont également intéressants : « F. Scott Fitzgerald, Neil Williams, John Kennedy Toole et Houellebecq. Il apprécie Bergson et Jung pour ses archétypes. » L'éclectisme y est de mise. Mais ce qui saute immédiatement aux yeux, c'est ce nom, Neil Williams, enserré entre des noms facilement reconnaissables par tout un chacun. De qui s'agit-il ? S'agit-il de l'artiste peintre américain, né en 1934 et mort en 1988, du joueur anglais de cricket, né en 1962 et mort en 2006, de l'entraîneur de water polo représentant de la Nouvelle-Zélande ou du pilote d'avion, spécialiste en acrobaties, mort en 1977. Aucun d'eux n'est écrivain, mais ce dernier, le pilote, a bien écrit un livre ayant connu un certain succès. Ce livre s'appelle curieusement *J'ai eu 9 vies.* Il est évident qu'Andreï Makine ne pouvait que se reconnaître dans ce titre.

Pour la présentation de l'œuvre, les mots mis en valeur sont « révolte », « refus » de la mode, des hypocrisies, de la *bien-pensance*… Il n'y apparaît aucun portrait, si ce n'est, de loin, un homme sur un char à voile. Gabriel Osmonde, le mystérieux, l'inconnu. Sur le site rénové, après la confession, apparaît la photographie de Makine, ce qui renforce l'étrangeté, puisque les informations biographiques n'ont pas été changées.

La figure de l'inconnu

Le premier roman signé Osmonde, *Le Voyage d'une femme qui n'avait plus peur de vieillir*, trace le lien entre Andreï Makine et Gabriel Osmonde. Ce roman s'ouvre sur le désir de suicide du personnage, Laura Baroncelli : « Madame Baroncelli allait se donner la mort, ce soir-là, en incisant les veines de ses poignets. »[129] Ce suicide symbolique, figure récurrente des romans de Gabriel Osmonde, est vite accompagné de phrases qui montrent la volonté de devenir un autre, de faire de ce suicide l'objet d'une renaissance : « sensation de dédoublement »[130], « le corps qu'elle était en train d'observer comme celui d'une autre »[131]. Ce qui finalement va troubler le personnage et qui va l'éloigner du suicide, c'est une empreinte, une trace inexplicable, celle d'un inconnu qui marque ainsi une présence qui va devenir le moteur d'une nouvelle aventure, la

---

[129] Gabriel Osmonde, *Le Voyage d'une femme qui n'avait plus peur de vieillir*, Albin Michel, 2001, p. 10.
[130] *Ibidem*, p. 10.
[131] *Ibidem*, p. 12.

rupture avec le quotidien, interprétée comme « un espoir, une issue, une vie différente », puis « l'idée d'une porte secrète ouverte sur un mystérieux ailleurs », ou encore « une autre matière à vivre »[132].

Dès ce premier texte apparaît le double thème de l'inconnu et de l'ailleurs, associé au temps qui passe inexorablement, à la médiocrité du quotidien, au sacrifice des idéaux. Pour le personnage, Laura, l'abandon de ses études marque un point d'orgue à son mal-être. Elle est bien consciente de cette amputation : « Cette vie continue derrière cette fenêtre (pourquoi l'ai-je fermée ?) »[133] Elle sort et « débouche sur la rue de Bellefond, a le temps d'apercevoir le reflet écarlate sur le fer forgé des balcons et, au bout de cette rue ascendante, le ciel du couchant, le vide qui coupe la perspective comme la chute d'un à-pic. »[134] C'est après cette fugue que Laura décide de reprendre ses études. L'opposition entre « ascendante » et « à-pic » signale la liberté offerte au personnage : il ne tient qu'à elle de choisir et de partir vers cette ailleurs qui lui est proposé. La rue « Bellefond » s'inscrit ainsi comme un signal

---

[132] *Ibidem*, p. 21.
[133] *Ibidem*, p. 59.
[134] *Ibidem*, p. 61.

ambivalent que l'on peut décrypter dans toute sa sonorité. Elle est l'image même du personnage et de ses états d'âme : « Belle qui fond » (dans un quotidien aliénant) et, en même temps, « Belle au fond » (comme ailleurs libérateur). Il suffirait d'un geste. Mais ce geste n'arrive pas. Le personnage est confronté à sa liberté lorsque, face à l'armoire qui garde les souvenirs d'une grand-mère à la réputation de bohème, elle est incapable de se libérer de son passé et de partir à la recherche de cette troisième naissance qui deviendra le thème du dernier roman de Gabriel Osmonde : « Une vielle armoire chargée de liasses de feuillets, de cartes [...] Tous ces objets semblent l'observer, espérer d'elle un geste. Un geste qui pourra changer sa vie [...] Mais ce geste ? »[135]

Laura Baroncelli, telle une aveugle, a besoin d'un guide pour se (re)trouver. Nous pouvons évoquer la figure littéraire du « Lazarillo », ce personnage du roman picaresque qui accompagne les aveugles et leur montre le chemin, sauf que pour Laura Baroncelli, c'est elle-même qui devra faire l'effort, le geste, pour trouver sa voie. Mais il lui faut un déclencheur et ce sera l'apparition de l'inconnu qu'elle voit pour la première fois

---

[135] *Ibidem*, p. 114.

complètement nu, démuni donc du fardeau social. Le premier moment de sa libération va passer par la poursuite de ce mystérieux personnage jusqu'à l'hôtel où il habite : « Le voyage, le vrai, le grand, a déjà commencé, et cette petite ville, à quarante kilomètres de Paris, en est une étape importante. »[136]

Et Laura Baroncelli va finalement faire le geste qui pourra la conduire vers cette troisième naissance : elle entre dans la chambre de l'inconnu et elle est frappée par « la certitude subite mais très ferme qu'elle n'est pas tout à fait étrangère à cet endroit. »[137] C'est alors que l'espace, grâce à la figure du chiasme, prend toute sa force symbolique. Laura, dans l'appartement de l'inconnu, imagine l'inconnu chez elle. Elle est étrangère chez l'autre qui, étranger chez elle, lui permet l'accès à une voie mystérieuse qu'elle ne peut pas encore comprendre : « Ils participent donc tous les deux à l'aventure dont elle ignore pour l'instant le sens. »[138]

Pour utiliser la terminologie deleuzienne, il s'agit bien d'un processus de déterritorialisation/reterritorialisation qui s'opère

---

[136] *Ibidem*, p. 214.
[137] *Ibidem*, p. 216.
[138] *Ibidem*, p. 218.

en trois phases : occupation d'un territoire aliénant (la vie de couple, la famille, le travail abrutissant…) ; déterritorialisation (le geste qui permet la fuite, le déplacement) et reterritorialisation (que Laura pourra conquérir à la fin du livre) et qui permet le devenir du personnage, après le franchissement d'un seuil imaginaire.

Ce n'est qu'alors que le personnage peut s'intéresser aux documents contenus dans l'armoire et qui lui étaient, jusque-là, invisibles. C'est l'héritage de sa grand-mère, constitué de voyages, d'espaces exotiques, de paysages sous la neige, qui va devenir le moteur d'un profond questionnement sur soi et sur l'espace qu'il occupe. L'inconnu, une espèce d'autore-présentation d'Andreï Makine, peut alors entraîner Laura vers son espace, cet ailleurs rêvé, cet « infini nordique »[139] qu'elle attendait depuis toujours. Et ils se dirigent finalement vers « un vide blanc, absolu » où « il n'y a rien »[140]. La fin du roman évoque ainsi un voyage initiatique qui peut être compris comme la mise en place d'une nouvelle identité et nous pouvons interpréter la blancheur

---

[139] *Ibidem*, p. 276.
[140] *Ibidem*, p. 278.

finale vers laquelle se dirigent les deux personnages, dont l'inconnu sous les traits d'Andreï Makine, comme une mise en abyme qui évoque les romans à venir et la mise en place d'une écriture nouvelle, à partir d'un nouveau nom, comme une renaissance.

Une écriture nomade

Ainsi, Andreï Makine serait conscient, dès ce premier roman, de ce qu'il voudrait produire sans encore en avoir tout à fait esquissé le contour. Il s'agit de revenir sur son passé, non plus à la manière du *Testament français*, dans un va-et-vient temporel, mais plutôt à partir d'un travail sur l'espace qui va définir une nouvelle géographie où le déplacement devient essentiel.

Dans l'écriture même de Gabriel Osmonde les textes se présentent comme des espaces de circularités, de personnages qui prennent sens à partir du mouvement qu'ils subissent. Ils font en quelque sorte l'apprentissage d'un nomadisme qui va les libérer d'un quotidien médiocre.

Nous pouvons ainsi reprendre le mot de Jean Duvignaud, dans *Nomades et Vagabonds*[141], qui affirme que « le nomade est celui qui sera toujours

---

[141] Jean Duvignaud, *Nomades et vagabonds*, UGE, 1975.

en dehors des codes, réfractaires à tout discours de clôtures ». Et en même temps nous prenons de Kenneth White, dans *L'Esprit nomade*, l'idée que « les nomades n'ont pas d'histoire, ils n'ont qu'une géographie »[142]. Si Andreï Makine construit une œuvre qui s'appuie sur l'histoire, Gabriel Osmonde pour sa part organise des récits qui font de l'espace un nouveau territoire sans racines.

Osmonde, artefact français de Makine, par sa volonté nomade et par son statut d'exilé, repense le rapport avec l'extérieur et s'inscrit dans cette ligne de fuite prôné par Deleuze, alors que Makine est encore situé dans l'entre-deux.

Ainsi faut-il comprendre la création d'un « Osmonde » qui évite la double identité et, en pratiquant l'osmose, fond en un seul être les thématiques d'un bord et de l'autre. De plus, ce Gabriel évoque l'ange messager, héros de Dieu, qui apporte la bonne parole, ce qui dans *L'Œuvre de l'amour* se décline comme une nouvelle mission, qui apparaît à la fin du livre, à savoir « sauver les êtres », le narrateur possédant « désormais la science des instants éternels ». Ce qui permet alors le passage à *Alternaissance* et à

---

[142] Kenneth White, *L'Esprit nomade*, Grasset & Fasquelle, 1987, p. 64.

une philosophie inspirée par un certain anarchisme chrétien.

La fin de *l'Œuvre de l'amour* est explicite :

> Je m'installe sur la crête des dunes. La splendeur cosmique de l'océan, la laideur des humains. J'aurais aimé nuancer, relativiser, adoucir le contraste par une quelconque pirouette humaniste. Mais la faille est là, irréparable [...] La nuit, ma mission m'apparaît avec la clarté d'une nouvelle naissance. Je peux, je dois sauver ces êtres. Je suis capable de les éveiller à une autre vie.[143]

Ce sera l'objet du quatrième roman de Gabriel Osmonde, *Alternaissance*, qui se situe en Australie, « la patrie des exilés... »[144]. On peut penser au roman de Michel Houellebecq, *La Possibilité d'une île*, qui présente la secte des Élohimites, transposition des Raéliens, avec son gourou qui domine cette société hiérarchique. Mais, contrairement au roman de Houellebecq, dans *Alternaissance* il n'y a aucune hiérarchie, il n'y a pas de gourou, ce n'est pas une secte, mais plutôt un espace singulier à la manière de l'abbaye de Thélème, créée par François Rabelais, au début de la Renaissance, où la devise est « Fais ce que voudras ». Au cynisme de Houellebecq, Gabriel

---

[143] Gabriel Osmonde, *L'Œuvre de l'amour*, op. cit., p. 269.
[144] Gabriel Osmonde, *Alternaissance*, op. cit., p. 13.

Osmonde répond par la foi en ces instants éternels qui doivent ouvrir sur un nouveau langage, celui de la langue de l'Alternaissance.

Et nous rejoignons l'idée qu'il faut mourir pour renaître, passer d'un nom à un autre pour saisir la brève éternité de ce qui nous entoure, pour ne jamais se fixer sur un territoire connu, mais bien chercher cette pensée nomade qui est ouverture et recommencement. Si Andreï Makine présente le dernier roman de Gabriel Osmonde comme le plus « autobiographique » de ses textes, c'est bien que la fiction ne cesse de revenir sur les traces de l'enfance.

Pour une littérature mineure[145]

L'œuvre de Gabriel Osmonde ne peut pas être séparée de celle d'Andreï Makine. Les deux œuvres se présentent comme deux faces complémentaires, comme deux masques qui viennent se confondre dans la pièce de théâtre, *Le Monde selon Gabriel*[146], où tous les éléments étaient donnés, dès 2007, pour que l'on ait pu

---

[145] Nous utilisons la terminologie de Gilles Deleuze dans son *Kafka. Pour une littérature mineure*, Les Editions de Minuit, 1975.
[146] Andreï Makine, *Le Monde selon Gabriel*, Editions du Rocher, 2007.

reconnaître l'identité de ce Gabriel Osmonde énigmatique. Mais cette identité apparente n'est, en fait, qu'une nouvelle ligne de fuite. Elle marque plutôt l'avènement de l'ombre dans laquelle se cache alors Andreï Makine en attendant le coup de projecteur qui n'arrivera pas, puisque personne ne découvrira le secret. Qui est en fin de compte le secret de l'origine. Mais quelle est cette origine ? Qui est vraiment Andreï Makine, qui est Gabriel Osmonde ? Quel est le nom véritable de l'auteur du *Testament français* ? C'est dans son œuvre, dans ses œuvres croisés, qu'il faut chercher une réponse et celle-ci est sans cesse réécrite, c'est une réponse, on s'en doutait, strictement littéraire : tout est autobiographique, mais il s'agit, comme dans une autofiction, de la mise en écriture d'un passé fantasmé. Ce que l'on peut dire, c'est que l'œuvre de Gabriel Osmonde, dans l'ombre de Makine, se présente comme une « littérature mineure » dans le sens deleuzien[147] et, par-là, comme l'écriture

---

[147] Phillipe Mengue, dans « Deleuze et la question de la vérité en littérature » (http://erea.revues.org/371) définit ainsi cette littérature mineure : « La littérature mineure (qui n'est pas celle forcément des minorités ethniques ou autres) suppose une minoration au sens quasi mathématique du terme : il faut réduire, diminuer l'importance des significations établies, soustraire, enlever, déconstruire, déformer la syntaxe et la grammaire de la langue pour

d'un rebelle qui se sent exilé, non pas en tant que Russe, mais bien en tant que Français sur le territoire de la création contemporaine, croyant que le roman a encore quelque chose à dire, contrairement à une certaine littérature française actuelle qui a renoncé à l'ébranlement des consciences et qui est évoquée par-ci par-là : la littérature érotique de Catherine Millet dans *Les 20 000 Femmes de la vie d'un homme*[148], Philippe Sollers (sous les traits de Philippe Luners[149]), Bernard-Henry Lévi (sous les traits de Bernard Halévy[150]), Michel Houellebecq (sous les traits de

---

délivrer les virtualités inattendues, pour dégager les devenirs contre l'histoire grégaire et démocratique, consensuelle et majoritaire. Minorer et non élever au majeur qui toujours éternise et normalise, écrase les devenirs. Ce qui est censé découler de la minoration, c'est une ouverture dans le sédimenté, une brèche dont s'échappe une ligne de fuite qui permet "*d'atteindre au clapotement cosmique et spirituel*", au "devenir imperceptible", à propos de Beckett. Avec cette entreprise de soustraction et d'indétermination du sens, la limite du langage culminant dans un dehors dénué de toute signification, absolument neutre, blanc, insignifiant, on doit reconnaître que la liquidation de la vérité est définitivement consacrée. »

[148] Gabriel Osmonde, *op. cit.*, p. 181.
[149] *Ibidem*, p. 144.
[150] *Ibidem*, p. 145.

Michel Béquoul[151]), dans *L'Œuvre de l'amour*, en particulier.

Conclusion

Ce qui forme le nœud de la pensée de Gabriel Osmonde, c'est sans doute une réflexion sur le temps qui devient espace d'écriture, l'idée que l'homme est de passage et qu'il n'a que vingt mille jours à vivre sur Terre. Le temps qui passe impose la passivité, c'est la leçon qui apparaît dès la première phrase d'*Alternaissance* :

> L'âge venant – si le monde n'a pas réussi à vous décérébrer, à vous momifier dans un rôle – vous avouez ne plus rien avoir d'essentiel à vivre. […] Vous n'avez plus la faim d'être. […] Certains, les plus purs, se suicident.[152]

Les personnages d'Osmonde sont en proie à ce vertige du temps qui abrutit, qui nous fait basculer dans la passivité et donc dans l'acceptation d'une condition humaine dégradée et dégradante. Leur histoire n'est rien d'autre que la mise en place d'une échappatoire. Laura veut se suicider puis finit par prendre en main son destin et s'échappe vers les paysages froids où l'attend

---

[151] *Ibidem*, p. 148.
[152] Gabriel Osmonde, *Alternaissance*, *op. cit.*, p. 9.

une folie salutaire ; Alexis Taraneau se prépare à mourir mais va finalement partir pour un « voyage ambigu » au terme duquel « Il a l'impression qu'il vient d'apprendre à parler » ; Bôlos ne pense qu'à mourir mais finira par créer une croisière pour échapper à la médiocrité et assumer, finalement, que « Tout était mensonger dans ma vie. Je trouvais d'ailleurs un certain charme à ce double jeu »[153].

C'est autour de ce double « je », Makine/Osmonde, que le premier roman signé Gabriel Osmonde, *Le Voyage d'une femme qui n'avait plus peur de vieillir,* propose l'ouverture d'un cycle qui va se terminer sur la mise en place d'une révolution-révélation dans *Alternaissance*.

Les effets de miroirs sont constants entre les narrateurs et Andreï Makine, ainsi qu'entre les romans écrits sous le nom d'Andreï Makine et ceux signés par Gabriel Osmonde. L'angoisse du temps est l'un des thèmes récurrents dans l'œuvre entière et se présente dans les livres de Gabriel Osmonde comme une raison pour faire le bilan et tenter une renaissance. Tous les personnages subissent une crise autour de la quarantaine (quarante-quarante-cinq ans), qui est l'âge

---

[153] Gabriel Osmonde, *L'Œuvre de l'amour, op. cit.*, p. 64.

d'Andreï Makine lorsqu'il écrit son premier texte sous le pseudonyme de Gabriel Osmonde. Laura Baroncelli, sur la plage, pense : « Ce stockage de laideur s'appelle tout simplement vieillesse et elle commence déjà à... cinquante ans ? Quarante ans peut-être ? Ou même avant ? C'est horrible d'imaginer qu'un jour j'aurai quarante ans. Ou quarante-cinq ! »[154]. Al-Taran, Alexis Taraneau, a quarante-six ans lorsqu'il part en croisière. Ce sont sans doute des doubles d'Andreï Makine qui, par l'écriture, peut mettre en scène les angoisses qui sont les siennes et renaître dans chaque aventure qu'il prête aux autres.

L'œuvre de Gabriel Osmonde est une construction plurielle, un *polylogue*, qui dissémine les narrateurs afin de « retourner » le discours biographique du *Testament français*. C'est un voyage nécessaire pour revenir à l'histoire personnelle en s'extrayant de soi. Ce n'est qu'ainsi que l'on peut comprendre la phrase qui aurait pu sembler, dans un premier temps, provocatrice dans l'interview accordé au *Figaro* : « *Alternaissance* est sans doute mon roman le plus autobiographique. »

---

[154] Gabriel Osmonde, Le *Voyage d'une femme qui n'avait plus peur de vieillir*, *op. cit.*, p. 38.

Pour Andreï Makine, comme pour Gabriel Osmonde, le JE biographique s'adapte au JEU de l'écriture et fait de l'autre le miroir éclaté d'un passé à reconstituer éternellement afin de renaître, comme l'oiseau phénix, pour échapper à la médiocrité du quotidien.

Bibliographie utilisée :
Andreï Makine, *Le Testament français*, Mercure de France, 1995.
Gabriel Osmonde, *Le Voyage d'une femme qui n'avait plus peur de vieillir*, Albin Michel, 2001.
Gabriel Osmonde, *Les 20000 femmes de la vie d'un homme*, Albin Michel, 2004.
Gabriel Osmonde, *L'Œuvre de l'amour*, Pygmalion, 2006.
Andreï Makine, *Le Monde selon Gabriel*, Editions du Rocher, 2007.
Gabriel Osmonde, *Alternaissance*, Pygmalion, 2011.

Makine-Osmonde ET Osmonde-Makine, écrivain à multiples facettes

Erzsébet Harmath
Université de Szeged

Le thème du deuxième colloque sur Makine, organisé en septembre 2013 et portant comme titre *Andreï Makine versus Gabriel Osmonde* a relevé pour nous une question qui se veut aussi le problème central de la majorité des études sur Makine : comment voir Makine et Osmonde ? Certains ont tendance à voir Makine dans une identité soit russe soit française, alors que c'est en effet l'aspect – pourrait-on dire – transitoire de son identité et partant de son écriture poétique qui est plutôt à affirmer.

Depuis 2001, Andreï Makine crée des chefs-d'œuvre qui ne se laissent plus comprendre dans un cadre générique traditionnel, c'est ce qui explique pourquoi on préfère ignorer les livres non-fictionnels de l'œuvre de Makine. Dix ans plus tard, en avril 2011, lors du Festival

International du Livre de Budapest, Makine délivre son autre moi au public, avouant avoir publié quatre romans sous le pseudonyme de Gabriel Osmonde. Ce témoignage même s'il est bouleversant vient renforcer mes recherches lors de la préparation de ma thèse, menées à bien jusqu'en décembre 2010.

Dans cet article, notre objectif est d'analyser certains textes de Makine qui sortent des genres fictionnels à côté d'un roman signé Osmonde en vue de démontrer combien ils se jouent entre eux. Ainsi étudierons-nous dans un premier temps avec *Saint-Pétersbourg, Le Costume populaire russe,* et *Le Livre des brèves amours éternelles* – la palette générique particulièrement colorée de l'écriture *makinienne* pour ensuite mettre au jour avec *Le Voyage d'une femme qui n'avait plus peur de vieillir* – certains aspects de l'écriture *osmondienne*. Par ce livre-photo, le magazine-photo, le recueil de nouvelles[155] et le premier roman d'Osmonde, Makine lui-même, conscient de la force des

---

[155] La maison d'édition hongroise de Makine (les éditions Ab Ovo), dont la traductrice est Margit Szoboszlai, marque ce petit livre en tant que recueil de nouvelles. Andreï Makine, *Örök szerelmek könyve*, Budapest, Ab Ovo, 2012, 154 p.

stéréotypes, tente de transgresser les catégories appliquées à son cas et ne cesse de repousser ses propres limites.

Au-delà d'une simple perspective narratologique ou autobiographique, les analyses ont été conduites dans le cadre d'une nouvelle discipline, la « géocritique » élaborée par Bertrand Westphal[156] avec, au centre, la géophilosophie de Gilles Deleuze et de Félix Guattari. Leurs thèses, mieux que d'autres, rendent compte de la complexité de toute saisie des espaces humains. Ils évoquent *la ligne de fuite* inhérente à tout territoire (la conquête d'une nouvelle pensée), ainsi l'espace contemporain devient hétérogène, « *flottant* » voire « *navicule* », un territoire inséparable des vecteurs de déterritorialisation et reterritorialisation par rapport à la perception traditionnelle.

Grâce à ces théories nous réussissons à adopter une perspective multidisciplinaire : à la fois littéraire (sémanalyse), philosophique (poststructuraliste), géographique (géocritique) et esthétique (photographie). Ce petit tableau résume les six caractéristiques de la géocritique, qui au-

---

[156] *La Géocritique mode d'emploi*, Limoges, Pulim, 2001, 311 p. et *Géocritique. Réel, fiction, espace*, Paris, Minuit, 2007, 304 p.

delà du fait d'être *littéraire* (se basant sur les textes littéraires) et *dynamique* dans la perception d'espace, englobe aussi :

Géocritique	Géophilosophie
Géocentrisme (île, archipel, ville, désert, steppe)	*Lisse et Strié* (île, archipel, mer, glace, désert, steppe)
Interdisciplinarité – Multidisciplinarité (transgénérique)	*Rhizome*
Multifocalité (pdv. allogène, le tiers espace)	*Monade, rhizome* (se trouver au milieu)
Polysensorialité (« sensuous geography »)	*Affects et percepts*
Stratigraphie (polychronie, gâteau mille-feuilles)	*Pli, strates* (Aiôn, sédimentation, plissement)
Re-présentation (non-stéréotype)	*Monde en devenir, archipel* (la case vide dans la structure, la langue mineure)

1. *Le géocentrisme* car la géocritique se concentre à la présentation des espaces et non à celle de l'auteur. Nous le découvrons chez Makine dans les thèmes-structures qui reviennent d'une œuvre à l'autre, tel que la steppe, la mer, l'île, le désert.

2. *La multidisciplinarité* puisqu'elle analyse les espaces humains dans le cadre des différents domaines esthétiques ou sciences humaines et sociales (littérature, géographie et les arts visuels).
3. *La multifocalisation* qui offre une perception spéciale de l'espace : les divers points de vue ne s'excluent pas mais peuvent coexister. Ceci se réfère à la manière d'habiter l'espace, de penser et de se mouvoir dans l'espace.
4. *La polysensorialité* prend la place du sujet traditionnel, car le sujet postmoderne se dissout dans le texte, parmi les textes, et crée des « percepts » et « affects » à l'aide de la géographie polysensorielle.
5. *Le caractère stratigraphique* de l'espace renvoie à l'art du « plissement », comment les divers romans et autres écritures se plient les uns dans les autres et on en retrouve partout des microstrates.
6. *La re-présentation* aide à démolir la présentation stéréotypée, où la représentation devient une re-présentation, une image évolutive et transgressive du monde. Après cette courte présentation théorique, notre travail dévoilera l'identité aux multiples facettes de Makine-Osmonde ou Osmonde-Makine, démontrant par le biais de divers genres le « devenir » de l'œuvre.

Makine 2002 : Saint-Pétersbourg

Le premier ouvrage « inhabituel », non romanesque de Makine apparaît en 2002, quand il publie avec le photographe Ferrante Ferranti[157] un livre-photo sur la capitale culturelle russe, *Saint-Pétersbourg*[158]. On considère cet ouvrage comme ce qui relève d'une extrême importance, car c'est le moment à partir duquel Makine se lance dans la production d'« autres » œuvres, lesquelles finissent par colorer ainsi la palette générique de ses livres. À vouloir dévoiler le dessein de Ferranti en choisissant Makine pour partenaire dans la création du livre-photo, il faut noter la symbolique contradictoire de Saint-Pétersbourg et la position

---

[157] Né en Algérie d'une mère sarde et d'un père sicilien, Ferrante Ferranti commence à voyager en 1978 prenant ses premières photographies en Italie, Grèce, Turquie et Égypte. Architecte de formation, auteur de *Lire la Photographie* aux éditions Bréal (2003) et de *L'Esprit des ruines* aux éditions du Chêne (2005), il publie une trentaine de livres de photographies avec des textes de Jean-Yves Leloup, Andreï Makine et essentiellement de Dominique Fernandez. www.atelier-7.com/artists/ferrante-ferranti et www.ferranteferranti.com, site web personnel.

[158] Article complet sur cet ouvrage : Erzsébet Harmath, « L'ouvrage-photo de Makine », dans *Acta Romanica – Studia Iuvenum*, tomus XXVIII, Szeged, Jatepress, 2012, pp. 111-118.

tout autant intéressante de Makine, car tous les deux, la ville et l'auteur se trouvent « au milieu ». Le livre, au-delà de la perspective générique (agencement du texte et de la photo), par son titre même suggère le franchissement de la frontière : du point de vue sémiotique, cette ville indique un « espace-seuil », par la mer Baltique devenant une zone de dialogue entre la Russie et l'Union Européenne. De fait, on associe Saint-Pétersbourg à la « fenêtre sur l'Europe »[159], (expression attribuée à tort à Pouchkine), mais on lui accole encore d'autres qualités, telles l'« ouverture sur l'Occident » et « la Venise du Nord »[160].

Tandis que Makine nous convie à partager ses souvenirs étroitement mêlés à l'histoire de la ville, Ferranti arpente longuement et

---

[159] Algarotti désignait la ville comme la « gran finestrone » à travers laquelle la Russie regardait vers l'Europe. « gran finestrone [...] per cui la Russia guarda in Europa ». Francesco Algarotti, *Viaggi di Russia, a Mylord Hervey (1739 – Lettere sulla Russia),* Venice, Carlo Palese, tome VI. p. 70

[160] À cause des échanges avec l'Occident et à cause de son architecture (Rossi, Leblond etc.). Positionnée sur le delta de la Neva, la présence des nombreux canaux lui vaut ce surnom. József Goretity, « Mítoszváros », dans *Élet és irodalom,* an XLVII., n° 41, le 10 octobre 2003, www.es.hu/goretity_jozsef;mitoszvaros;2003-10-13.html, consulté le 5 mai 2011.

minutieusement Saint-Pétersbourg, dont il propose des clichés particuliers, d'où les hommes semblent être absents. Eux deux, l'écrivain et le photographe, ne proposent pas un guide touristique animé, coloré, mais donnent à voir toute la beauté de Saint-Pétersbourg à travers des décors souvent inattendus : le jeu de la lumière sur le fleuve Neva, le scintillement du soleil sur la neige et d'autres scènes.

Andreï Makine, lui-même photographe amateur et fin connaisseur du travail de Ferranti, préfère ces photos de paysage contenant un détail quelconque, un objet partiel susceptible de nous toucher, nous blesser, nous « poindre » : c'est le *punctum*[161]. Qu'il s'agisse de paysages urbains ou campagnards, les photos de paysages peuvent satisfaire cet attrait intérieur, une sorte d'envie d'y vivre. L'essence du paysage consiste dans sa caractéristique « heimlich », secrète, ainsi les photos de paysages doivent être « *habitables,* et non visitables »[162]. C'est exactement ce surplus

---

[161] Roland Barthes, *La chambre claire*, Paris, Les Cahiers du cinéma/Gallimard/Seuil, 1980, p. 73.
[162] *Ibidem*, pp. 66. Les paysages de type *heimlich*, (« *habitables* et non visitables ») renvoient à une photo représentant une maison méditerranéenne du XIXe siècle, par rapport à laquelle Barthes décrit le désir d'y vivre : « Une vieille maison, un porche d'ombre, des tuiles, une

que Makine cherche sur les photos de Saint-Pétersbourg.

Née sur les vastes champs marécageux qui s'effacent sous le palais d'Hiver, cette ville à « mille strates architecturales »[163] (à partir du

---

décoration arabe passée, un homme assis contre le mur, une rue déserte, un arbre méditerranéen (*Alhambra*, de Charles Clifford) : cette photo ancienne (1854) me touche : c'est tout simplement que *là* j'ai envie de vivre. Cette envie plonge en moi à une profondeur et selon des racines que je ne connais pas : chaleur du climat ? Mythe méditerranéen, apollinisme ? Déshérence ? Retraite ? Anonymat ? Noblesse ? Quoi qu'il en soit (de moi-même, de mes mobiles, de mon fantasme), j'ai envie de vivre là-bas, *en finesse* - et cette finesse, la photo de tourisme ne la satisfait jamais. Pour moi, les photographies de paysages (urbains ou campagnards) doivent être *habitables*, et non visitables. Ce désir d'habitation, si je l'observe bien en moi-même, n'est ni onirique (je ne rêve pas d'un site extravagant) ni empirique (je ne cherche pas à acheter une maison selon les vues d'un prospectus d'agence immobilière) [...]. Devant ces paysages de prédilection, tout se passe comme si *j'étais sûr* d'y avoir été ou de devoir y aller ». Or Barthes se réfère immédiatement à *Das Unheimliche* de Freud, article analysant le sens du foyer comme heimlich-unheimlich (intime, familier/ étrangement inquiétant, effrayant) disant du corps maternel « qu'"il n'est point d'autre lieu dont on puisse dire avec autant de certitude qu'on y a déjà été". Telle serait alors l'essence du paysage (choisi par le désir): *heimlich*, réveillant en moi la Mère (nullement inquiétante) ». *Ibidem*, pp. 66-68.
[163] Andreï Makine–Ferrante Ferranti, *Saint-Pétersbourg*, Genève, Chêne, 2002, p. 17.

gallo-romain jusqu'au classicisme), devenue à la fois centre culturel administratif, économique et intellectuel[164], devint, malgré sa situation périphérique, frontalière, la capitale[165] de la Russie. C'est pourquoi Saint-Pétersbourg montre une sémiotique paradoxale et reçoit une dimension postmoderne : elle devient une « gateway-region »[166] dans une Europe du Nord en réseaux. Par conséquent, non seulement les Russes ont réussi à abolir la fermeture de la Russie mais Pierre-le-Grand a même banni la tradition immémoriale selon laquelle le centre intellectuel et culturel d'un pays correspond en même temps au point central géographique du pays. Ainsi, le Nord marécageux avec sa toundra devient-il « milieu », la périphérie change en « milieu ». Makine décrit Saint-Pétersbourg à la manière d'une ville idéale,

---

[164] József Goretity, « Mítoszváros », *op. cit.* www.es.hu/goretity_jozsef;mitoszvaros;2003-10-13.html.
[165] Zoltán Hajnády, « A Pétervár-mítosz az orosz irodalomban », dans *Pétervár szemiotikája az orosz irodalomban*, László Jagustin, (dir.), Debrecen, Kossuth Egyetemi Kiadó, 2004, p. 7.
[166] Anaïs Marin, *Saint-Pétersbourg, une ville frontière. Extraversion, paradiplomatie et influence de la « capitale du Nord » sur la politique étrangère de la Fédération de Russie (1990-2003)*, Paris, thèse de doctorat soutenue à l'Institut d'Études Politiques de Paris, sous la direction d'Anne de Tinguy, 2006, p. 121.

la « quintessence architecturale de l'Europe »[167], dont la diversité et l'unité sont difficiles à appréhender. C'est exactement ce paradoxe, selon Makine, qui constitue le secret de la ville « métahistorique ».

Le dernier fragment textuel du livre raconte le retour de Makine à Saint-Pétersbourg, après vingt ans. Il retrouve l'immense plaine de glace de la Neva, l'or des feuilles sur les statues du jardin d'Été, le désert blanc de la Baltique, autant de paysages chers à Makine. Mais ce retour ne se réalise pas par un véritable voyage en Russie, mais grâce aux photos de Ferranti. Makine découvre de nouveau la ville « déserte »[168]. Avec ses photos vides, dépeuplées, Ferranti finit, tout comme Atget

---

[167] Andreï Makine–Ferrante Ferranti, *Saint-Pétersbourg*, *op. cit.*, p. 14.
[168] Cette photo de la ville de Saint-Pétersbourg nous fait penser aux photos « désertes » et « vides » d'Eugène Atget, photos prises sur Paris en 1900. « Ses images contredisent la sonorité exotique, chatoyante, romantique des noms de ville ». Walter Benjamin, « Petite histoire de la photographie », dans *Études photographiques*, n° 1, novembre 1996, p. 20. Ainsi Atget réussit à disloquer les topos de Paris.

pour Paris, par détruire l'« aura »[169] de Saint-Pétersbourg, autant de clichés stéréotypés.

Ce nouveau livre-photo en train de se faire plaît à Makine pour une raison purement subjective : « après une absence de plus de vingt ans, j'avais besoin de cette rue Rossi sans une ombre humaine pour pouvoir y revivre mon "instant de la rue Rossi" »[170]. Voilà le « noème »[171] que l'auteur semble retrouver dans les photographies de Ferranti, ces vues avec « la vérité profonde de Saint-Pétersbourg », une ville déserte prodigieusement habitée par l'esprit.

Vu d'une perspective géocritique, Saint-Pétersbourg se révèle être un espace « médian », non plus une métropole (ville-mère à l'image de

---

[169] « L'aura est liée à son *hic et nunc*. Il n'en existe nulle reproduction. » Walter Benjamin, *L'Œuvre d'art à l'époque de sa reproduction mécanisée*, Paris, Allia, 2003, p. 40.
[170] Andreï Makine–Ferrante Ferranti, *Saint-Pétersbourg*, *op. cit.*, p. 24.
[171] Le « noème » est l'essence de la photographie, le « *Ça a été* » qui n'est pas iconique, mais plutôt indexique, c'est-à-dire temporel parce qu'elle pose une présence immédiate au monde, prouvant que le passé est aussi sûr que le présent. « Ce nouveau *punctum*, qui n'est plus de forme, mais d'intensité, c'est le Temps, c'est l'emphase déchirante du noème (*"ça-a-été"*), sa représentation pure ». Roland Barthes, *La Chambre claire, op. cit.*, pp. 99-184.

Moscou, saint) mais une « pétropole »[172] (du profane), une ville en changement. Située à la rencontre de la pierre (ville construite de granit et de marbre) et de l'eau (initialement bâtie dans le but de devenir un port pour irriter les Suédois), elle est à la fois ferme comme un roc et ondoyante et fluide comme la mer et la Neva. L'eau (active et dynamique) et la pierre (passive et statique) ont façonné ensemble l'aspect de la ville. Du point de vue sémantique, la ville est polysensorielle et tripartite : Saint-Pétersbourg (*Санкт-Петербург*) signifie saint-pierre-château (ville)[173]. Le polymorphisme (trois formes) et le trimondialisme des éléments sémantiques romain (*saint* provient du latin *sanctus*), grec (*petra* indique la pierre) et germain (*Burg* renvoie au château, à la forteresse) sont en attirance continuelle et en perpétuel duel. C'est pourquoi, on considère que Saint-Pétersbourg peut figurer dans le système tripartite de Peirce, dans la mesure où le motif de base de la ville est la transformation éphémère et l'oscillation continue. Saint-Pétersbourg oscille entre les paires

---

[172] Zoltán Hajnády, « A Pétervár-mítosz az orosz irodalomban », *op. cit.*, p. 10.
[173] Le hongrois redonne très bien le sens par un jeu de mots *szent-kő-vár(os)*, où le substantif *vár* renvoie au château et *város* indique la ville.

sémantiques : russe-européenne, culturelle-civilisée, centre-périphérie, est-ouest, la ville dénotant un espace polychronique. La meilleure caractéristique de Saint-Pétersbourg est sa configuration horizontale qui fait appel à l'espace lisse de Deleuze : premièrement l'estuaire de la Neva, deuxièmement le niveau toujours lisse des quais. Comme troisième caractéristique, on peut mentionner la ligne régulière des maisons à la rencontre des toits et du ciel (aucun bâtiment ne peut dépasser en hauteur le Palais d'Hiver – direction spéciale[174]).

La présentation de Saint-Pétersbourg réalisée par Makine et Ferranti ne se résume pas seulement à des caractéristiques topographiques, paysagères, ethnographiques, quotidiennes et culturelles, mais elle présente encore son autre facette, en ce que la ville devient signe à interpréter. Le caractère transgénérique et la temporalité « transversale » que le livre-photo réalise au lieu de menacer l'unité du texte,

---

[174] Dimitri Serguéejevitch Likhatchov, « Pétervár helye az orosz kultúrtörténetben », dans *Pétervár szemiotikája az orosz irodalomban*, László Jagustin, (dir.), Debrecen, Kossuth Egyetemi Kiadó, 2004, pp. 39-52., traduction : Anna Matyi.

contribuent à déplier la carte géopoétique de Saint-Pétersbourg.

Makine 2009 : Le Noir et le rouge

Le Noir et le rouge est un texte paru en 2009 dans *Le Costume populaire russe* où Makine et Elena Maldevskaïa[175] réussissent à établir une fusion particulière de texte et de photos, mais cette fois la coproduction suit un autre chemin : Makine n'a jamais vu les photos rédigeant le texte à la demande de Pierre Berger. Ce petit cahier contenant des photographies anciennes – de quelques cinquantaines ou même centaines d'années, présentant des costumes populaires – et des photos contemporaines des mannequins d'exposition est un numéro *Hors-Série de Connaissance des Arts*. Avec Makine, nous entrons dans une recherche profonde d'anthropologie culturelle qui vise à démanteler les stéréotypes culturels russes par l'analyse de l'habit paysan. Hans Belting considère le corps – y compris l'habit – comme une manière de communication, un « médium vivant »[176], car le corps incarne l'idée que chaque époque se forme

---

[175] Conservatrice du Musée Ethnographique de Russie.
[176] Hans Belting, *Pour une Anthropologie des images*, Paris, Gallimard, 2004, p. 16.

dans l'être humain. Les vêtements traduisent parfaitement ces idéologies et même le pouvoir financier. L'Amérique et l'Europe occidentale définissent la scène artistique, mais on y observe de petites ruptures, fissures à la périphérie qui veulent toutes faire résonner leurs voix. Comme telle, la Russie désire s'imposer par ses variantes vestimentaires, tenues qui inspirent aujourd'hui non seulement les stylistes contemporains russes mais aussi les Français : en 1976, Yves Saint Laurent, influencé par les costumes traditionnels russes présente sa collection *Haute Couture Automne-Hiver* jugée extravagante et bouleversante. Cette nouvelle exposition, en 2009, prouve que la recherche de la beauté permettant de supporter le malheur et « de croire à un meilleur monde »[177] était toujours importante pour le peuple russe.

Dans l'incipit de l'ouvrage, Makine nous parle du costume de Pierre Ier, puis cite l'uniforme de Georges d'Anthès[178] facile à imaginer selon

---

[177] Pierre Bergé, « Splendeur d'un peuple », dans *Le Costume populaire russe*, Connaissance des Arts, n° Hors-Série 396, 30 mars 2009, p. 2.

[178] Il est l'officier qui a tué en duel Pouchkine. Il y a un débat autour de son uniforme : les uns disent qu'il a été sauvé grâce à un large bouton, les autres sont perplexes. (« plaque

Makine, grâce aux innombrables tableaux, gravures, sculptures, pour ensuite s'interroger sur le vêtement des personnages populaires, les « tchern » qui labourent la terre, vivant dans la noirceur des isbas enfumées. Makine essaie de défaire le mythe, de disperser les préjugés créés autour de ce peuple méprisé par la société, ces gens noirs réapparaissant sur les images du folklore, comme autant de « poupées gigognes » trop colorées (gris, rouge, noir), dépassant les frontières de la représentation réelle. À les chercher dans la littérature, Makine observe leur « habit "réglementaire" »[179] : une blouse ample, un pantalon de toile et pieds nus ou chaussés de tille. Mais ce peuple « noir » poussé à la marge de la société a trouvé sa propre « ligne de fuite », notamment dans la création des habits de fête, comme expression de liberté un refuge pour échapper au quotidien.

Aussi Makine décrit-il scrupuleusement les diverses variantes des tenues féminines selon les régions de la Russie, tel le costume avec

---

de métal », « cotte de mailles »). Andreï Makine, « Le Noir et le rouge », dans *Le Costume populaire russe, op. cit.*, p. 4.
[179] *Ibidem*, p. 5.

sarafane[180] (Nord et Sibérie occidentale), le vêtement de type *poniova*[181] (province et dans le Sud) qui coexistaient, et beaucoup d'autres accessoires. Ces tenues qu'elles portaient selon les différents âges ou leur statut marital, définissaient la vie des femmes. Le vêtement de deuil était blanc ou noir (ville) et le tablier y faisait défaut. Parfois, on laissait les coutures non terminées, produisant une impression d'inachevé. Constatant une abondance de rouge, Makine – en vrai « mythologue » – détruit le « mythe »[182] : « c'est grâce à l'observation de ces quelques costumes sauvés par un amateur d'art que nous pénétrons les secrets de la vie russe »[183]. Au-delà du fait que le

---

[180] « La tenue avec *sarafane* comprenait une chemise, le *sarafane* lui-même, une ceinture et une coiffe complétée par un foulard. On pouvait aussi porter un tablier et/ou un haut ». *Ibidem*, p. 10.

[181] Cette tenue comprend « une chemise, une *poniova*, une ceinture, un tablier et/ou un haut couvrant la poitrine, une coiffe, des chaussures de tille ou de peau ». La *poniova* se veut la jupe cousue à la maison dans un tissu en laine à carreaux, à dominante bleue ou noire. *Ibidem*, p. 9.

[182] Le mythe est un signe, un code à déchiffrer, un système sémiologique double où le niveau dénoté est envahi par la connotation. Ainsi la signification est ancrée dans une connotation idéologique. Roland Barthes, *Mythologies*, Paris, Seuil, 1957, p. 200-202.

[183] Andreï Makine, « Le Noir et le rouge », dans *Le Costume populaire russe*, *op. cit.*, p. 5.

rouge « défie la noirceur de l'existence des serfs » car cette couleur, en russe *krasny*, provient du même radical que le beau, *krassivy*[184]. Le rouge n'indique pas une « Moscovie barbare »[185], mais renvoie plutôt aux multiples échanges que la Russie avait entretenus avec les pays occidentaux et orientaux (Espagne, Pays-Bas, Chine, Asie centrale). Ainsi Makine réussit-t-il à défaire le mythe à l'aide des archéologues qui dévoilent, à leur tour, les diverses sources des fibres de tissus retrouvés lors de fouilles.

Makine 2011 : Le Livre des brèves amours éternelles

Le Livre des brèves amours éternelles, difficile à classer dans un genre (roman à épisodes[186] ou

---

[184] Ibidem.
[185] « Moscovie barbare ayant pour vocation d'être *"rejetée dans ses vastes et froids déserts"* comme lui souhaitait, entre autres, Louis XV ». *Ibidem.*
[186] Marie-Florence Gaultier, « Je me suis plu à suivre le Chemin menant aux Brèves amours éternelles », dans *Les Chroniques du Prix des lecteurs*, L'Express, le 04.03.2011, http://www.lexpress.fr/culture/livre/je-me-suis-plu-a-suivre-le-chemin-menant-aux-breves-amours-eternelles_966876.html?xtmc=makine&xtcr=18#T66DAut dQ4QLyozX.99, consulté le 15 janvier 2013.

recueil de nouvelles[187], les deux à la fois ?) rapporte les thèmes-structures géocentriques des romans makiniens : la mer, les plaines enneigées. Dans le texte paru en janvier 2011, nous observons les rencontres rythmiques (la dame inconnue avec l'enfant) :

> À ce même moment, une femme descend d'une voiture, à quelques mètres de notre halte. Un garçonnet qu'elle tient par la main nous jette un regard de curiosité apeurée. [...] Obscurément, je devine que notre détour n'a pas été fortuit, tout comme l'apparition de cette belle inconnue... [...] La coïncidence – sa fuyante bizarrerie – s'inscrit incidemment en moi, pour revenir, tout au long de ma vie, et rester si longtemps sans réponse.[188]

et les sentiments paradoxaux des personnages (l'amour libre et l'amour interdit, même le titre se veut un oxymoron). Ceux-ci désignent tous des re-présentations, car ils se combinent avec le hasard, faisant mouvoir la structure.

---

[187] Les éditions Ab Ovo et Guylaine Massoutre, « Littérature française – La grisaille russe de Makine », dans *Le Devoir, Libre de penser*, 5 mars 2011, http://www.ledevoir.com/culture/livres/318084/litterature-francaise-la-grisaille-russe-de-makine, consulté le 20 janvier 2013.
[188] Andreï Makine, *Le Livre des brèves amours éternelles*, Paris, Points, 2012, p. 11-12.

Ces rencontres avec la dame et l'enfant deviennent ainsi la « case vide » du texte, l'objet fuyant avec une agilité extraordinaire telle la lettre volée dans l'histoire d'Edgar Allan Poe. Le retour rythmique de ce « signifiant flottant »[189] d'une valeur symbolique zéro circulant dans la structure, pareil aux « mots valises »[190] ou « mots ésotériques » de Lewis Carroll et de James Joyce exprime un surplus de sens. En plus, les huit petites histoires du livre peuvent se lire comme autant de « strates » d'un gâteau mille-feuille, tous portant un message, un sens en elles-mêmes, mais qui se rapportent aussi à un récit plus grand, et ainsi acquièrent-elles une nouvelle interprétation. Andrei Makine referme la ronde, implacablement décrivant dans le premier et le dernier chapitre le même personnage, vu à travers des points de vue différents tout le long du livre :

> À l'époque de notre rencontre, il y a près de trente ans, je croyais nécessaires ces mots graves pour évoquer le destin de Dmitri Ress : le révolte contre un monde où la haine est la règle et l'amour, une étrange anomalie. […]

---

[189] Gilles Deleuze, *Île déserte et autres textes. Textes et entretiens 1953–1974*, Paris, Minuit, 2002, p. 261, édition préparée par David Lapoujade.
[190] *Ibidem*, p. 261.

> Je me souviens maintenant qu'au moment de quitter la petite rue où nous avions fait halte, face au fleuve, Ress m'a confié avec un regret souriant : "Ils m'ont surnommé 'Poète', mes camarades du camp. Si seulement c'était vrai ! Je saurais dire la joie et la lumière que je découvre partout, ces derniers temps."[…]
> Je suis convaincu, désormais, que ces paroles ont exprimé le mieux ce que la vie de Ress nous laissait deviner. Bien au-delà de toutes les doctrines.
> Car, à son insu peut-être, c'est le poète qui parlait ce jour-là, en lui.[191]

Osmonde 2001 : Le Voyage d'une femme qui n'avait plus peur de vieillir

En avril 2011, après son aveu, Makine argumente son choix d'écrire en tant que Gabriel Osmonde, par la liberté auctoriale. La pseudonymie délibère et multiplie en même temps l'identité d'un auteur qui « mène plusieurs vies à la fois, … peut se cacher des yeux curieux, bénéficie de la liberté absolue et d'un pouvoir secret »[192]. Selon Lejeune c'est une sorte de deuxième naissance[193], dont Makine veut bénéficier.

---

[191] Andreï Makine, *Le Livre des brèves amours éternelles*, *op. cit.*, pp. 194-195.
[192] Dezső Kosztolányi, *Ábécé*, troisième édition, Budapest, Gondolat, 1957, p. 118.
[193] « Un pseudonyme, c'est un nom différent de celui de l'état civil, dont une personne réelle se sert pour publier tout ou partie de ses écrits. Le pseudonyme est un nom d'auteur,

Cette indépendance lui permet d'inventer d'autres écritures, de s'essayer dans un autre style depuis le premier livre de Gabriel Osmonde *Le Voyage d'une femme qui n'avait plus peur de vieillir*. On y découvre un rythme spécial grâce à un paragraphe récurrent tel un refrain après les séries de couplets : « Pourtant, elle remit la robe de chambre et s'obligea à ne penser qu'à l'essentiel : "une coupure à chaque poignet, l'eau chaude empêchera le sang de se coaguler…" »[194].

Ce n'est pas exactement un faux nom, mais un nom de plume, un second nom, exactement comme celui qu'une religieuse prend en entrant dans les ordres. Certes, l'emploi du pseudonyme peut parfois couvrir des supercheries ou être imposé par des motifs de discrétion : mais il s'agit alors le plus souvent de productions isolées, et presque jamais d'une œuvre se donnant pour l'autobiographie d'un auteur. Les pseudonymes littéraires ne sont en général ni des mystères, ni des mystifications ; le second nom est aussi authentique que le premier, il signale simplement cette seconde naissance qu'est l'écriture publiée. Écrivant son autobiographie, l'auteur à pseudonyme en donnera lui-même l'origine : ainsi, Raymond Abellio explique qu'il s'appelle Georges Soules, et pourquoi il a choisi son pseudonyme. Le pseudonyme est simplement une différenciation, un dédoublement du nom, qui ne change rien à l'identité ». Philippe Lejeune, *Le Pacte autobiographique*, Paris, Seuil, 1996. p. 24.
[194] Gabriel Osmonde, *Le Voyage d'une femme qui n'avait plus peur de vieillir*, Paris, Albin Michel, 2001, p. 13.

Cette phrase joue le rôle de l'« élément paradoxal » qui par son mouvement incalculable brouille toute relation qu'elle soit personnelle, temporelle ou spatiale à l'intérieur de la fiction. Émergeant tout au long du livre : « une incision à chaque poignet, l'eau chaude empêchera la coagulation »[195], il comprend le but de Laura, de quitter ce monde. Elle considère sa vie invivable, énumérant hâtivement des raisons pour son suicide telles que l'infidélité et la mort de son mari, la vitrine cassée de leur magasin lors d'une manifestation mais enfin elle en reconnaît la véritable : la maîtresse de Serge qu'elle croise un jour, par hasard devant le café Terminus.

En effet, toute la vie de madame Baroncelli est possédée par des raisonnements et des paradoxes : le paradoxe du mari infidèle qui mène une double vie telle « une valise à double fond »[196], le paradoxe de l'enfant qui devient indifférent vis-à-vis de sa mère, voire abusif et méprisant, puis le paradoxe de Cécile, sa copine extrême, éméchée et perdue puis devenue détachée, libérée de l'obligation du bonheur. Même les chapitres des deuxième et troisième parties du livre portent ces

---

[195] *Ibidem*, p. 157.
[196] *Ibidem*, p. 69.

noms suggérant l'existence de plusieurs vérités possibles conduisant Laura au suicide, acte qui ne pourra pas se faire à cause de l'empreinte laissé par un pied nu sur le marbre lisse de leur maison annexe[197]. C'est dirait-on la première « case vide » du roman qui « dérange » puis met en mouvement la structure du roman : « Ce qu'elle discerna soudain sur le dallage du marbre gris clair lui fit écarquiller les yeux. [...] Dans le reflet de la lampe, sur la surface lisse du marbre, s'étalait l'empreinte d'un pied nu. [...] Tout était net dans leur maison. Soudain, cette empreinte »[198].

Une semaine plus tard, madame Baroncelli décide de faire un second essai :

> Les dalles étaient nettes, sans la moindre trace, juste ce vieux gant maculé de plâtre qui traînait près du fauteuil. "Donc le rasoir…, pensa-t-elle, une coupure à chaque poignet, l'eau chaude empêchera le sang de se coaguler."
> Elle baissa la lampe, d'une main lasse. Et c'est dans cet angle de lumière rasante que soudain, tout près de

---

[197] *Juin 1968. Une tentative d'amour, 29 octobre 1970. Le jour où tout était encore possible, 24 juin 1974. La vérité épiée dans un vieux miroir, Mai 1979. L'art de rendre la vie vivable, Le paradoxe de l'enfant, Le paradoxe du mari, Le paradoxe de l'espoir.*
[198] Gabriel Osmonde, *Le Voyage d'une femme qui n'avait plus peur de vieillir*, op. cit., pp. 15-16.

> la cheminée, elle vit l'empreinte – un long pied nu, aux courbes oblongues et élégantes.
>
> Madame Baroncelli se redressa et, sentant en elle l'étonnant regain d'énergie que provoque un danger vaguement surnaturel, elle prononça à mi-voix : "Eh bien, il faudra que je tire tout ça au clair".[199]

Dès ces premières pages, nous partons en un voyage avec Laura, premièrement dans un voyage interne qui nous mène à travers la vie de l'héroïne, sans en connaître la destination finale, puis dans un voyage proprement-dit, une expédition à l'infini nordique. Controversée et déçue de sa vie gâchée dont elle est consciente, s'y ajoute encore le dégoût de son corps trop charnel[200]. Laura est obsédée par son âge et le temps qui passe, c'est pourquoi elle essaie de faire une méthode de réflexion du paradoxe qui la passionne enfin, tels les mensonges de Serge enveloppés dans mille banalités (les dimanches de chasse, le second voyage de noces à Marrakech, ou les séances de peinture).

---

[199] *Ibidem*, p. 30.
[200] Sur le corps de la femme extrême voir l'article de Murielle Lucie Clément, « La Représentation des Russes et de la Russie chez Gabriel Osmonde », dans *Représentation des Russes et de la Russie dans le roman français des XXe et XXIe siècles*, Murielle Lucie Clément, (dir.), EUE, 2012, http://www.murielleluciecIement.com/russes-et-russie-2/, consulté le 20 février 2014.

Après la mort de Serge, toute la vie du mari se démystifie par bribes et par couches, pendant que les séries de mensonges et la trahison changent totalement le sens de leur vie. Laura déteste l'idée des pressentiments, surtout « l'intuition féminine »[201], puisqu'elle aimait les déductions logiques et c'est juste à l'institut médico-légal qu'elle comprend le dernier paradoxe de sa vie : la peau du cou de Serge était bronzée : « [...] ce dernier paradoxe englobait les autres : un homme nu sur le sable, immobile comme un mort, le corps rempli de soleil et d'attente d'amour, et ce même corps sous un drap blanc, dans la pose d'un homme endormi »[202].

Depuis la moitié du roman (l'apparition de l'Inconnu qui a laissé sa trace), nous entrons dans un espace « hétérotopique »[203], un lieu intime inventé par Laura. Les rencontres dans la « galerie des glaces » s'avèrent être non pas une utopie, mais plutôt une localisation physique de son

---

[201] Gabriel Osmonde, *Le Voyage d'une femme qui n'avait plus peur de vieillir*, *op. cit.*, p. 124.
[202] *Ibidem*, p. 136.
[203] Michel Foucault, *Les Hétérotopies*, conférence radiophonique, France-Culture, 7 décembre 1966, http://www.rennes-info.org/IMG/pdf/foucault._conference-2.pdf, consulté le 22 février 2014.

imaginaire, dans un espace concret qui existe dans toute culture, dans toute civilisation « des lieux réels, des lieux effectifs, des lieux qui sont dessinés dans l'institution même de la société, et qui sont des sortes de contre-emplacements, sortes d'utopies effectivement réalisées dans lesquelles les emplacements réels, tous les autres emplacements réels que l'on peut trouver à l'intérieur de la culture sont à la fois représentés, contestés et inversés, des sortes de lieux qui sont hors de tous les lieux, bien que pourtant ils soient effectivement localisables »[204]. Cette petite annexe carrée de la maison, transformée en remise, aux grands miroirs et à une grande baignoire aux formes anciennes insolites fait partie de ces « autres » lieux, ces « contre-espaces »[205], qui ont la paradoxale propriété d'être à la fois « *absolument* différents »[206] des autres lieux (ceux

---

[204] Michel Foucault, « Des Espaces autres » (conférence au cercle d'Études architecturales, 14 mars 1967), dans *Architectures, Mouvements, Continuité*, N° 5, octobre 1984, pp. 46-49., repris dans *Dits et écrits*, tome IV, n°360.
[205] Ces conférences radiophoniques sont parues en juin 2009, aux Nouvelles Editions Lignes, dans un court volume. Michel Foucault, « Les Hétérotopies », dans *Le Corps utopique, suivi de Les Hétérotopies* (avec une postface de Daniel Defert), Paris, Nouvelles Editions Lignes, 2009, pp. 23-24.
[206] *Ibidem.*

dans lesquels nous vivons d'ordinaire) et aussi en relation avec eux – destinés à les neutraliser ou à les purifier.

La « galerie des glaces » pleine de miroirs donne la re-présentation parfaite de la vie de Laura : « un lieu sans lieu[207] », c'est là qu'elle réussit à se débarrasser du joug des stéréotypes d'une vieille veuve, avec cet inconnu, beaucoup plus jeune qu'elle, qui exerce une influence totale sur elle, la fascinant avec ses projets futurs : une expédition. Les miroirs nous montrent les « espaces autres » – le monde hétérotopique de Laura qui se regarde dans les grands miroirs :

> Dans le miroir, je me vois là où je ne suis pas, dans un espace irréel qui s'ouvre virtuellement derrière la surface, je suis là-bas, là où je ne suis pas, une sorte d'ombre qui me donne à moi-même ma propre visibilité, qui me permet de me regarder là où je suis absent - utopie du miroir. Mais c'est également une hétérotopie, dans la mesure où le miroir existe réellement, et où il a, sur la place que j'occupe, une sorte d'effet en retour ; c'est à partir du miroir que je me découvre absent à la place où je suis puisque je me vois là-bas. À partir de ce regard qui en quelque sorte se porte sur moi, du fond de cet espace virtuel qui est de l'autre côté de la glace, je reviens vers moi et je recommence à porter mes yeux vers moi-même

---

[207] Michel Foucault, « Des Espaces autres », *op. cit.*, pp. 46-49.

> et à me reconstituer là où je suis; le miroir fonctionne comme une hétérotopie en ce sens qu'il rend cette place que j'occupe au moment où je me regarde dans la glace, à la fois absolument réelle, en liaison avec tout l'espace qui l'entoure, et absolument irréelle, puisqu'elle est obligée, pour être perçue, de passer par ce point virtuel qui est là-bas.[208]

Pénétrant dans la pièce aux miroirs, l'Inconnu fort penché sur des vieilles cartes parle d'un long voyage, dans une autre langue, « toujours dans cette langue qui rend contemporaine la deuxième décennie du XVIIIe siècle »[209]. Ils vivent dans un autre monde où l'« instant dure et durait [...] Le compte n'a pas de sens, ces nuits forment un seul et même instant. Il n'emploie presque jamais de verbes. Sans temps verbaux, tout ce qu'il dit acquiert une majestueuse présence d'éternité. "Un éternel présent" »[210].

Ce second voyage de Laura, l'expédition est une « hétérotopie » elle-même au sens foucaldien, dans la mesure où l'hétérotopie implique, dans son rapport aux autres lieux, une forme d'expérience, symbolique ou réelle, liée à une transformation de soi. Madame Baroncelli se

---

[208] *Ibidem.*
[209] Gabriel Osmonde, *Le Voyage d'une femme qui n'avait plus peur de vieillir, op. cit.*, p. 242.
[210] *Ibidem*, pp. 236-238.

retrouve jusqu'au point d'être prête à partir avec l'Inconnu à la recherche d'une mer à existence brève au milieu du désert blanc dont aucune carte ne trace les limites, où le soleil est rare, l'aurore boréale ravissant les visiteurs.

Laura attend, tel Véra de *La Femme qui attendait*, donnant tous ses meubles et presque tous ses vêtements aux mal-logés. « Elle se sentait déjà en voyage, un long voyage dont le retour se situerait dans une autre vie »[211] mais qui s'avère si intense qu'elle se sentait capable d'en attendre la suite pendant une éternité. L'idée de mourir lui semble déjà manquer d'imagination. De cette attente, elle fait un mode de vie :

> Elle vit à présent sous ce ciel vaste et clair qui est en elle. La chaleur est printanière. La luminosité est telle qu'il est impossible d'imaginer un visiteur nocturne qui se glisserait par la porte de la "galerie des glaces". Et pourtant, elle n'attend que lui. Cette attente la rend encore plus détachée.[212]

Quand l'Inconnu fait son apparition, Laura ne sait plus si elle rêve ou pas, ils partent en expédition à travers des campements de nomades, abordent le désert blanc aux yourtes perdues « au milieu des

---

[211] *Ibidem*, p. 247.
[212] *Ibidem*, p. 268.

neiges infinies »[213]. Ils y vont, dans ce vide blanc, où personne n'est jamais allé, ni en est revenu. Ce « lac qui chante »[214] devient l'obsession d'Osmonde à la manière de la steppe qui hante Makine dans ses romans. Nous retrouvons chez Osmonde aussi les thèmes-structures telles que la mer, les neiges infinies au milieu d'un désert de glace, autant d'éléments géocritiques familiers des lecteurs de Makine.

On constate donc que ce roman met en scène, lui aussi, l'art du pli-dépli-repli, faisant ainsi appel au *Testament français* où la grand-mère n'avait de cesse de déplier et replier les journaux, à l'occasion des lectures qu'elle avait proposées aux enfants sur la Belle Époque. Maintenant, c'est Laura qui développe des lettres retrouvées un jour dans des volumes qu'elle tire par hasard de l'étagère ou une carte postale retrouvé dans le sac à dos de son mari. Elle en déploie des petites histoires (de la vie de son mari, de sa copine) puis qu'elle replie de nouveau et enterre en soi.

---

[213] *Ibidem*, p. 278.
[214] *Ibidem*. C'est une mer découverte au milieu des glaciers à existence brève et immémoriale. Elle est le « vestige d'un océan, elle réapparait, obéissant à des cycles mystérieux, et se retire, pour un siècle ou plus, pour toujours peut-être, laissant à sa place la désolation d'un vaste désert blanc ». *Ibidem*, p. 244.

> C'est dans l'un de ces volumes qu'un jour, par hasard, en essuyant la poussière, elle avait trouvé une lettre : des petits mots d'intimité un peu mièvres, des enfantillages verbaux écrits par une main féminine, le rappel d'une nuit à Florence, un nom d'hôtel.[215]

> Elle ne sait plus si son guet dans la cabine téléphonique a précédé ou suivi la découverte de cette enveloppe : une lettre, avec un tutoiement amoureux, avec des fragments codés non pas par un chiffre mais tout simplement par le rappel de souvenirs inconnus aux autres. Et cette photo ![216]

> [...] l'une des premières lettres se trouve glissée dans le recueil des récits d'Hemingway, exactement à la page des *Neiges du Kilimandjaro*. Tantôt par la rapidité avec laquelle s'évanouit un rêve : ce coupon du vol Paris-Séville. La ville où elle s'est imaginée souvent, avec lui.[217]

Nous considérons que non seulement les histoires des personnages du *Voyage d'une femme qui n'avait plus peur de vieillir* peuvent être développées et enveloppées, mais tous les ouvrages de Makine peuvent être pliés les uns dans les autres y compris le livre d'Osmonde. Makine, conscient de la force des stéréotypes tente de transgresser les catégories appliquées à son cas et

---

[215] *Ibidem*, p. 24.
[216] *Ibidem*, p. 130.
[217] *Ibidem*, p.132.

ne cesse de repousser ses propres limites. Il nous laisse voir son « milieu », sans que l'un ou l'autre domine, se trouvant dans un espace « médian », dans un univers géopoétique dynamique Makine-Osmonde, il est à la fois ET MAKINE ET OSMONDE, ET OSMONDE ET MAKINE, leurs œuvres interagissant telles des petites îles dans un archipel géocritique, tout en favorisant les connexions de divers champs de pensées en circulant d'une manière ouverte d'un concept à l'autre.

Bibliographie de référence :
Bertrand Westphal, *La Géocritique mode d'emploi*, Limoges, Pulim, 2001.
Bertrand Westphal, *Géocritique. Réel, fiction, espace*, Paris, Minuit, 2007.
Roland Barthes, *La Chambre claire*, Paris, Les Cahiers du cinéma/Gallimard/Seuil, 1980.
Roland Barthes, *Mythologies*, Paris, Seuil, 1957.
Michel Foucault, « Les Hétérotopies », dans *Le Corps utopique, suivi de Les Hétérotopies* (avec une postface de Daniel Defert), Paris, Nouvelles Editions Lignes, 2009.
Michel Foucault, « Des Espaces autres », dans *Architectures, Mouvements, Continuité*, N°

5, octobre 1984, pp. 46-49., repris dans *Dits et écrits*, tome IV, n°360.

Andreï Makine versus Wladimir Kaminer : la perception du pays d'accueil

Alexia Gassin
Université Paris-Sorbonne

Au premier abord, confronter la poétique des écrivains Andreï Makine et Wladimir Kaminer peut sembler bien étonnant dans la mesure où tout semble les séparer, tant du point de vue de leur biographie que de celui de leur style. Ainsi, comme le note le professeur Adrian Wanner dans son ouvrage *Out of Russia. Fictions of a New Translingual Diaspora*, « Kaminer almost represents Makine's polar opposite »[218]. Pourtant, les deux écrivains présentent aussi des similitudes de par le choix de leurs sujets, en particulier le regard porté sur leur terre d'adoption, sur lequel nous reviendrons en détail après avoir étudié

---

[218] Adrian Wanner, *Out of Russia. Fictions of a New Translingual Diaspora*, Evanston, Northwestern University Press, 2011, p. 51, « Kaminer représente quasiment le contraire de Makine », ma traduction.

certains éléments concernant leur existence et leur manière d'écrire.

Des auteurs antagonistes

D'après le peu que nous savons sur Makine[219], il est né en 1957 à Krasnoïarsk (Sibérie de l'Est) et a perdu très jeune ses parents qui ont probablement été déportés. Il aurait ensuite été élevé dans un orphelinat, apparemment à Penza dans la région de la Volga. Adulte, il étudie à l'Université de Kalinine (devenue aujourd'hui la ville de Tver), puis à l'Université d'État de Moscou où il soutient en 1985 une thèse de doctorat portant sur *Le roman sur l'enfance dans la littérature française contemporaine (années 1970-1980)*. Enseignant à Novgorod, il décide de s'installer en 1987 à Paris où il se rend dans le cadre d'un programme d'échange pour professeurs. Après plusieurs demandes, il obtient la nationalité française en 1996. Parallèlement à ses activités d'enseignement en langue et cultures russes à l'Institut d'études politiques de Paris et à l'École Normale Supérieure, il s'inscrit en doctorat de littérature russe à l'Université de la Sorbonne où il rédige une

---

[219] Nous précisons ici que ces éléments ne sont pas complètement avérés du fait de la tendance mystificatrice de l'auteur sur sa propre personne.

thèse sur une partie de l'œuvre d'Ivan Bounine qu'il achève en 1991. N'ayant de cesse de devenir écrivain, il publie son premier roman, intitulé *La Fille d'un héros de l'Union soviétique*, en 1990. Il a aujourd'hui vingt parutions à son actif dont quatre sous le pseudonyme de Gabriel Osmonde.

Kaminer, quant à lui, est né en 1967 à Moscou où il a vécu toute son enfance et son adolescence auprès de ses parents respectivement ingénieur d'affaires et enseignante. À l'âge de quatorze ans, il est renvoyé de l'école après avoir fait passer l'un de ses poèmes pour des vers appartenant à l'œuvre de jeunesse du poète Vladimir Maïakovski. De là, grâce à une connaissance de son père, il entre dans une école de théâtre, notamment dans la filière « musique au théâtre et à la télévision », où il suit une formation d'ingénieur du son dans les domaines du théâtre et de la radio. Il travaille également en tant que DJ ou organisateur de fêtes avant d'être appelé à effectuer son service militaire. Les réformes liées à la *perestroïka* et à la politique de la *glasnost*, qui signifient la possibilité de voyager en Occident, ainsi que la chute du mur de Berlin en 1989 encouragent Kaminer à quitter la Russie pour la capitale allemande en 1990 où il s'installe définitivement après avoir été naturalisé la même année. Au début, il est engagé comme acteur dans plusieurs pièces de théâtre avant de se lancer dans l'organisation d'événements culturels en rapport avec l'Europe de l'Est, notamment la fameuse « Russendisko » pour le *Kaffee Burger*, en collaboration avec le musicien ukrainien Yuriy Gurzhy. Il anime également des émissions de radio et de télévision et donne régulièrement des lectures de ses textes en Allemagne et à l'étranger. En 1998, il débute sa carrière d'écrivain en composant son premier roman qui paraît en 2000 sous le titre de *Russendisko*[220]. Il s'ensuit vingt-quatre autres livres[221] dont trois sont consacrés à une interprétation particulière des œuvres de Lev Tolstoï, Anton Tchekhov et Mikhaïl Boulgakov[222].

---

[220] Le roman est adapté au cinéma en 2012 par le cinéaste allemand Oliver Ziegenbalg.
[221] Parmi ses romans les plus connus se trouvent *Militärmusik* (*Musique militaire*) (2001), *Reise nach Trulala* (*Voyage à Trulala*) (2002), *Karaoke* (*Karaoké*) (2005), *Mein Leben im Schrebergarten* (*Ma vie dans mon jardin ouvrier*) (2007) et *Meine russischen Nachbarn* (*Mes voisins russes*) (2009).
[222] Ces trois œuvres audio, parues sous forme de CD, s'intitulent : *Tolstoi – Berichte aus den Tiefen der russischen Literatur* (*Tolstoï – récits des tréfonds de la littérature russe*) (2008), *Tschechow – Berichte aus den Tiefen der russischen Literatur* (*Tchekhov – récits des tréfonds de la littérature russe*) (2009) et *Bulgakow –*

Ces éléments biographiques divergents nous indiquent tout d'abord que l'intégration de Kaminer a été plus simple que celle de Makine, les liens existants entre la RDA et l'URSS ayant non seulement facilité le voyage de Kaminer à Berlin dans la mesure où ce dernier n'avait besoin ni de visa ni même de passeport[223], mais aussi l'obtention de la nationalité allemande. Ensuite, nous pouvons observer que Makine suit un parcours universitaire et littéraire dit « classique » tandis que Kaminer adopte une voie moins conformiste du fait de son évolution dans le monde du spectacle.

Ces deux itinéraires opposés s'illustrent également au niveau du style de leur poétique. Ainsi, Makine écrit des œuvres fictives aux sujets le plus souvent sérieux et se montre plus académique et mélancolique dans le choix de ses mots. Quant à Kaminer, il écrit plutôt des chroniques qu'il retranscrit dans une langue parlée, la même qu'il pourrait utiliser pour discuter avec des personnes de son entourage et qu'Adrian

---

Berichte aus den Tiefen der russischen Literatur (*Boulgakov – récits des tréfonds de la littérature russe*) (2011).
[223] Wladimir Kaminer, « Wir waren alle Hochstapler », dans *Offene Worte. Gysi trifft Zeitgenossen*, Gregor Gysi (dir.), Berlin, Neues Leben, 2011, p. 129.

Wanner qualifie de « demotic German idiom, a rather earthy, no-frills language characterized by a simple syntax replete with colloquialisms and occasional four-letter words »[224]. Kaminer emploie ainsi des expressions ou des sujets d'où se dégage un grand humour teinté d'ironie. À notre avis, ces styles contraires s'expliquent par un apprentissage différent de la langue d'adoption. Comme le remarque justement Adrian Wanner, la langue de Makine, qui acquit des notions de français dès l'école primaire, « testifies to an intimate knowledge of the classical literary style, which seems congruent with the experience of someone who has studied and taught French at an advanced graduate level, but may not have had much exposure to spoken French while growing up »[225]. Kaminer, lui, a étudié l'allemand au

---

[224] Adrian Wanner, *Out of Russia. Fictions of a New Translingual Diaspora*, op. cit., p. 53, « idiotisme populaire allemand, une langue plutôt simple et truculente caractérisée par une syntaxe claire pleine d'expressions familières et de mots de quatre lettres de circonstance », ma traduction.

[225] *Ibidem*, p. 22, « atteste d'une connaissance approfondie du style littéraire classique qui semble en accord avec l'expérience de quelqu'un qui étudia et enseigna le français à un niveau avancé mais n'a certainement pas beaucoup été en contact avec la langue française parlée pendant son enfance ».

département d'études germaniques de l'Université Humboldt de Berlin lors de son installation à Berlin-Est, mais ce seulement pendant un mois, et l'a appris ensuite par ses propres moyens, surtout en parlant avec les autochtones.

Néanmoins, malgré ces dissemblances biographiques et stylistiques, les deux auteurs partagent deux caractéristiques communes essentielles. Premièrement, ils sont tous les deux de nationalité russe et ont souhaité s'établir dans un pays étranger, Makine en France et Kaminer en Allemagne, et utiliser la langue de leur pays d'adoption comme unique langue d'écriture pour devenir écrivain, une décision que nous ne pouvons expliquer ni par le fait qu'ils aient été naturalisés et pourraient donc se sentir Français ou Allemand ni par leur connaissance antérieure de la langue du pays d'accueil. Il semblerait plutôt que Makine ait choisi la langue française parce que celle-ci représente une « langue-outil maniée, affûtée, perfectionnée [et qui] n'était rien d'autre que l'écriture littéraire »[226]. Concernant Kaminer, il s'agirait de poursuivre ses conversations et ses échanges entamés lors des lectures de ses histoires

---

[226] Andreï Makine, *Le Testament français*, Paris, Gallimard, 1998, p. 271.

devant le peuple allemand. Nous pouvons donc voir que l'abandon de leur langue maternelle dans leurs œuvres n'entretient pas de lien direct avec une volonté d'intégration, un besoin de reconnaissance, un reniement de leur patrie ou encore une solution pragmatique consistant à être lu par le public du pays d'adoption, et ce même si les deux auteurs reconnaissent cette facilité par moments, mais en plaisantant[227]. Par ailleurs, nous pouvons penser que le choix du pays d'accueil est lié au besoin de liberté des deux hommes, la France et l'Allemagne représentant dans leur imaginaire des nations émancipées, opposées aux règles dictatoriales de l'Union soviétique où ils sont nés.

Deuxièmement, Makine et Kaminer affichent une prédilection pour deux thèmes principaux : l'évocation de l'histoire et des événements liés à l'URSS, qui incluent

---

[227] Cf. par exemple Andreï Makine, « Sur les écrivains venus d'ailleurs (entretien) », dans *Le Monde selon Andreï Makine. Textes du Collectif de chercheurs autour de l'œuvre d'Andreï Makine*, Murielle Lucie Clément et Marco Caratozzolo (dir.), Sarrebruck, Éditions Universitaires Européennes, 2011, p. 347 et Huemer, Peter, « "Glauben Sie mir : Jedes System ist gefährlich !". Peter Huemer im Gespräch mit Wladimir Kaminer, dans *Zukunft*, n° 1, 2002, pp. 30-37.

fréquemment la guerre et ses conséquences chez Makine, et la conception de leur pays d'accueil, l'un des grands thèmes abordés par les écrivains émigrés[228] et que nous nous proposons d'étudier dans notre article, la perception de l'Union soviétique requérant une analyse à part. Nous montrerons ici la manière dont les deux écrivains ont tendance à user des poncifs répandus sur leur pays d'adoption[229] qu'ils ont très probablement découvert en URSS et/ou dans la littérature russe[230] et ont partiellement continué de nourrir au cours de leurs années passées en France et en Allemagne, et ce même si, comme nous l'avons déjà évoqué, les deux hommes développent chacun leur propre style, ce que nous retrouvons d'ailleurs dans le choix même des clichés utilisés.

---

[228] Nina Nazarova, *Andreï Makine, deux facettes de son œuvre*, Paris, L'Harmattan, 2005, p. 227.

[229] Nous nous en tiendrons ici à la représentation du pays d'accueil dans son ensemble. Nous ne traiterons donc pas la vision des auteurs vis-à-vis de la capitale où ils sont arrivés et restés, la description de Paris par Makine et de Berlin par Kaminer nécessitant une étude détaillée et complète.

[230] Nous rappelons que l'intensification des relations culturelles franco-russes et russo-allemandes remonte au XVIIIe siècle et que nombre d'écrivains russes (par exemple, Denis Fonvizine, Nikolaï Karamzine, Alexandre Pouchkine, Nicolas Gogol et Fiodor Dostoïevski) se sont intéressés aux mœurs et à la langue françaises et allemandes dans leurs œuvres.

Pour ce faire, nous nous appuierons essentiellement sur le roman *Le Testament français* (1995) et l'essai *Cette France qu'on oublie d'aimer* (2006) de Makine[231] et sur l'œuvre *Liebesgrüße aus Deutschland* (*Pensées d'amour d'Allemagne*) (2011) de Kaminer.

La vieille France de Makine

Lorsque nous examinons l'essai de Makine, nous pouvons voir que l'écrivain énumère consciemment une suite de stéréotypes liés à l'image de la France. Il écrit ainsi :

> La mode, la gastronomie, les arts plastiques et l'art de vivre, l'amour du verbe, la galanterie, le penchant cérébral au détriment du naturel, la "grogne" comme modèle relationnel entre "partenaires sociaux"... La somme de tous les clichés, ce registre qu'on pourrait allonger comporte une large part de vérité. On évoque ces ingrédients de l'esprit national quand, pompeusement, on veut "rendre hommage au génie français" ou, sarcastiquement, railler ses lubies.[232]

Cette liste lui permet de souligner quatre traits français particuliers que nous pouvons

---

[231] Nous pouvons également citer ici le roman de Makine, intitulé *La Terre et le ciel de Jacques Dorme*, qui propose aussi une conception ancienne de la France.
[232] Andreï Makine, *Cette France qu'on oublie d'aimer*, Paris, Flammarion, 2006, p. 30.

associer à la notion de délice. Tout d'abord, la cuisine française, représentée par ses cafés et restaurants, « le vin, les trois cent soixante-cinq sortes de fromages »[233] et des mets plus raffinés tels que les « bartavelles et ortolans truffés rôtis »[234], les « cailles de vigne à la Lucullus »[235], le « ratafia [servi] dans des coquilles d'argent »[236] et « la mousse du champagne »[237], est à l'origine d'un état jouissif, à la limite de la transe. Cette dernière se voit définie comme une « science occulte qui alliait le lieu de restauration, le rituel du repas et sa tonalité psychologique »[238] de manière à souligner le caractère délicat et affectif revêtu par la dégustation.

Après avoir évoqué l'art de faire bonne chère, Makine se tourne vers le plaisir de la chair, figuré en premier lieu par la mode et l'élégance française qui savent s'adapter aux événements passés les plus tragiques, par exemple, la Révolution française qui devient le thème principal des bals de la période du Directoire : « De

---

[233] *Ibidem*, p. 33.
[234] Andreï Makine, *Le Testament français*, *op. cit.*, p. 46.
[235] *Ibidem*, p. 46.
[236] *Ibidem*, p. 119.
[237] Andreï Makine, *Cette France qu'on oublie d'aimer*, *op. cit.*, p. 38.
[238] Andreï Makine, *Le Testament français*, *op. cit.*, p. 119.

cyniques "merveilleux" imaginèrent même le fait de se faire raser la nuque à la façon dont Samson accommodait ses victimes, et il y eut des "merveilleuses" qui osèrent serrer autour de leur cou un mince collier rouge imitant à ravir la section de la lame »[239].

L'auteur décrit également la beauté de la femme française « "classique" »[240] à travers la photographie découverte par le narrateur du *Testament français* dans un journal de la fin du XIXe siècle : « Toutes les trois portaient une longue robe noire qui mettait en valeur l'ample arrondi de leur poitrine, moulait les hanches, mais surtout, avant d'embrasser les jambes et de se déverser en de gracieux plis autour des pieds, le tissu esquissait le galbe discret de leur ventre »[241]. Ce portrait féminin à la fois sensuel et épuré permet à Makine d'évoquer l'érotisme français entrevu dans l'art de la table, symbolisé entre autres par la finesse de la forme de la coupe à champagne, qu'il continue de dépeindre dans la délectation de l'amour, l'« inévitable art d'aimer à la française »[242], la

---

[239] Andreï Makine, *Cette France qu'on oublie d'aimer*, op. cit., p. 46.
[240] Andreï Makine, *Le Testament français*, op. cit., p. 182.
[241] *Ibidem*, pp. 181-182.
[242] Andreï Makine, *Cette France qu'on oublie d'aimer*, op. cit., p. 35.

passion et la séduction semblant faire partie intégrante de l'essence française. Cette idée se retrouve non seulement dans la description romancée de la relation adultère vécue par le président Félix Faure et la demi-mondaine Marguerite Steinheil et les aventures de la Belle Otero, mais également dans le récit de la visite officielle en France du tsar de Russie et de son épouse, Alexandra Fedorovna, à qui l'on s'adresse courtoisement, avec « ce "je ne sais quoi" [qui] lui permit de rester femme »[243].

Enfin, Makine signale le malin plaisir que prennent les Français à manifester une certaine mauvaise foi et à « avoir une opinion définitive et indiscutable sur n'importe quel sujet, être expert de l'univers entier »[244], une attitude témoignant de leur irrésistible esprit contestataire. Bien que ce comportement puisse paraître négatif, l'écrivain ne le condamne cependant pas, « la mine de mutins-nés »[245] constituant une partie du charme français et la nécessité d'objecter contribuant à la construction de l'image intellectuelle traditionnelle de la France, considérée comme « la

---

[243] Andreï Makine, *Le Testament français*, *op. cit.*, p. 55.
[244] Andreï Makine, *Cette France qu'on oublie d'aimer*, *op. cit.*, p. 36.
[245] Andreï Makine, *Le Testament français*, *op. cit.*, p. 119.

plus dynamique des cultures »²⁴⁶ grâce au rayonnement de sa littérature et de ses arts.

L'ensemble de ces remarques et de ces représentations permet à l'écrivain de mettre en lumière la fameuse « forme », qualifiée de « clef du mystère français »²⁴⁷, de « style d'existence profondément irrigué par le vécu national, [de] riche consonance où s'entrelacent des thèmes très divers »²⁴⁸ et dont la fonction tend à « juguler le chaos des éléments, [à] faire jaillir la beauté, s'offrir une jouissance intellectuelle, esthétique, charnelle. La forme d'une cathédrale, d'une silhouette féminine, d'une pensée, d'une société, d'une strophe »²⁴⁹. Au vu de ces éléments, nous ne pouvons donc pas nous étonner de la profusion de sons, de couleurs et d'odeurs énoncés par l'auteur pour présenter les contours de la France. Le concept de forme se rapporte également au sens de la formule et au choix des mots qui rend la formulation non pas creuse mais « pulpeuse »²⁵⁰. Par conséquent, il semble que ce soit surtout le

---

[246] Andreï Makine, *Cette France qu'on oublie d'aimer*, *op. cit.*, p. 52.
[247] *Ibidem*, p. 39.
[248] *Ibidem*, pp. 45-46.
[249] *Ibidem*, p. 39.
[250] *Ibidem*, p. 45.

français, « l'idiome de l'Europe éclairée »[251], qui caractérise la forme française et, par conséquent, la France en général ou, comme l'exprime Makine, la « francité » : « La langue, cette mystérieuse matière, invisible et omniprésente [...]. Cette langue qui modelait les hommes, sculptait les objets, ruisselait en vers, rugissait dans les rues envahies par les foules, faisait sourire une jeune tsarine venue du bout du monde... »[252].

La langue apparaît alors comme l'essence même de la France dans la mesure où elle réunit l'ensemble des images constitutives de l'identité française selon l'auteur, ce que nous pouvons illustrer par le biais de l'extrait suivant :

> Oui, c'était un pays livresque par essence, un pays composé de mots, dont les fleuves ruisselaient comme des strophes, dont les femmes pleuraient en alexandrins et les hommes s'affrontaient en sirventès. [...] La France se confondait pour nous avec sa littérature. Et la vraie littérature était cette magie dont un mot, une strophe, un verset nous transportaient dans un éternel instant de beauté.[253]

L'emploi de ces différents poncifs relatifs à la France concoure à créer un mythe du pays, un

---

[251] *Ibidem*, p. 52.
[252] Andreï Makine, *Le Testament français*, *op. cit.*, p. 56.
[253] *Ibidem*, pp. 323-324.

procédé attesté par l'usage de l'expression « Atlantide » pour désigner non pas la France d'aujourd'hui mais celle d'antan. L'utilisation de ce terme associé à une image ancienne et idéalisée de la nation française se révèle d'autant plus forte que « l'Atlantide » se dévoile au narrateur au-dessus de la ligne d'horizon des steppes de la petite ville fictive de Saranza, située en Sibérie. Makine insiste alors sur l'idée que la France d'autrefois, marquée par sa culture et ses lettres, n'existe plus, tel un « univers englouti par le temps »[254], un constat que nous retrouvons dans le fait que le narrateur du roman oublie justement « la France de Charlotte »[255] en France, ce qui permet de renforcer la valeur idéale de mythe.

Mais la nostalgie de l'ancienne France n'apparaît pas seulement dans la fiction du *Testament français*. Elle est en effet également traitée dans l'essai *Cette France qu'on oublie d'aimer* où l'écrivain montre qu'il perçoit bien l'évolution de la mentalité française, et ce dans le mauvais sens, puisque l'amour qualifiant la France d'hier, c'est-à-dire « le pays du Tendre »[256], paraît avoir cédé sa place à la haine et à la rudesse. Ainsi,

---

[254] *Ibidem*, p. 31.
[255] *Ibidem*, p. 297.
[256] *Ibidem*, p. 122.

au milieu de son essai, Makine observe que le Français, malgré ses colères figurées par exemple par des grèves à répétition, est de plus en plus atteint par la « mutité »[257] et la « peur »[258] lorsqu'il s'agit de s'exprimer sur certains sujets importuns qui ne sont pourtant pas neufs : la collaboration, la décolonisation, la guerre d'Algérie, l'immigration, l'islamophobie, l'antisémitisme et l'homosexualité[259]. Ce constat navrant amène l'écrivain à donner une définition plutôt accablante du nouvel intellectuel français qu'il présente comme « une intelligence affublée d'innombrables couches de protection et qui tâtonne, se faufile entre les interdits, rampe sur un champ de mines, tout effrayée d'une possible explosion »[260]. Dans cette assertion, nous pouvons voir que le parcours initial du combattant voué à la lutte pour la liberté d'expression perd de sa force puisque le Français préfère rester « politiquement correct »[261] en esquivant les discussions qui pourraient le placer dans une position inconfortable. Makine suggère

---

[257] Andreï Makine, *Cette France qu'on oublie d'aimer*, *op. cit.*, p. 56.
[258] *Ibidem*.
[259] *Ibidem*, p. 61.
[260] *Ibidem*, p. 56.
[261] *Ibidem*, p. 75.

donc que la « langue libre »²⁶², destinée à « préserver le droit de ces idées à une expression sans entraves »²⁶³, tend à disparaître pour laisser place à une pensée conformiste et à un langage creux et sans substance. Malgré tout, bien que certains chercheurs estiment que, lorsqu'il s'exprime sur la France moderne, « Makine parle explicitement de son désillusionnement quant à l'Occident et de la différence entre la France imaginée et réelle »²⁶⁴, se montre sévère envers la France contemporaine²⁶⁵, devenu un « État étranger »²⁶⁶ ou empreint son discours « d'une déception profonde »²⁶⁷ quant à son idéal et préfère

---

[262] *Ibidem*, p. 73.
[263] *Ibidem*, p. 74.
[264] Agata Sylwestrzak-Wszelaki, « La Russie et la France. Le travail des chronotopes dans les romans d'Andreï Makine », dans *Andreï Makine*, Murielle Lucie Clément (dir.), Amsterdam, Rodopi, 2009, p. 96.
[265] Nina Nazarova, *Andreï Makine, deux facettes de son œuvre*, *op. cit.*, p. 227.
[266] Nina Nazarova, « Makine et Bounine, otages du passé », dans *Andreï Makine. Le sentiment poétique*, Margaret Parry, Claude Herly et Marie-Louise Scheidhauer (dir.), Paris, L'Harmattan, 2008, p. 103.
[267] Nina Nazarova, « L'Atlantide française et l'Atlantide russe d'Andreï Makine », dans *Andreï Makine : La rencontre de l'Est et de l'Ouest*, Margaret Parry, Marie-Louise Scheidhauer et Edward Welch (dir.), Paris, L'Harmattan, 2004, p. 59.

ainsi se réfugier dans le passé[268], nous sommes plutôt tentés de croire que l'écrivain écrit un véritable plaidoyer pour la France, destiné à voir le peuple français se réveiller et défendre sa culture et ses idéaux, ce dont atteste la confession suivante de l'auteur : « Je n'écrirais pas ce livre si je ne croyais pas profondément à la vitalité de la France, à son avenir, à la capacité des Français de dire "assez !" »[269].

La jeune Allemagne de Kaminer

En ce qui concerne Kaminer, nous pouvons voir qu'il joue lui aussi avec les stéréotypes allemands. Néanmoins, contrairement à Makine, il semble proposer une image plus actuelle de l'Allemagne qui correspond cependant à la création d'un mythe moderne. Cette différence temporelle s'explique sans doute par la vision divergente que les deux auteurs ont de l'Union soviétique : Makine se focalise sur les Première et Seconde guerres mondiales, le prosaïsme et la tyrannie du système communiste tandis que Kaminer adopte un regard d'adolescent relativiste et se concentre sur les aspects cocasses de l'URSS, notamment pendant

---

[268] *Ibidem*, p. 64.
[269] Andreï Makine, *Cette France qu'on oublie d'aimer*, *op. cit.*, p. 87.

les années 1980, qu'il décrit sous forme d'anecdotes. En outre, nous pouvons supposer que la conception contemporaine de Kaminer au sujet de l'Allemagne entretient un lien avec le fait que le pays soit une nation plus récente que la France du fait de sa naissance officielle au lendemain de la guerre franco-allemande de 1870-1871 et que l'évocation de son passé soit le plus souvent liée au Troisième Reich et à la politique d'extermination conduite par les national-socialistes à l'avènement d'Adolf Hitler en 1933, « die zwölf Jahre der [...] Diktatur bezeichnet, die ihrer Mordlust und Monstrosität »[270], ont tendance à éclipser le reste de l'Histoire allemande.

Cette vision moderne du pays d'accueil se retrouve dans la quasi-totalité des œuvres de Kaminer, en particulier dans celles dédiées au quartier de Berlin qu'il habite depuis de très nombreuses années (*Schönhauser Allee* (*L'Allée Schönhauser*), 2001), à la capitale allemande (*Ich bin kein Berliner* (*Je ne suis pas Berlinois*), 2007) et aux villes et villages de plusieurs Länder (*Mein deutsches Dschungelbuch* (*Mon livre de la jungle*

---

[270] Wladimir Kaminer, *Liebesgrüße aus Deutschland*, München, Manhattan, 2011, p. 11, « douze ans de dictature [...] qui, de par leur frénésie meurtrière et leur monstruosité », ma traduction.

allemande), 2003), dont l'un des avant-derniers romans, *Liebesgrüße aus Deutschland* (2011) peut être considéré comme une plaisante synthèse de la mentalité allemande, ce que nous notons dans le titre même du livre. Kaminer joue alors sur les mots de l'expression « liebe Grüße » qui se traduit par « amitiés » ou encore « amicales pensées » et que l'auteur transforme en « Liebesgrüße », c'est-à-dire en « bonjour amoureux » ou « amitiés d'amour ». Ce détournement de vocables montre que Kaminer, malgré l'emploi de plusieurs clichés, ne cherche pas tant à procéder à une critique acerbe de son pays d'adoption, mais plutôt à dénoncer plus ou moins directement plusieurs aspects de la nouvelle Russie et de l'ex-URSS et à insister sur la corruption et le chaos régnant sur le pays, et ce par le biais de l'énumération d'une série de poncifs récurrents énoncés dans plusieurs petits chapitres composés chacun d'à peine quatre à cinq pages et traitant les questions de l'ordre étatique, de l'éducation et de la santé.

Ainsi, le plus grand lieu commun abordé par l'auteur dans son roman est celui de la rigidité du système bureaucratique allemand, symbolisé par les fameux « Aktenordner »[271] (« classeurs »)

---

[271] *Ibidem*, p. 52.

auxquels, comme le souligne Kaminer, les Allemands ont recours depuis l'Antiquité :

> Neueste archäologische Ausgrabungen machen deutlich, dass schon die alten Teutonen jede Menge Aktenordner besaßen, die sie anbeteten. Manche waren aus Holz, manche sogar mit Gold und Edelsteinen verziert. Seit Hunderten von Jahren dienen Aktenordner hierzulande also dem Menschen. Sie sind in jedem Haushalt unentbehrlich. Den ersten bekommt man schon in der Vorschule, und wenn jemand im Laufe des Lebens nicht mindestens ein Regal damit vollgestellt kriegt, gilt sein Lebensentwurf als gescheitert.[272]

Une autre spécificité est « die Einverständniserklärung »[273] (« l'accord écrit ») dont la typicité est mise en lumière par le fait qu'un tel mot n'existe pas en russe, « weil die Russen nie danach fragen, ob einer einverstanden ist »[274].

---

[272] *Loc. cit.*, p. 52, « De nouvelles découvertes archéologiques démontrèrent que les anciens Teutons possédaient déjà des masses de classeurs qu'ils adoraient. Certains étaient en bois, d'autres étaient même ornés d'or et de pierres précieuses. Dans ce pays, les classeurs servent donc l'homme depuis des centaines d'années. Ils sont indispensables à chaque foyer. C'est à l'école maternelle qu'on reçoit le premier et si au cours de sa vie, quelqu'un n'a pas au moins une étagère pleine de classeurs, son projet de vie est considéré comme un échec », ma traduction.
[273] *Ibidem*, p. 179.
[274] *Loc. cit.*, p. 179, « parce que les Russes ne demandent jamais si l'on est d'accord », ma traduction.

L'usage automatique de cette autorisation paraît tellement saugrenue que Kaminer imagine un accord qui pourrait être conclu dès la naissance de l'enfant et serait rédigé comme suit : « "Sehr geehrte Mitbürgerinnen und Mitbürger, wenn in meinem Leben irgendetwas schiefgeht, kann ich nichts dafür" – und die ganze Menschheit unterschreiben lassen »[275].

Pour finir, l'auteur s'attaque à deux administrations particulières : le fisc et le service d'émigration au sujet desquels les anecdotes de Kaminer permettent de mettre en relief l'absurdité du système et des pièces à fournir. Nous citerons ici deux exemples substantiels dont le premier concerne la réponse adressée par Kaminer à l'hôtel des impôts qui lui demandait des précisions au sujet d'une facture justifiant le remboursement de ses frais professionnels :

> "Sie haben eine Quittung für Katzenfutter mit dem Vermerk "Geschäftsessen" abgegeben. Als Anlass der Bewirtung steht "Katzensex", unter "bewirtete Personen" : "Thomas". Wer ist Thomas ?"
>
> [...]

---

[275] *Ibidem*, p. 181, « "Chers concitoyennes et concitoyens, si quelque chose tourne mal dans ma vie, je n'y peux rien" – et [il] laisserait signer l'humanité entière », ma traduction.

> "Im vergangenen Jahr wurde ich [...] von der Frauenzeitschrift *Brigitte* beauftragt, eine Recherche zum Thema "Schwangere Katzen" durchzuführen und musste einen männlichen Kater für meine Katze besorgen. Der Kater Thomas wurde mir von seinem Besitzer [...] überlassen [...]. Nach zwei Wochen stellte sich überraschend heraus, dass Thomas doch sexuellen Kontakt mit meiner Katze gehabt hatte, wenn auch für das menschliche Auge nicht sichtbar. Also konnte ich die Packung Katzenfutter dann doch noch als "Geschäftsessen" verbuchen [...]".[276]

Le second exemple concerne les doutes émis par l'ambassade d'Allemagne en Biélorussie qui souhaite vérifier la véracité de l'amour partagé par un Allemand et une Biélorusse afin d'éviter un mariage blanc. Pour ce faire, il est demandé au futur marié de composer une déclaration d'amour

---

[276] *Ibidem*, pp. 77-78, « "Vous nous avez remis une facture pour de la nourriture pour chat mentionnant un "repas d'affaires". Le motif du repas est un "rapport sexuel entre chats", dans la catégorie "personnes invitées" se trouve "Thomas". Qui est Thomas ?" / [...] / "L'année dernière, le journal féminin *Brigitte* me chargea [...] de faire des recherches au sujet des "chattes enceintes" et je dus me procurer un matou pour mon chat. Le matou Thomas me fut confié par son propriétaire [...]. Deux semaines après, et ce contre toute attente, il s'avéra que Thomas avait bien eu un contact sexuel avec mon chat, même si ce ne fut pas visible à l'œil humain. Je pus donc quand même inscrire le paquet de nourriture pour chats en tant que "repas d'affaires" [...]" », ma traduction.

à l'intention de sa fiancée et de l'adresser ensuite à l'ambassade :

> Mein Freund schrieb fünf Seiten mit der ganzen leidenschaftlichen Geschichte seiner Beziehung voll. Doch diese Liebesbegründung wurde abgelehnt. Die deutsche Botschaft ist nicht dumm und in Liebesangelegenheiten mehr als erfahren. Sie wusste, dass man Liebeserklärungen nicht auf dem Computer tippte. [...] Sie wusste gleich, echte Liebe drückt sich handgeschrieben aus.[277]

Par ailleurs, la méticulosité des Allemands est illustrée dans la vente de produits de haute finition et de qualité supérieure. Kaminer insiste sur cette idée en situant l'action de l'un de ses chapitres dans un magasin de jouets à Moscou où une vendeuse fait l'éloge des compétences allemandes : « Jede Schraube, alles per Hand. Und wenn sie fertig sind, messen sie den Porsche noch einmal bis auf den letzten Millimeter aus. Und wenn irgendwo ein Millimeter zu viel oder zu

---

[277] *Ibidem*, pp. 120-121, « Mon ami écrivit cinq pleines pages à propos de l'histoire de sa relation passionnée. On refusa néanmoins cette déclaration d'amour. L'ambassade d'Allemagne n'était pas bête et était plus qu'expérimentée en matière d'affaires amoureuses. Elle savait qu'on ne tapait pas de déclarations d'amour à l'ordinateur. [...] Elle sut aussitôt que l'amour véritable s'exprimait de façon manuscrite », ma traduction.

wenig dran ist, schmeißen sie das ganze Auto einfach in die Tonne und bauen ein neues ! »[278].

Enfin, l'auteur raille la discipline allemande au moyen de l'évocation de la rigueur du contrôle de sécurité dans les aéroports et les excès de zèle de certains employés parmi lesquels s'en trouve un qui refuse de laisser passer le pâté contenu dans le sac de Kaminer dans la mesure où il s'agirait d'un élément liquide, ce à quoi le narrateur agacé répond : «"Schmeißen Sie sie weg !" [...] "Wenn Leberwurst eine Flüssigkeit ist, dann will ich sie auch nicht haben" »[279]. Cette critique de l'employé allemand est d'autant plus mordante que l'écrivain semblait mieux disposé, bien que toujours aussi caustique, envers le fonctionnaire intègre : « Die Verwalter Deutschlands handeln meiner Erfahrung nach immer reinen Gewissens. Sie sind nicht korrupt, rechnen Überstunden genau ab, öffnen sich der Bevölkerung für durchschnittlich

---

[278] *Ibidem*, p. 142, « Chaque vis se fixe à la main. Et lorsqu'ils ont fini, ils mesurent de nouveau la Porsche au millimètre près. Et s'il se trouve quelque part un millimètre de trop ou de moins, ils jettent tout simplement la voiture dans la benne et en construisent une nouvelle ! », ma traduction.
[279] *Ibidem*, p. 188, « "Jetez-le !" [...] "Si le pâté est un liquide, alors je ne veux pas non plus le garder" », ma traduction.

zwei Stunden am Tag zu den vorgeschriebenen Öffnungszeiten »[280].

Les remarques susmentionnées nous permettent de déduire que les récits narrés par l'écrivain contribuent à accentuer l'obsession des Allemands pour l'ordre et leur nécessité presque absolue de suivre une ligne bien droite, une mission qui se révèle néanmoins impossible selon Kaminer. Il constate ainsi : « Das eigentliche deutsche Drama besteht darin, dass es eben so gut wie nie nach Plan läuft. Das Leben steckt voller Überraschungen »[281].

Le second thème auquel l'auteur accorde une grande attention est celui de l'éducation qui se caractérise par son ambivalence : entre brisure des interdits et austérité. Par exemple, d'un côté, les élèves sont encouragés à réaliser des actions audacieuses allant du dépassement d'eux-mêmes,

---

[280] *Ibidem*, p. 54, « D'après mon expérience, les administrateurs allemands agissent toujours en leur pure âme et conscience. Ils ne sont pas corrompus, font exactement le décompte de leurs heures supplémentaires, ouvrent leurs bureaux à la population sur une moyenne de deux heures par jour aux horaires d'ouverture obligatoires », ma traduction.

[281] *Ibidem*, p. 239, « Le véritable drame allemand consiste en ce que pratiquement jamais rien ne se déroule comme prévu. La vie est pleine de surprises », ma traduction.

par le biais d'un parcours d'accro-branches ou d'une compétition mathématique ou sportive, à la dissection de vers de terre vivants, en passant par la reproduction schématique des appareils génitaux masculin et féminin. En revanche, de l'autre côté, les enseignants se montrent très sévères à l'égard de leurs élèves, se comportant parfois d'une façon telle qu'elle pourrait provoquer le traumatisme des écoliers. Cette idée est développée dans le chapitre intitulé *Der erste Tadel* (*Le premier blâme*)[282] et racontant le ressenti du fils de Kaminer, Sebastian, pour qui un blâme est synonyme du mot « Folterwerkzeug »[283] (« instrument de torture »), d'où la réponse suivante de l'auteur au professeur :

> Nun ist Sebastian durch Ihren außerordentlichen pädagogischen Einsatz an den Rand des Nervenzusammenbruches geraten und die ganze letzte Nacht aus Angst vor dem Tadel wachgelegen. Er glaubt inzwischen fest, dass es sich nicht lohnt, bei Ihnen im Unterricht abzuschreiben, es ist viel einfacher, Englisch zu lernen.[284]

---

[282] *Ibidem*, pp. 79-82.
[283] *Ibidem*, p. 80.
[284] *Ibidem*, p. 82, « À présent, grâce à votre exceptionnelle intervention pédagogique, Sebastian est au bord de la dépression et n'a pas dormi de toute la nuit par peur du blâme. Depuis, il pense que cela ne vaut pas la peine de

Enfin, Kaminer souligne l'importance de la santé chez les Allemands qui se traduit par une nourriture équilibrée et biologique et la pratique régulière d'un sport en extérieur (course à pied) ou en salle (musculation) ou encore d'une discipline telle que le yoga. Cette préoccupation quotidienne devient si obsédante pour la population que l'auteur en vient à la comparer à une maladie : « Der Gesundheitswahn breitet sich wie ein Virus in Deutschland aus »[285]. L'écrivain explique cette nouvelle mentalité par le fait que les hommes aient tendance à vouloir imiter les femmes dans une société qui semble peu à peu se féminiser. L'auteur constate alors que :

> Frauen setzen in einer vom Konsum bestimmten Gesellschaft die Trends, weil sie einfach mehr Wünsche als Männer haben. Frauen wollen Wellness, Yoga, Antistress-Massagen und Entspannungs-therapien, und die Männer tun es ihnen nach. Doch was den einen gesund hält, ist des anderen Tod.[286]

---

copier sur son voisin pendant votre cours, il est beaucoup plus facile d'apprendre l'anglais », ma traduction.
[285] *Ibidem*, p. 216, « La folie de la santé se répand en Allemagne comme un virus », ma traduction.
[286] *Ibidem*, p. 107, « Les femmes déterminent les tendances d'une société régie par la consommation, tout simplement parce qu'elles ont plus de souhaits que les hommes. Les femmes veulent du Wellness, du yoga, des massages

Conclusion

Ainsi, l'étude de la perception du pays d'accueil chez Makine et Kaminer nous permet d'observer que, bien que les deux auteurs adoptent un style différent connotant soit une certaine nostalgie soit un soupçon d'ironie, ils n'en n'utilisent pas moins des poncifs, anciens ou modernes, qui proposent au final une image vieillie de la France et de l'Allemagne, et ce même si les écrivains y vivent depuis plusieurs années. Il semble donc que les deux hommes peinent à se libérer des idées préconçues acquises en Union soviétique pendant leur enfance.

Nous pouvons cependant penser que le jeu autour des clichés français et allemands témoigne d'une forme d'amour pour le pays d'adoption dont ils dévoilent certaines faces cachées, telles la lâcheté de Français nés dans le pays de la Révolution française et de la liberté et l'autodérision des Allemands qui apprécient fortement les romans de Kaminer[287]. De ce fait,

---

antistress et des thérapies de détente et les hommes en font autant. Pourtant, ce qui maintient une personne en forme, c'est la mort de l'autre », ma traduction.

[287] Contrairement à d'autres chercheurs, dont Adrian Wanner, nous ne croyons pas que le succès de Kaminer en Allemagne s'explique par ses origines juives, comme si les

quoique Makine se montre conscient du changement survenu dans les valeurs et la mentalité françaises, il n'en a pas moins foi en l'avenir de la France si le peuple accepte de reprendre sa lutte pour les grands idéaux. Quant à Kaminer, malgré ses prétendues critiques à l'égard de l'ordre allemand, il n'en apprécie que plus l'organisation allemande qui, selon lui, permet de s'intégrer et de vivre confortablement : « Ich glaube schon irgendwie, dass ich hier in Deutschland länger und auch glücklicher lebe. […] Ich glaube, dass Migranten es hier eigentlich sehr gut haben »[288]. Ces procédés permettent aux auteurs de faire avancer leur pays d'accueil en leur faisant prendre conscience de leur nature et de leur propension à s'améliorer. De ce fait, nous avons l'impression que les deux écrivains se considèrent eux-mêmes comme de parfaits citoyens d'une

---

Allemands lisaient l'écrivain dans le but d'alléger le poids de leur passé et de leur « culpabilité ».

[288] Wladimir Kaminer, « Wladimir Kaminer aus Russland », dans *Berlin mit Akzent. Interviews mit Migranten*, Ruža Kanitz, Mardela Mesias Zeuke et Inbal Rosenberg (dir.), Vechta-Langförden, Geest-Verlag, 2011, pp. 80-81, « À dire vrai, je pense que je vivrai ici en Allemagne plus longtemps et plus heureux. […] Je pense que les émigrés vivent effectivement très bien ici », ma traduction.

France et d'une Allemagne qu'ils apprécient et où ils se sentent chez eux.

Par ailleurs, l'évocation du pays d'adoption par le biais de stéréotypes et de défauts risibles contribue à introduire plus ou moins indirectement des critiques ironiques et/ou sérieuses à l'égard de la Russie et l'ex-URSS de façon à dénoncer les dysfonctionnements de leur pays d'origine vis-à-vis desquels ils expriment chacun à leur manière leurs regrets. La France et l'Allemagne servent alors de miroir à une Russie moderne ou une Union soviétique dont le reflet se montre le plus souvent sombre parce qu'il ne correspond plus à l'image qui s'était formée dans le cœur des deux écrivains pendant leur enfance mais à « un pays totalitaire et déshumanisé par l'idéologie de l'État »[289].

---

[289] Agata Sylwestrzak-Wszelaki, « La Russie et la France. Le travail des chronotopes dans les romans d'Andreï Makine », *op. cit.*, p. 95.

Le symbolisme du ciel dans l'œuvre d'Andreï Makine et dans Milos Tsernianski, *Ulysse sous l'infini cercle bleu*

Željka Janković

Université de Belgrade

> *Comment te dire ? C'est l'air. Oui, l'air. Tu sens parfois que l'air te porte, joue en ta faveur. L'air ou le ciel. Il faut seulement y croire très fort. Pour lui aussi c'est le ciel qui va jouer plus que tout le reste. Et il y croit.*[290]

Le présent article propose un regard comparatiste sur l'œuvre d'Andreï Makine, écrivain contemporain d'origine russe et d'expression française, couronné de prestigieux prix littéraires français et membre de l'Académie française, et de Milos Tsernianski, écrivain serbe du XXe siècle, chef de file du modernisme serbe. Après avoir remarqué des points communs dans notre étude sur la condition humaine et la problématique

---

[290] Andreï Makine, *La Terre et le ciel de Jacques Dorme*, Paris, Mercure de France, 2003, p. 16.

identitaire chez les deux auteurs[291], nous avons voulu aborder d'une manière plus approfondie le côté lyrique qu'ils associent magistralement à la trame réaliste. Pour illustrer notre propos, nous analyserons un corpus constitué de deux grands romans de Tsernianski, à savoir *Les Migrations* et *Le Roman de Londres*, ainsi que de *La Musique d'une vie* et *Le Crime d'Olga Arbélina* de Makine, tout en faisant quelques références au reste de leur œuvre. Nous nous bornerons à l'examen du symbolisme du ciel et des éléments qui lui sont associés. Nous appuierons nos positions par les considérations sur la « psychologie de l'air » de Gaston Bachelard, exposées dans son ouvrage *L'Air et les songes*, ainsi que par les résultats des analyses antérieures de l'œuvre makinienne.

De nombreux chercheurs ont déjà souligné que la nature joue un rôle structural dans l'œuvre de Makine, permettant de « retrouver un lien entre des chronotopes différents, de maintenir une cohérence entre différents passages du roman pour le lecteur »[292]. Il en va de même dans les romans

---

[291] Cf. « Čovek u delu Andreja Makina i Miloša Crnjanskog : slovenska duša između Istoka i Zapada, ljubavi i rata », dans *Savremena proučavanja jezika i književnosti* V/2, FILUM, Kragujevac, 2013.
[292] Nina Nazarova, *Andreï Makine, deux facettes de son œuvre*, Paris, L'Harmattan, 2005, 254 p., p. 119.

de Tsernianski, ce que nous montrerons ultérieurement. Se familiarisant avec le symbolisme et le surréalisme européens, Milos Tsernianski fonde son propre mouvement sous le nom de « sumatraïsme », basé sur une philosophie de l'harmonie universelle. En 1920, il publie le célèbre poème « Sumatra », qui ouvre la voie à l'épanouissement de l'expressionisme serbe : le sujet lyrique, à l'instar des poètes romantiques, caresse sous la lune les sommets des montagnes éloignées et s'abandonne à une nature consolatrice. Tsernianski exige une nouvelle forme poétique qui exprimerait les méandres psychologiques humains et les correspondances entre l'homme et la nature. Tout comme Makine décrit l'histoire tourmentée de la Russie du XXe siècle et l'exil, les vies agitées de la diaspora serbe ou russe représentent le thème principal de l'œuvre de Tsernianski ; il dépeint les périples des hommes vers une terre promise, « l'Hyperborée » à laquelle lui-même aspirait[293]. *Les Migrations*, épopée de la famille Issakovitch à travers les

---

[293] Le roman *Chez les Hyperboréens* relate le séjour de Tsernianski à Rome avant le début de la Deuxième Guerre mondiale en Yougoslavie ; pourtant, tout en parlant de la période italienne de sa vie, il se souvient d'un voyage antérieur en « Hyperborée », dans les « contrées polaires » (la Scandinavie et l'Islande) en 1937.

générations (comme *Requiem pour l'Est* de Makine), parlent des soldats serbes guerroyant pour l'empire austro-hongrois au XVIIIe siècle avec Vouk Issakovitch en tête du régiment Slavonie-Danube. Déçu, âme pleine d'amertume, il rêve de gagner la Russie avec son peuple occupé depuis des siècles. Le héros du *Roman de Londres*, descendant des princes russes Repnine, fuyant le communisme, se réfugie à Londres au lendemain de la Deuxième guerre mondiale pour n'y connaître que l'aliénation, la misère et la solitude qui l'amènent au suicide.

Ne se sentant pas à l'aise dans leurs pays respectifs ou adoptifs, les personnages se projettent dans un ailleurs idéalisé. Une patrie lointaine (et parfois imaginaire) représente le seul réconfort pour un soumatraïste : c'est La Russie pour Vouk Issakovitch ou la Scandinavie de Tsernianski-Iperboreo, ce serait Sarma sibérienne enneigée pour Élias (*L'Amour humain*). Qui plus est, le sentiment de l'exil des héros de Tsernianski et Makine, de ces Ulysses qui errent et ces Pénélopes qui attendent, semble être une partie incontournable de leur personnalité : « Aussi fictives l'une que l'autre, la Russie et la France entr'aperçues dans ses ouvrages, laissent le narrateur dans un exil fondamental, [...] cet exil qui est le prix à payer pour faire accéder l'imaginaire à l'existence »[294]. Ils ne sont pas tellement des exilés d'un territoire que d'un temps, ils vivent dans le passé et agissent conformément aux valeurs d'une époque révolue.

Titre	ciel	neige	pluie	nuages	soleil	brouillard/brume	vent	étoiles	boue/vase
La Musique d'une vie	8	33	4	3	13	2	6	3	3
La Vie d'un homme inconnu	52	42	13	8	24	10	8	12	14
Requiem pour l'Est	37	30	20	5	62	2	12	10	12
Confession d'un porte-drapeau déchu	23	7	7	11	19	9	10	5	6
Le crime d'Olga Arbélina	49	79	15	11	48	15	26	7	17
Au temps du fleuve Amour	72	150	5	11	74	32	46	26	5
Le Testament français	76	65	22	12	74	35	38	10	9

---

[294] Marianne Gourg, « La problématique Russie/Occident dans l'œuvre d'Andreï Makine », dans *Revue des études slaves,* Tome 70, Paris, l'Institut d'études slaves, pp. 229-239.

La Fille d'un héros de l'Union soviétique	14	28	4	6	39	8	11	44	8
La Terre et le ciel de Jacques Dorme	39	25	11	5	34	9	13	8	6
Les Migrations	205	122	100	83	210	50	70	97	110

C'est le plus souvent dans ces analepses que surgissent des images symboliques où les bouleversements intérieurs se reflètent dans le monde extérieur : ciel, neige, brouillard, étoiles etc. reviennent comme leitmotiv, témoignant, entre autres, des aspirations vers les sphères spirituelles supérieures, hors des horreurs des guerres et du néant quotidien. À nous rapporter au tableau ci-dessous, nous nous rendrons compte à quel point la nature joue un rôle du premier rang dans les ouvrages de nos auteurs :

Tableau 1. Nombre d'occurrences des motifs de la nature dans l'œuvre de Makine et Tsernianski.

Le tableau montre que Makine et Tsernianski sont, en des termes de G. Bachelard, des auteurs « aériens »[295]. Leur univers est fondé sur une dialectique du clair-obscur, du jeu de reflets et de contrastes aériens. Les images de la terre y sont très peu présentes, à moins qu'il ne s'agisse d'une terre boueuse, qui, dans l'œuvre de Makine, n'occupe pas une place considérable, sauf dans le roman *Le Crime d'Olga Arbélina*, où, comme dans *Les Migrations* de Tsernianski, elle a sa raison d'être. Nous allons y revenir dans la suite de notre analyse.

Le regard élevé vers le ciel bleu
Le ciel, nous pouvons nous permettre de l'appeler une « image obsessionnelle » de Makine et Tsernianski ; il revient dans des « phrases typiques » dont parlait Jean-Pierre Richard à propos de l'œuvre de Proust[296] ou Stendhal. Comme l'a très bien remarqué Murielle Lucie Clément dans son bel article sur la sémiologie du

---

[295] Gaston Bachelard, *L'Air et les songes*, Paris, José Corti, 1943, 352 p.
[296] *Proust et le monde sensible*, Paris, Seuil, 1974, p. 220. N'oublions pas que de nombreux spécialistes ont souligné jusqu'ici l'inspiration proustienne dans l'œuvre de Makine : cf. Ian McCall, « Proust's *À la recherche* as Intertext of Makine's *Le Testament français* » dans *Modern Language Review*, 100, (4), 2005, pp. 971-984.

ciel chez Makine, Tolstoï et Bounine[297], l'infirmière Tatiana sauve Ivan Demidov en approchant de ses lèvres une glace sur laquelle se reflète le bleu éclatant du ciel (*La Fille d'un héros de l'Union soviétique*). À la fin de *La Vie d'un homme inconnu*, Choutov, profondément bouleversé par l'histoire de Volski, déclare n'avoir jamais vu « d'un seul regard, tant de ciel »[298] sur lequel se croisaient les regards des deux amoureux. De même, *La Confession d'un porte-drapeau déchu* se clôt par la conviction que Kim et Arkadi joueront leur mélodie de nouveau « pourvu qu'il y ait un bout de ciel au-dessus de nos têtes »[299].

Les Migrations de Tsernianski commencent par le réveil de Vouk Isakovitch et se terminent avec sa plongée dans le sommeil ; les deux chapitres qui ouvrent et closent le roman portent le titre « Infini cercle bleu, et en lui un astre ». Cet

---

[297] « Makine, Bounine, Tchekhov, Tolstoï : rhétorique de la séduction, sémiologie du ciel », dans Margaret Parry, Claude Herly et Marie Louise Scheidhauer, (dir.), *Andreï Makine : le sentiment poétique. Récurrences chez Bounine et Tchekhov*, Paris, L'Harmattan, 2008, pp. 195-209. Version numérique disponible sur http://www.murielleluciecclement.com/makine-bounine/.
[298] Andreï Makine, *La Vie d'un homme inconnu*, Paris, Seuil, 2009, p. 293.
[299] Andreï Makine, *Confession d'un porte-drapeau déchu*, Paris, Belfond, 1992, p. 151.

astre vers lequel Vouk Isakovitch tourne le regard est associé à la Russie, où il croit pouvoir trouver le salut pour son peuple. Pourtant, son fils adoptif Pavle, qui s'est dirigé vers Kiev, verra la même étoile-guide disparaître lors de l'arrivée. Repnine, mélancolique, prêt à se suicider, pense que quelque part « au-dessus des Antibes, au soleil, sous les mimosas et le bleu de ciel, l'œil fixé sur le bleu de la mer, il pourrait retrouver un sens à sa vie, une consolation »[300]. Le même sentiment obsède Alexeï Berg : devenu Sergueï Maltsev, épuisé par l'errance et la guerre, il regarde vers le haut et ressent que la nature seule est stable et importante : « Il devinait que tout ce qui lui restait de vie était concentré dans ce souffle faiblement printanier, dans ce reflet aérien et brumeux de soleil, dans l'odeur de ces eaux qui s'éveillaient sous la glace. Et non pas dans son corps décharné qui ne sentait même plus les brûlures du vent.[301] »

Le ciel et le bleu sont très souvent associés à l'amour et au bonheur, ils enlèvent les sentiments de peur et de néant, et la personne aimée semble

---

[300] Milos Tsernianski, *Le Roman de Londres* (1971), Lausanne, l'Âge d'Homme, 1992, traduction : Velimir Popović, p. 181.
[301] Andreï Makine, *La Musique d'une vie*, Paris, Seuil, 2001, p. 80.

intégrée dans le paysage : « Pour se débarrasser une bonne fois de l'adolescent apeuré, il suffisait d'imaginer cette voiture, lui, Léra, la bande bleutée de la forêt à l'horizon »[302]. Plus tard, Berg rencontre Stella et, au moment où elle pose sa main sur la sienne et lui adresse des paroles douces : « L'instant dura. Derrière la fenêtre, le crépuscule s'imprégnait d'un bleu foncé. Les rameaux de givre sinuaient sur la vitre »[303]. De plus, la robe de Stella, au moment de leur première rencontre, est d'un bleu foncé et se fond dans une ambiance féerique avec « la certitude que la touche bleu foncé du velours était la composante même, à la fois évidente et codée, du bonheur. Et que les autres composantes étaient ces flocons derrière les vitres, ce début de crépuscule, ces notes [...] »[304].

G. Bachelard évoque la sérénité qui vient avec l'élévation de l'âme sur les hauteurs aériennes : « Dans ce *calme des hauteurs* [...] souvent le sujet se rend compte qu'il vient d'acquérir une connaissance nouvelle, une lucidité psychologique »[305]. La description se veut, donc, évocatrice, allusive et symbolique et non pas

---

[302] *Ibidem*, p. 39.
[303] *Ibidem*, pp. 102-103.
[304] *Ibidem*, pp. 96-97.
[305] *L'Air et les songes, op. cit.*, p. 160.

décorative. Le ciel apparaît aux moments de la prise de conscience, inspirant au personnage, entre autre, une sensation de totalité, de plénitude. Le paysage veut lui parler, l'inciter à agir ou à réfléchir, l'homme y entrevoit un message : « les ciels chargés de bombardiers et les ciels intacts, avec la provocante insouciance des nuages, des oiseaux, du soleil. Il y pensa souvent, conscient que ce flux désordonné de la vie et de la mort, de la beauté et de l'horreur devait avoir une signification cachée, une clef qui les aurait rythmées dans quelque harmonie tragique et lumineuse »[306]. Une sensation pareille obsède Vouk Issakovitch : loin de la verve, il parcourt du regard les cimes des arbres et des montagnes enneigées ; dans un jeu de clair-obscur, de la brume et du ciel bleu qui se reflète sur la glace, il se voit comme dans un rêve, emporté par une force cosmique énigmatique ; dans une relation dialectique de contemplation-action avec la nature, celle-ci l'incite à la réflexion et à la prise de décision : « Les yeux fixés sur ces crêtes géantes dont les ombres bleuissaient la neige [...] Issakovitch passait en revue son existence

---

[306] Andreï Makine, *La Musique d'une vie*, *op. cit.*, pp.87-88.

entière »[307] ; c'est alors que naît en lui l'envie de ne plus retourner à la maison : « L'éclat pur du ciel bleu l'éblouissait ; il restait ainsi longtemps, immobile, le regard fixe »[308]. Entretemps, son frère Archange vit un adultère avec sa femme Daphina ; outre le désir, elle est la première qui lui inspire un sentiment plus profond. Daphina meurt peu de temps après l'acte charnel interdit, laissant à jamais l'éclat hivernal de ses yeux gravé dans la mémoire d'Archange, comme le symbole de « quelque chose de plus durable, qui élève au-dessus de la vie terrestre, vers le bleu du ciel éternel »[309], à l'opposé de la débauche de sa jeunesse. Le seul réconfort d'Olga Arbélina, hospitalisée après avoir perdu la raison, est un petit couloir dont la fenêtre lui permet d'observer « la vie simple et répétitive du dehors. Les gouttes de pluie, le ciel bleu ou blanc de nuages, les arbres nus ou verts »[310].

Les yeux couleur d'hiver pur et le regard fixé sur les cimes des collines renvoient à un des

---

[307] Milos Tsernianski, *Les Migrations* (1929-1962), Lausanne, L'Âge d'Homme, 1992, traduction : Velimir Popović, p. 98.
[308] *Ibidem*.
[309] *Ibidem*, p. 202.
[310] Andrei Makine, *Le Crime d'Olga Arbélina*, Paris, Mercure de France, 1998, p. 284

éléments les plus importants dans l'œuvre de deux auteurs : la neige, qui, d'après G. Bachelard, « donne la blancheur, la beauté, la vision des sommets »[311].

La neige
Plusieurs critiques ont déjà fait voir le rôle symbolique de la neige dans l'univers makinien. Ainsi, Nina Nazarova remarque que la saison dominante y est l'hiver, dont la neige représente une métaphore à plusieurs sens. D'abord, elle reflète le mal du pays des émigrés russes à l'Occident[312]. De même, Repnine est enchanté par la « nuit blanche qui scintillait au dehors comme du cristal »[313] et la neige de Londres le fait penser à la Russie. La blancheur de la neige, ajoute Nazarova, s'oppose à la grisaille urbaine, à « la noirceur des villes »[314], à l'Europe où « l'espace est apprivoisé par l'architecture, incurvé par la vitesse d'une autoroute... »[315] Li, amie d'Olga Arbélina, rêve de regagner la Russie après la fonte

---

[311] *L'Air et les songes, op. cit.*, p. 64.
[312] *Andreï Makine, deux facettes de son œuvre, op. cit.*, p.115.
[313] Milos Tsernianski, *Le Roman de Londres, op. cit.*, p.26.
[314] *Andreï Makine, deux facettes de son œuvre, op. cit.*, p.115.
[315] Andreï Makine, *La Musique d'une vie, op. cit.*, p. 30.

des neiges sur ces routes. L'enfant hémophile de la princesse vit un court instant de bonheur à la vue de la première neige de sa vie.

En troisième place, Nazarova postule que la neige symbolise l'attente et la résignation[316] : Alexandra de *La Terre et ciel de Jacques Dorme*, Charlotte Lemonnier du *Testament français* ou Véra (*La Femme qui attendait*) habitent dans des villes ensevelies sous la neige ; Dmitri, Samouraï et Outkine se sentent bercés dans un doux sommeil hivernal (*La Musique d'une vie*). Ce sommeil, c'est aussi la période durant laquelle Alexeï Berg et Stella vivent l'illusion d'une aventure amoureuse. La dernière fois qu'Alexeï est invité au « nid-de-pie », pièce à fenêtre étroite qui lui inspire du calme et où « il oubliait tout, se confondait avec l'ondoiement de la neige, avec l'écho des notes, avec l'attente des pas dont il connaissait la rapide cadence »[317], coïncide avec la dernière tempête de la neige.

Toutefois, cette résignation n'inspire pas uniquement une sensation de bercement dans le sommeil insouciant de l'enfance et de l'harmonie avec la nature : le train bloqué et englouti dans le

---

[316] *Andreï Makine, deux facettes de son œuvre, op. cit.*, p.115.
[317] Andreï Makine, *La Musique d'une vie, op. cit.*, p. 97.

néant de neige au sein de l'Oural symbolise aussi la léthargie et une sorte de fatalisme de l'*homo sovieticus* : « Et cette gare assiégée par la tempête n'est rien d'autre que le résumé de l'histoire du pays. De sa nature profonde. Ces espaces qui rendent absurde toute tentative d'agir »[318]. Li, poursuivant son rêve de retour à la patrie, finira dans le camp au milieu de l'infini de la neige sibérienne et « ses panneaux peints avaient été jetés dans la neige derrière la gare où l'on triait les prisonniers »[319]. La neige de Londres se montre impitoyable envers Repnine et sa femme : la dernière année de la guerre, un hiver très rude, avec deux mois de neige, les coince dans leur maisonnette : « ils étaient comme enterrés vivants »[320]. Plus tard, la dernière année de la vie de Repnine apporte une neige toute différente : « Ce n'est plus cette neige russe qui recouvre tout, amortit tous les bruits, console de tout, mais une pluie froide [...] Depuis qu'il a quitté la Russie, [...] la neige, pour Repnine, est comme un silence blanc qui s'abat sur le monde, un repos tout de pureté [...] et cette fin de février à Londres, ce

---

[318] Andreï Makine, *La Musique d'une vie*, *op. cit.*, p. 19.
[319] Andrei Makine, *Le crime d'Olga Arbélina*, *op. cit.*, p. 288.
[320] Milos Tsernianski, *Le Roman de Londres*, *op. cit.*, p. 42.

n'est qu'un mélange trouble et sale par terre. [...] Avec une telle neige, on respire difficilement »[321].

La couverture blanche, selon Nina Nazarova, garde aussi les secrets des personnages : la blancheur et la lourdeur de la neige omniprésente contrastent avec le rouge et le pourpre, symbole du péché, et avec la lumière printanière dont Olga Arbélina essaie de se cacher[322]. D'autre part, symbolisant, comme nous l'avons exposé *supra*, l'attente, elle représente aussi la torpeur, l'immobilité, la période où le désir entre Archange et Daphina croît mais sans être assouvi : contrairement à Olga et son fils, c'est après les gels d'hiver, quand un printemps radieux explose, qu'ils s'adonnent à l'acte adultère.

Ajoutons que la neige est souvent un mirage, source d'égarements dangereux. Outre que la garnison d'Issakovitch souffre beaucoup de gel et de froid, les soldats errent « envoûtés par la beauté des forêts et des collines enneigées [...] jusqu'à ce qu'ils tombent d'épuisement et gèlent dans la neige »[323].

---

[321] *Ibidem*, p. 409.
[322] *Andreï Makine, deux facettes de son œuvre*, *op. cit.*, p. 116.
[323] Milos Tsernianski, *Les Migrations*, *op. cit.*, p. 214.

La pluie et le soleil

La pluie possède, d'un côté, un trait dynamique : à la différence de l'immobilité de la neige, elle intervient par sa fraîcheur dans les moments heureux de la vie des personnages où des évènements importants ont lieu. Alexeï Berg s'arrête devant l'affiche annonçant son premier concert dans une « chemise claire trempée par une averse de mai »[324]. D'un autre coté, elle annonce un malheur dont le personnage ne se rend compte qu'après coup. L'averse efface le nom d'Alexeï de l'affiche comme une sorte de mauvais signe prémonitoire, mais le jeune Berg n'y songe pas :

> Il y avait la joie de cette soirée lumineuse et humide qui apparaissait, telle la fraîcheur d'une décalcomanie, sous l'orage en recul. [...] La joie de ces rues noircies par la pluie qu'il suivait, d'un pas distrait, en allant des abords de la ville où se trouvait la maison de la culture vers le centre. [...] Moscou, ce soir-là, était aérienne [...] Le ciel mouvant, gris-bleu, donnait à ce faisceau de coupoles et de créneaux un air instable, presque dansant.[325]

Le soleil symbolise souvent la chaleur, l'espoir et la liberté de choix, à l'opposé de la froideur de la neige : Repnine, miséreux et seul à

---

[324] Andreï Makine, *La Musique d'une vie*, *op. cit.*, p. 32.
[325] *Ibidem*, pp. 33-34.

Londres, rêve du soleil d'Antibes. Devant la brume qui se lève au-dessus du Danube lors de son départ, Issakovitch « devinait déjà la lumière d'un matin ensoleillé et pur »[326].

D'autre part, paradoxalement, le soleil printanier ou la pluie viennent très souvent comme une sorte de réveil du bercement apaisant de la neige. Troublé dans l'obscurité, Vouk Issakovitch ne voit rien « sauf quelque part, en haut, très haut à ce qu'il lui semble, un infini cercle bleu. Et en lui, un astre »[327] ; or, le battement de la pluie le réveille et l'astre disparaît de ses yeux. Après une illusion hivernale, Berg ne reverra Stella qu'une seule fois ; la fin de la guerre, mais de l'amour aussi, se passe sous un soleil d'avril impitoyable « qui brûlait la peau déjà comme en été »[328]. Olga ne vit sa relation incestueuse que sous la neige, et sent un abîme s'ouvrir à la vue de son fils avec de jeunes filles « au milieu d'une journée de mai chaude, presque estivale »[329]. Également, elle subit un avortement sous le soleil écrasant d'un après-midi étouffant

---

[326] Milos Tsernianski, *Les Migrations*, *op. cit.*, p. 24.
[327] *Ibidem*, p. 16.
[328] Andreï Makine, *La Musique d'une vie*, *op. cit.*, p. 32.
[329] Andrei Makine, *Le Crime d'Olga Arbélina*, *op. cit.*, p. 242.

du mois d'août. De surcroît, la mort de Goletz arrive sous le soleil « déchaîné »[330] d'une journée « trop radieuse »[331].

Néanmoins, la fonction la plus importante de la pluie, selon nous, est liée à la formation de la boue.

Le brouillard et la boue

Plus que tout autre élément, le brouillard enchante, enveloppe, brouille les pistes, ensorcèle. Dans *Le Crime d'Olga Arbélina*, Murielle Lucie Clément voit la brume et le brouillard comme « les métaphores de la confusion et de la folie […] de l'oubli total par la démence »[332]. Olga s'abandonne à la jouissance lors d'une nuit de « grand brouillard, sourde, sentant la mer. Les yeux clos, elle se donnait, heureuse, inconsciente, libérée même par cette cécité […] C'est cet oubli qui dut

---

[330] *Ibidem*, p. 257.
[331] *Ibidem*, p. 30.
[332] « Poétique du virtuel dans *Le Crime d'Olga Arbelina* d'Andreï Makine », dans *In Aqua Scribis, Le Thème de l'eau dans la littérature*, dans Michal Piotr Mrozowicki, ed. Gdansk, Presses Universitaires, 2005, pp. 453-462. Version numérique disponible sur http://www.murielleluciecClement.com/poetique-du-virtuel/.

la piéger »[333]. Vouk Issakovitch oublie de plus en plus sa femme et ses enfants, comme s'ils se perdaient dans le brouillard. Le Londres de l'immédiat après-guerre est appelé « la capitale du Brouillard »[334], étouffant et lourd, telle la vie des émigrés dont les visages des proches se profilent dans le lointain « comme au travers d'une brume matinale et de larmes »[335]. *Les Migrations* s'ouvrent par l'image d'un ciel bas et agité, des « brumes enveloppant les saules »[336] qui s'évaporent lentement à l'aube. Ce brouillard lourd au-dessus des plaines, les Serbes essaieront de le dissiper le long de leur errance, enchantés par la clarté en Styrie : « L'air les avait soulés. Leur pays, plat et marécageux, avec ses brouillards et se vapeurs tièdes [...] disparaissait de leur souvenir. Ce pays nouveau [...] avec des clairières sur lesquelles scintillait le ciel comme un lac profond et transparent, chassa de leur vision l'autre, le pays venteux. La tête basse, ils humaient ces montagnes extraordinaires et, en découvrant sur elles, au loin, la neige, n'en croyaient pas leurs yeux »[337].

---

[333] Andrei Makine, *Le Crime d'Olga Arbélina, op. cit.*, p. 231.
[334] Milos Tsernianski, *Le Roman de Londres, op. cit.*, p. 15.
[335] Ibidem, p. 105.
[336] Milos Tsernianski, *Les Migrations, op. cit.*, p. 15.
[337] *Ibidem*, pp. 94-95.

La Serbie est un pays boueux dont les marécages symbolisent une vie coincée, endormie et misérable. La boue est aussi la souillure. Après la mort de Daphina, son apparition est suivie de brume, de tourbillons de neige et d'inondations encombrant le village qui s'affaisse dans la boue. Sa vie durant, elle a regardé un fleuve vaseux devant la maison de son beau-frère, coulant comme son sang après l'acte sexuel. M. L. Clément affirme le même cas chez la princesse Arbélina : « Au fur et à mesure qu'Olga prend conscience de sa situation incestueuse, la neige immaculée se transforme en boue et elle bute dans la "neige souillée contre le rebord du trottoir". La neige reflète son état d'esprit, la souillure qu'elle ressent »[338].

La nuit et le ciel étoilé

Dans la dialectique du clair-obscur des deux auteurs, la nuit semble dominer : elle est le terrain

---

[338] « Amour tragique et tendre volupté. Transgression de l'interdit chez Andreï Makine », dans Annye Castonguay, Jean-François Kosta-Théfaine et Marianne Legault (ed.), *Amour, passion, volupté, tragédie : Le sentiment amoureux dans la littérature française du Moyen Âge au XXe siècle*, Biarritz, Atlantica Éditions, 2007, pp. 205-224. Version numérique disponible sur http://www.murielleluciéclement.com/amour-tragique/.

privilégié de l'introspection, de l'intimité et de l'interdit. Du point de vue de Gaston Bachelard, « Le temps du jour [...] dispersé et perdu dans des gestes effrénés, vécu et revécu dans la chair, apparaît dans toute sa vanité. L'être rêvant dans la nuit sereine trouve le merveilleux tissu du *temps qui se repose* »[339]. La nuit de Makine et Tsernianski est rarement noire, elle est plutôt étoilée ou éclairée par la lune. Le désir de l'ascension vers des hauteurs sublimées, provoqué par la contemplation des étoiles, est manifesté, note Murielle Lucie Clément, dans *L'Amour humain* : la constellation du Loup symbolise, selon elle, « une autre manière de voir : celle éclairée par l'amour humain »[340]. Notamment, d'après G. Bachelard, les étoiles renvoient « à un regard intime, un regard de compassion ou d'amour »[341]. À mi-chemin entre la maison et la rivière, Olga noie le regard dans les étoiles pour y voir sa propre conscience et chercher une consolation : « Tout cela vivait, respirait et semblait la voir, se poser sur elle comme un regard infini. Un regard qui comprenait tout mais ne jugeait pas. Il était là, en

---

[339] *L'Air et les songes*, *op. cit.*, p. 235.
[340] « Makine, Bounine, Tchekhov, Tolstoï : rhétorique de la séduction, sémiologie du ciel », art. cit.
[341] *L'Air et les songes*, *op. cit.*, p. 220.

face d'elle, autour d'elle, en elle. Tout était dit par cette immense présence sans paroles, sans mouvements. [...] Elle répondait à ses yeux qui la dévisageaient, des yeux impassibles mais dont elle devinait la compassion absolue »[342].

Dressant le bilan de sa vie, Vouk Issakovitch remarque que la seule période lumineuse de sa vie, les premières années de son mariage, rappelle « ces étoiles pures et scintillantes et ces sentiers de forêt argentés sur lesquels descend le brouillard d'avril, où il avait chevauché [...] rêvant de la Russie, immense et enneigée, où il songeait à émigrer pour mieux vivre et trouver, enfin, le repos et l'apaisement »[343]. Les étoiles éveillent les souvenirs du bonheur à sa femme aussi : « Quand elle pense aux premières années de son mariage [...] aussitôt s'élèvent devant ses yeux les collines, [...] la danse des nuages, [...] la luminosité du ciel, des étoiles et des constellations »[344]. Avant de mourir, Daphina « fixait à travers le tournoiement des flocons de neige et les flammes enroulées au-dessus des forêts slavonnes se mêlant aux constellations

---

[342] Andrei Makine, *Le Crime d'Olga Arbélina*, op. cit., p. 230.
[343] Milos Tsernianski, *Les Migrations*, op. cit., p. 154.
[344] *Ibidem*, p. 69.

célestes, le visage de Vouk Issakovitch »[345]. Stella ne voit Berg que dans la nuit, quand il ramène son père.

S'opposant au bleu du ciel, la nuit exige des personnages de se fondre dans leur moi pour y chercher une lumière intérieure, du calme et du repos. Alexeï Berg, devant le piano, « n'avait pas l'impression de jouer. Il avançait à travers une nuit, respirait sa transparence fragile faite d'infinies facettes de glace, de feuilles, de vent. Il ne portait plus aucun mal en lui […] La nuit à travers laquelle il avançait disait et ce mal, et cette peur, et l'irrémédiable brisure du passé mais tout cela était déjà devenu musique et n'existait que par sa beauté »[346]. Qui plus est, le roman se clôt par l'image de Berg assis « au tout dernier rang, là où la lumière ne parvient presque pas »[347], les paupières baissées, le regard transporté dans un lointain souvenir, dirait-on : serait-ce sa jeunesse, où il faisait de la musique ?

Tout comme la neige, si la lune et les étoiles font entrer l'onirique et le désir de transparence et de repos, elles ne représentent pas moins un mirage. Après le départ de la milice, Berg quitte

---

[345] *Ibidem*, p. 196.
[346] Andreï Makine, *La Musique d'une vie*, *op. cit.*, p. 120.
[347] *Ibidem*, p. 152.

son cachot en pleine nuit : « Il quittait son refuge au milieu de la nuit, se lavait, se changeait, se dégourdissait les jambes. La tranquillité des champs, le ciel, les étoiles embuées de chaleur, tout l'invitait à la confiance, à la joie de la vie. Tout mentait »[348]. Arrivés à Pecs, les soldats serbes sont enivrés par les douces nuances bleutées du soir, qui contrastent avec la brume et la grisaille de leur patrie : « Par-dessus ces forêts, omniprésentes, les étoiles se mirent à scintiller et les grillons entamèrent leurs stridulations »[349]. Emerveillés, incapables de s'endormir, ils se lancent dans des aventures nocturnes.

L'obscurité totale, d'un côté, invite les personnages à la colorer, à chercher des images lumineuses en eux-mêmes, comme Repnine qui croit voir l'Afrique sur les murs sombres de sa maison : « ce doit être plutôt le Kilimandjaro enveloppé d'une obscurité rougeâtre avec en son sommet la neige et, au-dessus, le ciel bleu »[350]. En se réveillant au début des *Migrations*, Vouk, « de la nuit qui l'entoure […] ne discerne pas celle qu'il porte en lui et, les yeux grands ouverts dans le noir,

---

[348] *Ibidem*, p. 63.
[349] Milos Tsernianski, *Les Migrations*, *op. cit.*, p. 29.
[350] Milos Tsernianski, *Le Roman de Londres*, *op. cit.*, p. 40.

il ne discerne rien »[351]. Il se met à chercher une étoile au centre du cercle bleu, symbole d'un but presque jamais atteint. La même étoile apparaît dans les yeux de Daphina mourante devant Archange : « Seul ce regard lui restait de Daphina et sa couleur le marqua pour toujours. Dans les derniers soupirs de Daphina qui ne pouvait plus parler, il crut découvrir le ciel. Comme Vouk en rêve, il voyait lui aussi, ravagé par la douleur et la peur, des cercles bleus et en eux, un astre »[352].

D'autre part, l'obscurité favorise l'interdit. Les nuits claires emplissent la chambre d'Olga de lumière et empêchent la venue de son fils dans sa chambre : « Il y eut beaucoup de lumière, presque trop pour les yeux habitués au brouillard, beaucoup de ciel étincelant, beaucoup de cette aquarelle humide, luisante. […] Elle percevait ce mouvement lumineux avec une sensibilité maladive. Chaque rayon, chaque nouvelle couleur devenait à la fois félicité et torture »[353].

---

[351] Milos Tsernianski, *Les Migrations*, *op. cit.*, p. 15.
[352] *Ibidem*, p. 196.
[353] Andreï Makine, *Le Crime d'Olga Arbélina*, *op. cit.*, p. 236.

La dialectique haut-bas et le ciel renversé

À son réveil, avant de partir, Vouk Issakovitch, dans un état de demi-sommeil, « observait la paix du ciel gris et, au loin, les corneilles qu'il n'entendait plus. Il pouvait maintenant voir très loin le Danube et ses rives, dont l'une, une berge jaune et haute, rejoignait le ciel, tandis que l'autre, inondée et envahie d'herbes, s'enfonçait profondément dans les terres »[354]. Repnine, englouti dans le métro souterrain, rêve de mettre fin à ses jours en Provence, sur une colline.

Les oppositions citées ci-dessus illustrent les considérations de G. Bachelard sur le surhomme nietzschéen : « jette-toi *tout entier* vers le bas pour monter *tout entier* vers les sommets en réalisant *uno actu* la libération et la conquête de l'être surhumain »[355]. Si, pour Bachelard, « toute valorisation est verticalisation »[356], on n'atteint pas le ciel sans avoir traversé les abîmes ; autrement dit, la sublimation de l'âme est précédée d'un assombrissement dans des gouffres. À titre d'exemple, l'infini de la mer, union des éléments aériens et aquatiques, attire mais représente surtout le lieu de la mort, l'union des contraires, des

---

[354] Milos Tsernianski, *Les Migrations*, *op. cit.*, p. 20.
[355] *L'Air et les songes*, *op. cit.*, p. 186.
[356] *Ibidem*, p. 19.

hauteurs et des gouffres ; l'eau, ce ciel renversé, représente « la descente en haut ou l'ascension en bas »[357] bachelardienne. M. L. Clément souligne que la constellation du Loup brille encore plus fort dans les yeux d'Élias tournés vers une forêt lointaine couverte de neige à Sarma, et, à la fin du roman, son corps s'en va là où la terre et le ciel se joignent, au fond de l'océan, mais semble « monter au milieu des étoiles, dans un ciel plus profond que le ciel »[358]. Le corps de Repnine disparaît dans l'océan aussi, sans bruit, sans que personne s'en aperçoive : « Seule la lumière du phare situé sur cette falaise, là où finissaient les jardins, scintillait la nuit entière comme si, là, la terre montrait ainsi un astre »[359]. *Le Roman de Londres* se termine donc, comme *Les Migrations*, par l'image d'un astre.

Dans *Les Migrations*, cette « mer » est souvent boueuse, évoquant le péché. La maison d'Archange, « pareille à un grand vaisseau prisonnier de la boue »[360], se trouve au bord de l'eau (comme celle d'Olga Arbélina) et Daphina

---

[357] *Ibidem*, p. 126.
[358] Andreï Makine, *L'Amour humain,* Paris, Seuil, 2006, p. 295.
[359] Milos Tsernianski, *Le Roman de Londres*, *op. cit.,* p. 551.
[360] Milos Tsernianski, *Les Migrations*, *op. cit.*, p. 51.

contemple chaque jour le ciel se refléter dans le fleuve : « d'un côté, l'horizon était plein d'eau et d'îles embrumées au-dessus desquelles émergeaient, blancs, les minarets et les remparts de Belgrade, dans le ciel bleu pâle. De l'autre côté, les eaux se répandaient jusqu'au fond du monde en une mer fangeuse, sous un ciel bleu foncé »[361]. Dans les yeux de Daphina, qu'il fuit tout en la désirant, Archange se croit « arrivé au bord d'une mer profonde, et bleue »[362]. Le soir de l'expiration de sa belle-sœur, revenant du pope, il change essentiellement en regardant le reflet du ciel sur l'eau : « alors qu'au-dessus des eaux, seul point lumineux de la surface terrestre, le ciel était obscur, sans fond et opaque, à droite, au-dessus de la plaine et des herbes drues enveloppées de ténèbres, éclatait un firmament bleu, limpide, haut, étoilé. Cette nuit-là, le marchand devint un autre homme »[363].

Le ciel se renverse dans les yeux des personnages aux moments de la perte de connaissance ou d'une nouvelle prise de conscience. Après la rencontre au cimetière d'une femme avec qui il humera des moments de

---

[361] *Ibidem.*
[362] *Ibidem*, p. 59.
[363] *Ibidem*, p. 193.

bonheur, Alexeï Berg perd connaissance : « Quand il se redressa, les arbres, la silhouette de la femme, les croix s'élancèrent dans une rapide courbe, volèrent vers le vide éteint du ciel. Il n'eut pas l'impression de tomber »[364]. Le jour de l'adultère, le bateau d'Archange chavire à cause d'un vent très violent et « les remparts de Belgrade se renversèrent aussi, si bien que, l'espace d'un instant, il ne lui resta dans les yeux que le ciel gris »[365]. En même temps, son frère traverse une passerelle de troncs d'arbres abattus et « fixant le ciel humide qui s'assombrissait »[366] se demande si c'est le signe que sa fille lutte contre la maladie. Le renversement du ciel suit la perte progressive de la raison d'Olga et souligne la présence d'un œil, d'une conscience qui la regarde :

> Elle descendit et s'avança sur ce ciel renversé, un miroir rosi par la naissance du jour. Les arbres, les fenêtres de la maison, la muraille de la Horde d'or se reflétaient avec une netteté de gravure. […] Elle fit quelques pas, perdit l'équilibre, mais eut le temps de comprendre qu'elle allait tomber et devança la chute en se laissant glisser. À moitié allongée, elle s'appuya sur le sol pour se relever et rencontra soudain, dans le reflet de la glace, son

---

[364] Andreï Makine, *La Musique d'une vie*, *op. cit.*, p. 81.
[365] Milos Tsernianski, *Les Migrations*, *op. cit.*, p. 68.
[366] *Ibidem*, p. 67.

regard - si calme et si lointain que, une fois debout, elle se retourna avec l'envie inconsciente de revoir au même endroit ce visage apaisé.[367]

Conclusion

Enchantés ou effrayés, les personnages de Makine et de Tsernianski ne sont jamais indifférents à la nature et commencent souvent à considérer le monde d'une manière différente après une plongée dans le paysage. L'espace extérieur devient un reflet du paysage mental, d'aspirations ou de désirs refoulés. Dans un enchevêtrement du réel et de l'onirique, dans le système binaire des oppositions clair-obscur, neige-boue, bleu-brouillard, ici-ailleurs, haut-bas se confirme une vision antinomique du monde où le symbolisme ascensionnel incarne la lutte pour l'harmonie avec son moi et avec le monde, contre l'aliénation et le péché représentés par la boue et les marécages qui prédisent la mort et la putréfaction[368]. Les steppes et les larges plaines s'étendant à l'infini contrastent par leur horizontalité avec la hauteur

---

[367] Andreï Makine, *Le Crime d'Olga Arbélina*, *op. cit.*, p. 214.
[368] Soulignons que, faute d'espace, nous n'avons pas pu aborder la fonction des nuages, des arbres et des oiseaux, images et motifs qui demanderaient eux aussi une analyse approfondie.

qui invite au « *mouvement aérien libérateur* »[369], symbole de la quête spirituelle ; vides et plats, ces espaces représentent un univers d'attente, mais en même temps, l'ouverture aux nouvelles possibilités et la liberté fondamentale de l'homme. Sur ce point, nous ne partageons pas la position de N. Milosevic selon qui l'univers de Tsernianski est profondément pessimiste et le cercle bleu « symbolise ce constat existentiel qu'est l'échec ultime de la vie humaine »[370] gouvernée par le hasard. Conscients que le tourbillon de la vie les emporte comme des jouets du destin, les héros de Makine et de Tsernianski lutteront tout de même contre le fatalisme tant qu'il existera un bout de ciel dans leurs yeux.

Bibliographie

Andreï Makine, *La Musique d'une vie*, Paris, Seuil, 2001.

Andreï Makine, *La Vie d'un homme inconnu*, Paris, Seuil, 2009.

Andreï Makine, *L'Amour humain,* Paris, Seuil, 2006.

---

[369] *L'Air et les songes*, *op. cit.*, p. 14.
[370] « Filozofska dimenzija književnih dela Miloša Crnjanskog », préface aux *Migrations*, *op. cit.*, p.8.

Andreï Makine, *Requiem pour l'Est*, Paris, Seuil, 2001.

Andreï Makine, *Confession d'un porte-drapeau déchu*, Paris, Belfond, 1992.

Andreï Makine, *Le Crime d'Olga Arbélina*, Paris, Mercure de France, 1998.

Andreï Makine, *Au temps du fleuve Amour*, Paris, Félin, 1994.

Andreï Makine, *Le Testament français*, Paris, Mercure de France, 1995.

Andreï Makine, *La Fille d'un héros de l'Union soviétique*, Paris, Robert Laffont, 1995.

Andreï Makine, *La Terre et le ciel de Jacques Dorme*, Paris, Mercure de France, 2003.

Milos Tsernianski, *Les Migrations* (1929-1962), Lausanne, l'Âge d'Homme, 1992, traduction : Velimir Popović.

Milos Tsernianski, *Le Roman de Londres* (1971), Lausanne, l'Âge d'Homme, 1992, traduction : Velimir Popović.

« Le rôle sémantico-stylistique de l'infinitif dans les Fables de La Fontaine », dans Savremena proučavanja jezika i književnosti IV/1, Kragujevac, FILUM, 2012, 477- 484.

« Pour une analyse stylistique : le cas de l'imparfait narratif dans le roman français des XIXe et XXe siècles (Hugo, Dumas, Flaubert, Maupassant, Zola, Vian) », dans Novaković, J. (dir.), Filološki pregled XXXX, 2013/1, Beograd, Filološki fakultet, 121-133.

« Čovek u delu Andreja Makina i Miloša Crnjanskog : slovenska duša između Istoka i Zapada, ljubavi i rata », dans Savremena proučavanja jezika i književnosti V/2, Kragujevac, FILUM, 2013.

« La représentation de la femme et de l'amour dans la poésie baroque française: pétrarquisme et antipétrarquisme », dans Novaković, J. (dir.), Filološki pregled XXXXI, 2013/2, Beograd, Filološki fakultet.

Histoires d'inconnus, l'Histoire en continu

F. César Gutiérrez Viñayo

Parmi la multitude d'événements historiques, le conflit armé a éveillé le premier l'attention des auteurs. Des premiers récits de l'Antiquité aux romans contemporains, dans diverses langues, il n'est pas d'écriture du conflit qui ne découle de la profonde nécessité métaphysique engendrée par la guerre. Le conflit, qui fracasse l'équilibre des vies humaines, qui confronte les individus à la fatalité, ne cesse de fasciner. Par la tradition orale, puis par l'écriture, les hommes assurent ainsi la mémoire des conflits immémoriaux et glorifient les héros.

Mais les récits de ces conflits ne surgissent pas uniquement pour glorifier et chanter la gloire de ces héros. La guerre n'est pas seulement un motif de commémoration et de célébration ; elle est avant tout prétexte à de multiples interrogations qui fissurent les certitudes des discours officiels. Des voix antagoniques s'élèvent contre les conflits armés ; elles sont renvoyées dans la clandestinité, contraintes de lutter pour s'imposer.

L'écrivain dans le conflit est souvent un écrivain en résistance et il doit vaincre plusieurs musellements mis en place par les régimes totalitaires qui veulent donner leur version des faits. La censure qui le menace confirme que l'écriture n'est pas une arme à sous-estimer puisqu'elle exprime la crainte qu'inspire une parole libre et le danger qu'elle peut représenter. La littérature, support indispensable contre cette censure, recherche le questionnement fondamental sur les valeurs, et il n'est pas étonnant que le travail de l'écrivain occupe une place centrale dans la constitution des discours de la guerre.

Mais la guerre bâillonne également la parole. Le pouvoir peut être tenté de contrôler la langue, d'interdire des mots, de modifier le sens. La violence du temps se marque ainsi jusque dans l'absence de la parole, si bien que la victime peut se retrouver privée des mots qui pourraient dire son expérience dans un monde où le langage détourné a perdu une partie de son pouvoir de signification. Cette confiscation de la parole passe par l'imposition d'une histoire officielle et par la censure, qui est l'une des caractéristiques du temps de guerre.

La propagande joue un rôle crucial. Le positionnement de la littérature par rapport à elle, qu'elle se mette à son service ou choisisse de l'affronter, doit dès lors être interrogé. Les écrivains sont en effet au cœur de cette lutte. Ils participent à sa construction, à sa diffusion ou à sa dénonciation.

C'est alors que surgit l'indépendance des écrivains confrontés à l'événement historique et aux discours officiels. Ils s'interrogent et tendent tout naturellement vers le témoignage, afin que la vérité soit rétablie par l'écriture. Ce sont des écrivains de la mémoire, des écrivains témoins.

Andreï Makine suit la lignée de ces romanciers témoins, diffuseurs d'autres vérités, confrontés à l'événement historique, illustrateurs de l'horreur humaine sur les champs de bataille.

Dans la plupart de ses romans mais surtout dans *Le Testament français, La Fille d'un héros de l'Union soviétique, Confession d'un porte-drapeau déchu, Au Temps du fleuve Amour, La Vie d'un homme inconnu,* il nous fait participer à une vaste étude de l'Histoire du XXe siècle : la Révolution d'Octobre, la Seconde Guerre mondiale, les purges staliniennes, l'époque du dégel brejnévien, la chute du communisme.

Les romans de Makine se distinguent des autres œuvres consacrées à la Seconde Guerre mondiale par sa vision du front de l'Est, mais aussi par sa manière de décrire la guerre. Loin de reprendre ce que tout le monde connaît à travers des livres d'Histoire, il nous fait entrer à l'intérieur des combats, à l'aide de ceux qui ont subi leurs funestes conséquences. S'il part des descriptions de batailles, il s'en éloigne pour leur donner un côté plus intime, en mettant en scène ceux qui y participent, les victimes ; et il continue l'étude par la description des conséquences de l'après-guerre et les conditions de vie de ses survivants.

Il décrit l'Histoire, sur laquelle différentes histoires viennent se greffer. Conformément au titre d'un de ces romans, *La Vie d'un homme inconnu*, il essaye de donner vie à ces inconnus qui fondent réellement l'histoire, car forcés de la faire, ils ressentent dans leur chair les conséquences de cet engagement contraint.

1. L'Histoire.
Il entreprend un compte-rendu exhaustif de toutes les guerres qui ont saccagé son pays, et décrit minutieusement leurs conséquences sur les gens des villes et des campagnes.

Tout d'abord, il situe ses descriptions par rapport à un temps réel délimité par des dates que l'on reconnaît. La guerre apparaît comme une fatalité dans l'Histoire de la Russie, et les réflexions des personnages dépeignent ce même point de vue unique.

1.1. Dates historiques.

Les guerres sont couramment désignées par des dates qui les encadrent et dans lesquelles l'auteur situe son récit. Afin d'ancrer celui-ci et d'accorder une fiabilité à tout ce qu'il va nous révéler, il cite à maintes reprises des dates. Parfois, une seule (« L'été 1941 ». « Au printemps 1982 ». « Le 8 mai »[371]), le plus souvent rattachée à un événement que tout lecteur connaît (« Le premier Spoutnik venait d'être lancé », « Le 6 Août 1945, l'impérialisme américain a inscrit dans son histoire sanguinaire un nouveau crime contre l'humanité...Hiroshima. Le 9 Août... Nagasaki »[372]). Parfois, des pages entières sont consacrées à raconter l'Histoire plus personnelle, les rouages du pouvoir, avec des noms connus de tous, qui nous renvoient à des dates précises : « Encore Micha Gorbatchev. [...] Brejnev, lui [...]. Les noms de Staline, de Khroutchev, de Joukov, de Castro. [...] Andropov mourut. Tchernienko le suivit »[373].

---

[371] *La Fille d'un héros de l'Union soviétique*, p. 23.
[372] *Confession d'un porte-drapeau déchu*, pp. 60 et 70.
[373] *La Fille d'un héros de l'Union soviétique*, p. 71.

Si l'Histoire est omniprésente dans l'ensemble de l'œuvre de Makine, en toile de fond, c'est afin d'insérer dans une époque précise et véridique les paroles d'inconnus, mais surtout pour mieux mettre en valeur les petites histoires de ces héros.

2. Les petites histoires
2.1. Pendant la guerre

À partir de là, l'auteur exprime ses véritables objectifs : décrire de l'intérieur, sans doute à partir de témoignages réels ; présenter un tableau de malheurs vécus pendant les guerres mais aussi l'après-guerre, dans une illusoire paix des armes.

Avec l'aide des récits et du regard d'hommes inconnus jusqu'alors, des détails nécessaires de la grande Histoire vont être révélés. Tout commence par l'exhumation de noms.

2.1.1. Les noms inconnus

À travers toutes les pages des romans, nous côtoyons divers individus, réels ou fictifs, mais utiles pour décrire les faits que l'auteur veut dénoncer. Ces personnages prennent de l'ampleur grâce à la volonté de les individualiser en face de la masse de données historiques et de grands noms. Charlotte, Aliocha, Pachka dans *Le Testament français*, Alexeï dans *La Musique d'une vie*, Volski, Lea, dans *La Vie d'un homme inconnu*, Vera dans *La Femme qui attendait*, Elias dans *L'Amour humain*, Olga Arbélina, dans *Le Crime d'Olga Arbélina*. Alexandra dans *Requiem pour l'Est*, Olga, dans *Au Temps du fleuve Amour*, Volski, dans *La Vie d'un homme inconnu*.

L'idée de sauver de l'oubli des gens dont la vie a valeur d'exemple, et la focalisation sur leur nom comme symbole de la mémoire et de la singularité de chaque individu est essentielle. Ils symbolisent le devoir de mémoire envers ceux qui sont condamnés à l'oubli.

2.1.2. Descriptions des champs de bataille

Pendant la guerre, la mort devient une réalité. Sur le champ de bataille, les cadavres, qui sont d'ordinaire cachés, sont exposés au grand jour ; la mort se révèle sous ses aspects les plus visibles, ceux que les sociétés tentent normalement de refouler. Grandes boucheries, atrocités : voilà les deux concepts qui peuvent résumer l'essentiel des guerres.

Makine donne la parole aux vrais héros de la guerre. Ils témoignent et décrivent ses horreurs et ses conséquences individuelles : « Dans mon passé à moi, il y avait déjà des hélicoptères qui s'étaient écrasés pendant des manœuvres et dont il fallait extraire la chair humaine brûlée, broyée. Il y avait des corps de ceux dont le parachute ne s'était pas ouvert, des corps qui ressemblaient à des sacs remplis de sang et d'os mélangés »[374]. « Dans l'une des maisons, au milieu des meubles déchiquetés par l'explosion et éclaboussés de sang, je suis tombé sur un tas de chiffons qui remuait doucement. Incrédule, je l'ai poussé du bout de ma botte. La boule de chiffons s'est retournée. C'était un enfant vêtu d'une longue robe brune. Le visage brûlé, les bras couverts de lambeaux de peau arrachée. »[375].

Dans son premier roman, *La Fille d'un héros de l'Union soviétique*, Makine nous décrit la fragilité de l'existence humaine ici-bas, en évoquant, à la manière de Balzac, le charnier d'où sort, miraculé un soldat blessé et laissé pour mort : « Alors Tatiana, les mains humides et insensibles, chercha à la hâte dans sa poche un petit éclat de miroir, l'essuya avec un morceau de charpie et le porta aux lèvres du soldat [...] et, brandissant l'éclat d'où s'effaçait rapidement la buée légère du souffle, cria : – Mania, il respire ! »[376]. Ce mort-

---

[374] *Confession d'un porte-drapeau déchu*, p.128.
[375] *Ibidem*, p. 131.
[376] *La Fille d'un héros de l'Union soviétique*, p. 14.

vivant le hante car on le retrouve dans deux de ses romans : « Depuis qu'on l'avait retiré d'un amoncellement de corps gelés dans un camp de la Pologne libérée »[377].

Une phrase résume à merveille cette volonté de décrire cette horreur : « Putain ! Ils ne lésinent pas sur le peuple ! »[378]. En fin de compte : « [...] en Russie il y a tellement de monde, les soldats, ça ne se compte pas ! »[379].

2.1.3. L'ennemi.[380]

Il y a amalgame dans l'horreur. Ennemis et soldats du pays se mêlent dans les mêmes tombes : « [...] où pêle-mêle, gisaient des Russes et des Allemands, tantôt entremêlés, tantôt isolés, face contre terre »[381]. Les soldats allemands ont été envoyés, eux aussi, par les tortionnaires de leur pays : « Tu serais en train de pourrir dans une fosse commune, à gauche un Fritz, à droite un Russe »[382]. « [...] les abords de l'ancienne

---

[377] *Confession d'un porte-drapeau déchu*, p. 123.
[378] *La Fille d'un héros de l'Union soviétique*, p. 12.
[379] *Ibidem*, p. 81
[380] Cf. le livre d'André Malraux, *La Lutte avec l'Ange*, qui relate la première attaque par les gaz lors de la guerre 1914-1918.
[381] *La Fille d'un héros de l'Union soviétique*, p. 12.
[382] *Ibidem*, p. 86.

Crevasse étaient jonchés d'ossements humains. […] ce casque à oreillettes couronnait la silhouette de l'ennemi, de l'Allemand. […] C'étaient donc des ossements d'Allemands »[383].

L'idée générale qui se dégage est qu'au-delà de ces masques identitaires et du piège des apparences, les soldats sont égaux devant la mort ; la guerre engendre les mêmes catastrophes humaines quel que soit le camp, ce qui met l'accent sur la condition humaine. Dans *Confession d'un porte-drapeau déchu et Requiem pour l'Est*, des vétérans russes de la Seconde Guerre mondiale tiennent à offrir aux soldats allemands morts au combat des sépultures honorables.

2.1.4. Représailles

Pour contrer toute velléité de désertion, un appareillage a été mis en place.

Les hommes du Gouvernement sont omniprésents. Tout d'abord afin de forcer les hommes à aller à la boucherie, en leur donnant, par ordre d'importance, les deux raisons pour lesquelles ils combattent : « Le commissaire politique saute sur ses jambes, avec son petit

---

[383] *Ibidem*, p. 87.

revolver, tu sais, comme les pistolets de gosse, et à peine a-t-il crié : « Pour la Patrie, pour Staline, en avant ! »[384]. Ensuite, pour les menacer de mort, si jamais ils osaient aller à l'encontre des ordres donnés par les bouchers attitrés.

Ces hommes racontent les souffrances et la peur éprouvées sur le front à cause du combat mais surtout des représailles des hommes du Gouvernement ; les critiques contre le pouvoir commencent à s'exprimer : « Derrière nous, Moscou ! disait le commissaire politique. Il n'y a plus de retraite possible ! » Sauf que derrière nous, ce n'était pas Moscou. C'étaient les mitrailleuses des équipes de barrage, ces salauds du N.K.V.D. »[385].

La confrontation entre les héros avant et après la guerre est évidente. Plus de place pour la bonté ; ils doivent tuer : « Lorsque, au début, en arrivant en Afghanistan, j'avais surpris cette pratique, je m'étais précipité sur eux : « Salauds ! Mais il peut y avoir des gens ! »[386]. La réplique est mortelle : « Un jour, j'ai vu un soldat qui n'avait pas jeté sa grenade. Il était sorti de la maison en

---

[384] *Ibidem*, p. 164.
[385] *Ibidem*, p. 165.
[386] Andreï Makine, *Confession d'un porte-drapeau déchu*, p. 130.

titubant, les yeux baissés, fixés sur ce qu'il essayait de retenir dans ses mains. C'étaient ses tripes, son ventre incisé par la lame d'un vieux sabre »[387].

Makine confronte l'horreur de la guerre à des descriptions morales des hommes qui la font et qui, comme tous les hommes, ont horreur de la violence : « Mon père était un homme de la terre. Il avait toujours détesté la chasse, ayant vu, un jour, un lièvre blessé vers lequel un chasseur se dirigeait pour l'achever. Il avait entendu l'horrible cri de la petite bête, avait vu ses yeux pleins de vraies larmes »[388]. Mais le régime en place les oblige tous à se transformer, afin de mieux les lancer vers les véritables cibles : « Mais on vivait dans une forteresse assiégée du socialisme et chaque citoyen devait savoir tirer avec précision »[389].

En contrepoint, il y aura, pour récompenser la bravoure forcée de ces soldats, l'ultime récompense : la distribution de médailles, dans un camp comme dans l'autre, pour compenser l'horreur et la vie tronquée : moteur essentiel utilisé afin que les soldats puissent combattre avec force et enthousiasme, sans que le pouvoir ait à

---

[387] *Ibidem*, p. 131.
[388] *Ibidem*, p.57.
[389] *Ibidem*, p.89.

mettre en place des mesures impopulaires comme des exécutions : « Demain, après-demain, pensa-t-il, nous serons à Moscou. Nous finirons avec la Russie. Ce sera chaud, propre, j'aurai une décoration... »[390].

2.1.5. Continuité des guerres

L'auteur ne s'en tient pas à la seconde guerre mondiale. Plusieurs générations s'entremêlent dans la continuité des guerres : les héros de l'Union soviétique et les suivants : « - Moi, j'ai un fils tué en Afghanistan et je ne la ramène pas »[391]. Entre les gens du peuple s'installe un concours macabre afin de déterminer le plus malheureux.

Ainsi, Makine affirme le caractère cyclique et répétitif de l'Histoire et assimile les générations.

2.1.6. Beauté de la nature[392].

Dans ces conditions de guerre et d'horreur naissent pourtant de belles histoires d'amour, par exemple entre le Héros de l'Union Soviétique et l'Infirmière qui le sauva de la mort et de l'oubli. Dans la description de la probable mort prochaine,

---

[390] *Ibidem*, p.120.
[391] *La Fille d'un héros de l'Union soviétique*, p. 79.
[392] Procédé employé par A. Malraux, qu'il appelle « envolées lyriques ».

l'auteur glisse une lueur de vie grâce à la description de la nature intemporelle : « Dans cet éclat passa le bleu du ciel, un arbuste miraculeusement préservé et couvert de cristaux. Une matinée de printemps éclatante. Le quartz scintillant du givre, la glace fragile, le vide ensoleillé et sonore de l'air »[393].

Cette quête de beauté, chez Makine, est nécessaire pour que les survivants parviennent à se délivrer de l'emprise de l'Histoire et de la violence qu'elle engendre. Elle vient effacer les traces d'un quotidien aliénant dont les souvenirs paraissent indestructibles. La nature, dans tous ses petits détails, donne une continuité à la vie et l'exalte. La seule libération possible est le rêve ou le refuge dans ce qui a valeur d'atemporalité (l'art, la nature, l'amour),

2.2. L'après-guerre

La guerre terminée, les souffrances et les brimades du pouvoir en place continuent pour ces hommes qui ont tout donné pour leur pays. La vie civile devient un enfer.

---

[393] *La Fille d'un héros de l'Union soviétique*, p. 90.

2.2.1. Représailles

Le peuple prend conscience de l'invulnérabilité de l'État. L'individu n'est plus respecté : « Un matin on vit arriver [...] le responsable régional du Parti. Secrétaire du Raïkom. À peine avait-il sauté de sa voiture qu'il fondit sur le chef du kolkhoze. - Alors, on fait du sabotage, fils de pute ? Tu veux foutre en l'air le plan céréalier de la région ? Je te préviens, pour une affaire comme, ça, on fusille les gens comme ennemis du peuple ! »[394]. Le manque de respect du pouvoir envers ces héros transparaît dans la crudité du langage. La peur est partout : « Au temps des répressions les plus dures (sous « Iejov », disait ma mère pour ne pas évoquer devant nous le nom de Staline), son père dormait des semaines entières sans se déshabiller. Il savait qu'à tout moment, chaque nuit, on pouvait venir le chercher, l'emmener »[395]. Les menaces continuent : « File au comité d'organisation. Ils vont s'occuper de tes affaires ! » « Le K.G.B. peut tout »[396].

---

[394] *Ibidem*, p. 43.
[395] *Confession d'un porte-drapeau déchu*, p.50.
[396] *La Fille d'un héros de l'Union soviétique*, p. 67.

2.2.2. Conséquences des guerres

Makine donne de multiples descriptions des conditions de vie de ces héros, abandonnés par le pouvoir.

Le héros blessé par les siens n'aura pas sa pension de guerre. Les fautes ou l'incompétence des gradés de son bord retombent sur lui. Triple blessure, physique et morale et pauvreté assurée : « Le fait qu'il avait été mutilé non pas par les Allemands, mais par notre artillerie fut, par la suite, source de bien de complications pour mon père. On ne voulait même pas reconnaître cette mutilation comme blessure de guerre. Aussi ne lui avait-on pas attribué la voiture d'invalide que les autres avaient pourtant reçue »[397].

L'après-guerre, c'est la difficulté des conditions de vie : « […] il se leva, se débarbouilla dans la cuvette que chaque matin Zakharovna mettait près du rideau qui délimitait son coin […]. Du sommier il tira sa capote qui lui servait de couverture »[398].

Quand les soldats retournent à la vie civile, leur vie brisée, le drame continue : « La charrue, à

---

[397] *Confession d'un porte-drapeau déchu*, p. 37.
[398] *Ibidem*, p.43.

l'aide de cordes fixées au timon, était tirée par deux femmes. À droite marchait Vera dans de grandes bottes affaissées […] À gauche, l'amie d'enfance d'Ivan, Lida. Elle portait encore sa jupe d'écolière qui lui découvrait le genou »[399]. Et cela, à cause de la guerre, car : « […] à peine mariée, et déjà son mari expédié au front. Tout de suite en première ligne, dans le hachoir. Un mois après le pokhoronka, la voilà veuve. Veuve à dix-neuf ans »[400]. « Il m'a dit que chez lui on mangeait les morts, comme dans les années 20 sur la Volga »[401].

Ce sont aussi des descriptions dantesques loin du front. Scènes de cannibalisme, les hommes étant acculés à se manger entre eux, afin de survivre : « Couché près du poêle, il paraissait dormir. Mais il dormait étrangement, nu jusqu`à la ceinture. Faïa l'examina avec plus d'attention et vit qu'il n'avait plus d'épaule. Elle […] ne comprenait plus rien : ce poêle, cet homme assis le dos tourné et cet autre qui dormait allongé sur le sol […] Mais tout devint encore plus étrange lorsque l'homme à la veste ouatée tendit le bras, sembla creuser la cavité rosâtre et jeter quelque chose sur le métal brûlant…[…] Elle sentit qu'elle

---

[399] *La Fille d'un héros de l'Union soviétique*, p. 45.
[400] *Ibidem*, p. 45.
[401] *Ibidem*, p. 47.

allait comprendre une chose inouïe, qu'on ne peut pas comprendre, qui n'existe pas, ne peut pas, ne doit pas exister »[402].

Parfois, petite lueur, les héros réussissent à trouver un travail : « Un an après, Ivan prit sa retraite. On [...] lui fit des adieux solennels ; on lui offrit un lourd nécessaire de bureau en marbre gris et une montre électronique. La montre, Ivan la vendit presque tout de suite : la vodka avait augmenté et sa retraite lui suffisait à peine »[403]. Mais ni eux ni leur descendance ne réussissent. Le premier roman de l'écrivain, *La Fille d'un héros de l'Union soviétique* (1990) présente la lente déchéance d'Ivan, vétéran de la Seconde Guerre mondiale, passé du statut de Héros, glorifié dans l'immédiat après-guerre, à celui de vieillard abandonné de tous. Les idéaux du vieil homme, qui voyait en sa fille la réalisation des espoirs suscités par le régime, seront fatalement déçus et les deux personnages connaîtront un destin tragique, contraire à celui qu'on leur promettait : lui deviendra alcoolique tandis qu'elle sera condamnée à se prostituer avec des Occidentaux

---

[402] *Confession d'un porte-drapeau déchu*, p. 37.
[403] *La Fille d'un héros de l'Union soviétique*, p. 124.

au lieu de voir se réaliser son rêve de faire une brillante carrière d'interprète.

Dans *Confession d'un porte-drapeau déchu,* le regard rétrospectif du narrateur adulte est teinté d'amertume et empreint du sentiment d'avoir été dupé : « Maintenant, on sait »[404] ou encore : « Tout nous paraissait si naturel dans notre vie »[405], ce qui sous-entend que cela ne l'était pas.

Dans *La Musique d'une vie*, le personnage principal, Alexeï Berg, voit les promesses d'une carrière de musicien littéralement brisées par les purges staliniennes.

Arpentant les couloirs d'une gare, dans l'attente interminable d'un train, il perçoit parmi ses congénères des signes de cette résignation, de cette fatalité admise, et les compare à des écailles d'une même carapace, indifférentes face au temps, à l'attente. En quête de sa propre individualité, il tente quant à lui de s'arracher à cette masse uniforme.

Dans *Requiem pour l'Est*, Nikolaï pense à la vie qu'aurait pu mener sa femme, Anna, si elle n'avait pas été mutilée pendant les troubles suivant la Révolution.

---

[404] *Confession d'un porte-drapeau déchu,* p.12.
[405] *Ibidem*, p.48.

Le même destin attend *Olga Arbélina,* dont la folie s'explique en partie par l'isolement dans lequel elle se confine, marginalisée par le reste de la communauté notamment parce qu'elle fut membre de l'aristocratie.

En contraste, les puissants savourent les plaisirs de leur condition : « Enfin, ils apparurent. On vit trois voitures noires s'immobiliser devant l'entrée principale. Une demi-douzaine d'hommes s'arrachèrent non sans peine des sièges embourrés, secouèrent leurs jambes engourdies. Ils avaient l'air d'avoir déjeuné peu de temps auparavant »[406].

2.2.3. Destin des enfants nés après-guerre

L'avenir est sombre pour ceux qui auront la disgrâce de naître en ces temps funestes : « Durant ces années, vint au monde et grandit toute une génération qui n'avait pas connu la guerre »[407]. Les enfants des sacrifiés, eux aussi, vont : « frôler le mécanisme du pouvoir réel dans le pays ».[408]

2.2.4. Mémoire faussée

Face à l'Histoire déjà écrite, se déroulent de petites histoires racontées par les survivants, ce qui donne

---

[406] *Ibidem*, p.101.
[407] *La Fille d'un héros de l'Union soviétique*, p. 57.
[408] *Ibidem*, p. 69.

un récit plus véridique. Chez Makine, le roman de la mémoire met constamment en opposition l'Histoire officielle, patriotique, imposée par le régime soviétique et l'histoire personnelle des vétérans. Ceux-ci se rendent compte que l'Histoire officielle ne correspond pas avec leurs souvenirs, qui leur sont volés par ceux qui les ont obligés à s'engager dans la guerre. Le pouvoir contrôle leurs souvenirs et leur récit des guerres vécues au plus près de l'événement. « [...] il apprendra que ce jour-là ils ont contenu l'avance de l'ennemi dans une direction d'une importance stratégique capitale, ils ont résisté à plus de dix attaques d'un ennemi numériquement supérieur. Dans ce texte seront mentionnés les noms de Stalingrad et de la Volga, qu'ils n'ont jamais vus »[409].

Ils se rendent compte que : « ces mots ressembleront peu à ce qu'ils avaient vécu et éprouvé ! »[410]. On leur vole la vérité des souffrances endurées, leur vie brisée, leurs petites histoires : « Il n'y sera question ni de Mikhalytch et de son gémissement de douleur, ni de Serioga dans son treillis noirci et rougi, ni de chars qui

---

[409] *Ibidem*, p. 67.
[410] *Ibidem*, p. 87.

fumaient au milieu des arbres écorchés et humides de sang »[411].

On leur vole surtout les quelques moments de bonheur qui ont pu exister au milieu de tant de cruauté : « Il n'y sera pas question, non plus, du petit bassin d'eau vive, dans le bois renaissant à tous les bruits de l'été »[412]. Ces petits instants sont effacés et on les oblige à formuler des versions officielles. Peut-être l'écrit pourrait-il contribuer à immortaliser ces instants défendus. Et raconter ces petites histoires vraies pourrait contredire les histoires fabriquées par le pouvoir : « Chaque fois il aurait voulu raconter une toute petite chose : cette forêt où il était entré après la bataille, et l'eau de la source qui lui avait renvoyé son visage »[413].

Les autorités imposent une version de l'Histoire là où l'on voudrait livrer un témoignage personnel, ce qui dévoile le manque d'importance accordée à l'expérience individuelle.

2.2.5. Propagande
Les discours officiels entretiennent le mensonge : « Le 6 Août 1945, l'impérialisme américain a inscrit dans son histoire sanguinaire un nouveau

---

[411] *Ibidem*, p. 30.
[412] *Ibidem*, p. 30.
[413] *Confession d'un porte-drapeau déchu,* p. 89.

crime contre l'humanité...Hiroshima. Le 9 Août... Nagasaki »[414]. La propagande est capable de modifier l'amitié d'ancien camarades de guerre : « Quels salopards, ces Américains ! Et [...] dire que je les embrassais sur l'Elbe »[415]. La propagande se glisse partout : « Mais le film se terminait déjà. En guise de conclusion une citation se grava dans un ornement de feuillage. Nous avons une Patrie à défendre, des hommes pour la défendre, des armes pour la défendre » I. Staline[416].

2.2.6. Bâillonnement

Le régime impose le silence, sous diverses formes. Quand le héros de *La Fille d'un héros de l'Union soviétique* veut prendre la parole, cela lui est fatidique. Lors de son procès pour avoir troublé l'ordre public, il défend sa fille dont on a fait une prostituée, elle qui se destinait à une carrière aux affaires étrangères. Son témoignage ne suscitera que l'indifférence du juge et lui sera fatal : il en mourra d'une crise cardiaque et sa tête heurtera une bordure de bois où sont gravés les noms de gens avec des dates inconnues. Dans ce roman, la

---

[414] *Ibidem*, p.70.
[415] *Ibidem*, p.70.
[416] *Ibidem*, p.74.

véritable prise de parole est impossible : il n'y a que révolte ou résignation.

2.2.7. Silence

Une autre possibilité, c'est de ne rien raconter, d'oublier. De fonder sa nouvelle existence sur les silences du passé enfouis au plus profond de soi : « Toi, je le sais, tu ne diras rien de ce passé à personne. Tu te renfermeras. Tu te transformeras en un bloc d'énergie et de calcul et tu fonceras à la conquête de ton nouveau monde »[417]. « Nos parents nous parlaient peu du passé. Peut-être croyaient-ils que celui mis en chansons et en récits dans nos manuels nous suffisait. Ou tout simplement voulaient-ils nous ménager, conscients que dans ce pays, savoir est une chose pénible souvent dangereuse »[418].

2.2.8. Indifférence

On peut aussi contester en étant indifférent à des idéaux obligés : « De nos parents, nous avions appris une sereine indifférence face au torrent idéologique qui se déversait quotidiennement des ondes, des journaux, des tribunes »[419]. Ou bien

---

[417] *Ibidem*, p.150.
[418] *Ibidem*, p.155.
[419] *Confession d'un porte-drapeau déchu*, p. 147.

préserver soigneusement le passé : « C'est comme dans cette légende tibétaine. Le passé est un dragon qu'on garde au fond d'un souterrain, dans une cage. On ne peut pas penser tout le temps au dragon. On ne vivrait plus, sinon… Mais de temps en temps, il faut vérifier si la serrure de la cage est en bon état. Car si elle rouille, le dragon la casse et apparaît, encore plus cruel et instable. »[420]

Mais faut-il divulguer ces témoignages ou pas ? Après un long cheminement, la révolte finale, réussie dans *Confession d'un porte-drapeau d'échu*, est le résultat d'un long apprentissage à travers tous les romans. Le soldat reconverti en écrivain veut raconter la vérité, non pas la version officielle ou celle des journalistes. Il veut raconter les petits faits, ceux qui ne sont pas dans les livres d'Histoire : « Un jour j'ai essayé de parler de l'enfant. J'ai dit que face à son visage brûlé, ni l'Islam, ni Gorbatchev n'avaient plus aucune importance »[421]. « Oui, j'ai tout raconté, décrit, divulgué. J'ai tout déballé » « J'ai l'étrange et agaçante impression d'avoir trahi »[422]. Un sentiment de honte habite le narrateur écrivain au sujet de son premier livre sur la guerre en

---

[420] *Ibidem*, p.148.
[421] *Ibidem*, p.132.
[422] *Ibidem*, p.149.

Afghanistan, qui, par ses titres de chapitres au symbolisme criard, ne fut pas à la hauteur de ce qu'il aurait aimé écrire. La nécessité de le réécrire s'impose, malgré le succès furtif qu'il lui a valu.

2.2.9. Non reconnaissance des contemporains

L'indifférence d'autres générations pour leur passé trouble les vétérans : « Vous autres, écoutez-moi bien ! moi, j'ai versé pour vous des tonnes de sang, salauds ! Moi, je vous ai sauvés de la peste brune, ah ! »[423].

Ils ont été trahis : « Ils nous ont eus comme des porcs pouilleux. Bon Dieu ! On nous a accroché sur le ventre toute cette ferraille et nous, pauvres cons, on était heureux. Héros ! Essaie seulement de mettre le nez dans ce bar où les Fritz boivent, on te videra avec un balai à ordures. Tu pourrais même être trois fois Héros... »[424]. « C'était la haine de celui qui soudain voit dans l'autre, comme dans un miroir, l'impasse de sa propre vie. Les belles promesses de l'avenir qu'ils ont happées avec une confiance naïve. Les Grandes Victoires qu'on lui a volées. Le beau rêve

---

[423] *La Fille d'un héros de l'Union soviétique,* p. 171.
[424] *Ibidem*, pp. 167-168.

au nom duquel il a vécu toute sa vie dans le trou étroit d'une fourmilière »[425].

Ils ne comprennent pas ce monde qui s'est transformé sans eux. Ils ne peuvent pas entrer dans ce monde capitaliste, dans ses magasins privés ; mais les anciens ennemis, eux, peuvent acheter : « […] les étrangers, ces extraterrestres aux tee-shirts légers, achètent, rient, regardent au loin, à travers lui, de leurs yeux bleus. »[426].

Un ancien combattant du siège de Stalingrad est gêné par le progrès du capitalisme effréné. Il habite seul dans une grande bâtisse, dans des appartements communautaires, vestige des constructions de l'Union Soviétique. Or ces appartements deviennent des appartements de luxe et il est le seul locataire qui entrave cette transformation : « Nous avons réussi à vider quatre appartements communautaires, et ça sur deux étages. Onze pièces à réunir, vingt-six personnes à recaser ! Une combinaison immobilière plus dingue qu'un championnat d'échecs. On les a tous relogés, pour certains il a fallu faire trois échanges croisés. Des paperasses, des tracasseries, des dessous-de-table, je te passe

---

[425] *Ibidem*, pp. 120-121.
[426] *Ibidem*, p. 155.

les détails. Enfin, les deux étages étaient à nous. Restait juste cette pièce-là. [...] Oui, ce vieux [...] »[427].

Pour Makine, il faut saisir ces instants qu'ils n'ont jamais oubliés : « Tout le monde se fiche maintenant de nos vieilles histoires »[428]. Ils ne pensent qu'au passé, toujours présent dans leur vie quotidienne : « Le visage de l'Allemand qui avait tué le petit Kolka, il l'avait encore dans les yeux »[429]. Leur vie est brisée car elle se fonde sur les histoires de leur passé, et leur passé est imprégné du malheur des guerres : « Plusieurs d'entre eux semblaient attendre ici depuis longtemps et pour tuer le temps, ils se racontaient leurs histoires de guerre »[430].

Ils ont compris qu'il fallait tout faire pour que leur vie ne soit pas oubliée. Par la parole, ils conservent la mémoire. Il est urgent de rétablir la vérité, maintenant qu'ils savent.

3. Dire la révolte
Makine place tous ses personnages dans des situations extrêmes. Il recherche l'horreur des

---

[427] *La Fille d'un héros de l'Union soviétique,* p. 73.
[428] *Confession d'un porte-drapeau déchu,* p.137.
[429] *La Fille d'un héros de l'Union soviétique,* p. 23.
[430] *Confession d'un porte-drapeau déchu,* p.80.

drames afin de défendre la nécessité d'une révolte, exprimée selon deux variantes : refus du monde tel qu'il est, ou acceptation de ses injustices. L'impossibilité de prendre la parole conduit à la résignation ou à une révolte physique.

C'est en confrontant l'Histoire officielle aux histoires vécues que la distance et par conséquent la révolte apparait. Les intentions de révolte du peuple commencent dès lors qu'il commence à connaître la vérité. Celle-ci arrive peu à peu, par paliers et par divers moyens : « Grâce à mon père, nous avions découvert peu à peu la face cachée de la Grande Victoire »[431]. « La joie de naître à l'encontre de toutes les probabilités calculées par les gens de bon sens, au mépris de toutes les guerres inventées par les faiseurs d'Histoire »[432].

Alors, apparaissent les premières phrases de contestation : « Pourquoi est-ce qu'on a versé notre sang ? lança une voix moqueuse devant Ivan ? »[433]. « Il en fait crever vingt millions ! »[434]. La comparaison entre ceux qui commandent et ceux qui obéissent révèle des différences notables :

---

[431] *Ibidem,* p.106.
[432] *Ibidem*, p.121.
[433] *La Fille d'un héros de l'Union soviétique,* p. 145.
[434] *Confession d'un porte-drapeau déchu,* p. 70.

« Dire qu'il s'est fait trois fois Héros de l'Union soviétique ! Et toutes ces médailles qu'il s'est collées ! Et moi, je n'ai qu'une médaille, pour la défense de Moscou, et puis toute cette ferblanterie commémorative. Et la retraite, quatre-vingts roubles. »[435]. « Toute une génération de grands enfants trompés »[436]. Une autre forme d'opposition surgit contre la dictature du pouvoir : « On s'en fout du directeur. S'il se pointe, je le noie dans le bassin. Tu sais qui je suis ? »[437].

La révolte prend différentes formes.

3.1. Lettres

Tout d'abord, ce sont des réclamations dans des formes correctes, administratives : « Elle écrivait des lettres. Des dizaines de lettres. Aux Ministères, au Comité central, aux soviets locaux. Elle y demandait toujours la même chose : que dans un petit square de Leningrad soit élevé un monument à la mémoire des victimes du Blocus »[438]. Ou bien : « Au moins une plaque de marbre dans le mur ».[439] Les réponses sont inlassablement les mêmes : « On

---

[435] *La Fille d'un héros de l'Union soviétique,* p. 148.
[436] *Ibidem,* p. 182.
[437] *Confession d'un porte-drapeau déchu,* p. 45.
[438] *Ibidem,* p.52.
[439] *Ibidem,* p. 90.

lui opposait toujours les mêmes refus empreints d'une politesse administrative »[440].

3.2. Violence

Après ces démarches, la lassitude apparaît. Elle peut prendre la forme d'un petit geste banal, sans importance, mais qui donne à réfléchir : « Ah ! Cette fichue fontaine a tout éclaboussé. [...] C'est à ce moment décisif que l'éruption se produisit »[441]. Le châtiment, cette fois-ci, n'est pas trop sévère : « On nous renvoyait à la maison, mais vu l'importance des personnages impliqués, nos éducateurs avaient décidé d'étouffer l'affaire et de se débarrasser de nous le plus vite possible »[442].

La révolte d'Ivan contre le régime qui a trahi, humilié ou abandonné sa famille et lui-même ne se traduit pas par des mots mais par des gestes violents : à différents moments, il se laissera aller à des excès spontanés de rage. Par exemple, durant la famine, alors que sa femme et son fils se meurent, il détruira le haut-parleur qui diffuse une musique tragiquement joyeuse dans ces circonstances. Durant les années 1980, quand son pays s'ouvre de plus en plus aux étrangers et leur

---

[440] *Ibidem*, p. 121.
[441] *Ibidem*, p.114.
[442] *Ibidem*, p.115.

donne des privilèges, il brisera tout dans une boutique réservée à cette clientèle : « Ivan frappait en aveugle sans réussir à les toucher vraiment. Ce qui effrayait, c'était son cri et son imperméable maculé de sang. » [443].

Conclusion : L'écriture

Écrire, c'est saisir ces instants qui échappent à l'emprise du temps et les porter, les divulguer, à l'infini. C'est récupérer les actions faites parole, consignées dans les pages des livres qui perdurent et qui cisèlent les pensées de ceux qui viendront plus tard, libres de choisir entre l'idée figée et contrefaite et l'âpre vérité - révélatrice de cette vérité pédagogique afin que ces actes ne se répètent plus. C'est enraciner, fonder toutes les expériences, toutes les souffrances, par l'intermédiaire de l'écrivain et de son travail, la littérature, afin de laisser un témoignage pour tous ceux qui liront ces histoires d'inconnus. Alors, comment donner forme à ces témoignages, à ce devoir de mémoire ? La littérature, qui est dans son essence échange et transmission, peut jouer un rôle crucial de médiateur entre les mémoires vives des individus et la mémoire des collectivités. Sous

---

[443] *La Fille d'un héros de l'Union soviétique*, p. 173.

toutes ses formes elle est le témoin et le relais de toutes les générations qui guidera les pensées d'individus qui devront choisir, quand la propagande et la censure tenteront de forcer, à nouveau, les portes des foyers et des pensées pour soumettre à leur volonté les pages de l'histoire.

C'est le cheminement entrepris par Makine depuis son premier roman, *La Fille d'un héros de l'Union soviétique*, jusqu'à *La Vie d'un homme inconnu* : décrire, dénoncer, propager ces cris, jusqu'alors muets, à l'aide des écrits.

La Vie d'un homme inconnu résume par son titre tout le cheminement entrepris par Makine ; celui de révéler à tous les expériences d'un homme qui n'intéresse personne, contrairement aux généraux, Présidents, batailles, évoqués dans tous les livres d'Histoire. La structure binaire et en contraste du roman renforce cette idée. Dans toute la première partie – le premier chapitre sur les cinq que compte le livre, c'est-à-dire 65 pages sur 293, Makine, sans doute par un procédé de mise en abîme, nous présente un écrivain qui se démarque des thèmes cupides et bourgeois et qui cherche un thème qui engage sa vie. Il y réussit enfin, la deuxième partie le prouve.

Il découvre le thème littéraire par excellence : la vie d'un homme inconnu, meurtri par la guerre qui a modifié son destin, qui, broyé par le capitalisme sauvage, va être expulsé dans un asile, afin qu'il ne dérange pas la ligne toute tracée du progrès. Pour que l'oubli soit définitif, le béton, signe du progrès de la construction, va ensevelir tous les lieux et paysages où il vécu. Le passé est submergé par le présent. Mais au lieu de « f.i. » (femme inconnue), « h.i. » (homme inconnu), un nom complet, et les deux dates qui cernent une vie vont lui donner une identité, toutes les données pertinentes qui résument une vie une fois le corps anéanti : « Demain, les ouvriers […] viendront pour mettre sur la tombe de Volski une stèle avec son nom complet, la date de sa naissance et celle de sa mort ».[444]

L'écrivain réussit ainsi à circonscrire : « Une époque qu'il sait indéfendable et où pourtant vivaient quelques êtres qu'il faudra coûte que coûte sauver de l'oubli »[445].

Par delà les temps et les lieux, Makine : « n'a jamais encore vu, d'un seul regard, tant de ciel »[446] où nommer, révéler tous les témoignages des héros sacrifiés, incompris des temps modernes parce qu'ils dérangent la continuité, l'avenir vide

---

[444] *La Vie d'un homme inconnu,* p. 292.
[445] *Ibidem,* p. 289.
[446] *Ibidem,* p. 293.

de sens sans le poids de l'histoire réelle et véridique.

Dissolution d'un empire, dissolution de soi ? Identité, nostalgie et expérience de l'émigré dans *Confession d'un porte-drapeau déchu* et *La Vie d'un homme inconnu*[447]

Annie Morgan
University of Western Australia

Selon l'historienne Sheila Fitzpatrick : « *when the Soviet Union disappeared as a state at the beginning of the 1990s, "Soviet" suddenly ceased to be a viable identity* »[448]. À la lumière de cette idée, la notion d'identité – politique, sociale, et culturelle – a été dénuée de sens pour les soviétiques.[449] En effet, une crise identitaire résulte de cette période de bouleversement et

---

[447] Je tiens à remercier Anna Edwards pour ses commentaires précieux lors de la rédaction de cet article.
[448] Sheila Fitzpatrick, *Tear off the Masks! Identity and Imposture in Twentieth-Century Russia*, Princeton, NJ, Princeton University Press, 2005, p.10.
[449] Sur les difficultés qui persistent à nos jours en ce qui concerne l'identité soviétique/ postsoviétique cf. Mark Bassin et Catriona Kelly (eds.) *Soviet and post-Soviet Identities*, Cambridge, New York, Cambridge University Press, 2012.

engendre une question fondamentale : comment l'individu peut-il se définir quand « soviétique » n'est plus une forme d'identité plausible ? Au début des années quatre-vingt-dix, au même moment où ce vide identitaire s'esquisse, l'écrivain franco-russe Andreï Makine publie ses premiers romans en France ; notamment *La Fille d'un héros de l'Union soviétique* (1990)[450] et *Confession d'un porte-drapeau déchu* (1992)[451]. Son sujet de prédilection : examiner les crises et les résolutions identitaires qui affligent ses personnages soviéto-russes à l'approche de l'effondrement de l'URSS.

Néanmoins, dans l'œuvre makinienne, c'est le plus souvent la représentation de la culture, de la langue et de la vie française, ainsi que la question de la double appartenance culturelle (France/Russie) qui fascine la critique[452]. Bien que

---

[450] Andreï Makine, *La Fille d'un héros de l'union Soviétique*, (1990) Paris, Gallimard, collection Folio, 2006.
[451] Andreï Makine, *Confession d'un porte-drapeau déchu*, (1992) Paris, Gallimard, collection Folio, 2007.
[452] Sur ces sujets, cf., Ian McCall, « *Andreï Makine's France : A Translingual Writer's Portrayal of his "terre d'accueil"* », dans *French Cultural Studies* 16, n°. 3, 2005, pp. 305-320 ; Helena Duffy, « *La France que j'oublie d'aimer :* The Foreigner's Vision of his *pays d'accueil* in the Works of Andreï Makine », *Essays in French Literature and Culture, N°.* 45, 2008, pp. 19-42 ; Nina Nazarova, *Andreï*

Makine écrive en français et s'adresse principalement à un lecteur français ou ouest-européen[453], son intérêt littéraire reste tout autant axé sur l'expérience de l'homme russe en exil du XXe siècle à nos jours. Ainsi, nous nous proposons d'analyser ici l'image de la Russie, y compris l'expérience individuelle russe, que Makine traite de diverses manières dans son œuvre[454]. Une étude

---

Makine: deux facettes de son œuvre, Paris, L'Harmattan, 2005 ; Margaret Parry, Marie Louise Scheidhauer, Edward Welch, *Andreï Makine : La Rencontre de l'Est et de l'Ouest*, Paris, L'Harmattan, 2004.

[453] Sur ce sujet, cf, : Helena Duffy, selon qui : Makine « [a] adopt[é] le français pour s'adresser principalement au lectorat de son pays d'adoption », cf. « Triomphe sur la mélancolie dans l'œuvre d'Andreï Makine », dans Murielle Lucie Clément (ed.), *Autour des écrivains franco-russes*, Paris, L'Harmattan, 2008, p.155. Et, David Gillespie : « *Makine writes first and foremost for a French readership (and thereafter for translation into other languages)* », cf. « Bartavels, Ortolans and Borshch : France and Russia in the Fictional Worlds of Andreï Makine », dans *Australian Slavonic and East European Studies*, N°. 24(1-2), p.6.

[454] Selon Murielle Lucie Clément : « Makine publie ses romans directement en français, mais traite presque exclusivement de la Russie ou la communauté russe. », dans « Andreï Makine. Le Mensonge, l'amour et la mort en musique », dans, *Ecrivains franco-russes, Textes réunis par Murielle Lucie Clément,* 2008, Amsterdam/New York, Rodopi, p.177. Sur des aspects russes dans l'œuvre makinienne, cf., Margaret Parry, Marie Louise Schiedhauer, Edward Welch (eds) *Andreï Makine, Perspectives Russes*, Paris, France, L'Harmattan, 2005 ; Adrian Wanner, *Out of*

comparative de deux ouvrages de l'auteur écrits à dix-sept ans d'intervalle – *Confession d'un porte-drapeau déchu* (1992) et *La Vie d'un homme inconnu* (2009)[455] – permet d'interroger la manière dont Makine aborde la question de la perte d'identité soviétique. De plus, l'analyse permet de comprendre l'image de la Russie vue par Makine depuis le début de sa carrière. Dans un premier temps, à la suite de l'effondrement de l'URSS et du point de vue de son jeune protagoniste Kim, récemment établi en France. Et dans un second temps, vingt ans plus tard mais cette fois-ci du point de vue de son protagoniste vieillissant, Choutov.

Quelle identité pour ces deux personnages soviéto-russes, l'un jeune l'autre vieillissant, souhaitant émigrer en France suite à la disparition de leur foyer d'origine, de leur « chez-soi » ? Quelles images de la patrie se dessinent dans l'imaginaire de ces hommes ? En analysant ces deux ouvrages, nous cherchons en effet à découvrir le rôle joué par la mémoire pour chacun des personnages. Et par la suite, à étudier

---

Russia : *Fictions of a New Translingual Diaspora*, 2011, Evanston, Illinois, Northwest University Press, 250p.
[455] Andreï Makine, *La Vie d'un homme inconnu*, 2009, Paris, Éditions du Seuil.

également la signification du passé chez Makine à travers ses récits nostalgiques : est-il possible de trouver la liberté dans l'évocation du passé ? Ou au contraire, la mémoire et le passé sont-ils des pièges dans lesquels se perdent ses personnages pour éviter la réalité de leur quotidien ?

Afin d'examiner le rapport entre le passé et la mémoire, et leur utilité pour éclaircir le présent chaotique de ces deux protagonistes, nous nous appuyons sur l'idée de la nostalgie proposée par Peter Fritzsche dans son article « *Specters of History : On Nostalgia, Exile and Modernity* »[456]. Fritzsche y insiste sur la fonction essentielle de la nostalgie dans nos rapports avec le passé et le présent. L'analyse des deux romans révèle chez Makine l'émergence d'une conscience historique. L'écrivain montre, à travers une vision nostalgique (toujours selon la définition proposée par Fritzsche) que c'est avec l'aide du passé que l'on est mieux équipé pour comprendre non seulement le présent ainsi que le futur, mais aussi nous-mêmes.

---

[456] « Specters of History : On Nostalgia, Exile and Modernity », dans *The American Historical Review*, 106 n°4, 2001, pp. 1587-1618.

Confession d'un porte-drapeau déchu

Dans *Confession d'un porte-drapeau déchu* Makine par l'entremise du jeune émigré Kim, jette un œil critique sur l'expérience soviétique-russe et s'interroge, par la même occasion, sur la construction de l'identité ainsi que l'idée de liberté, au moment de l'effondrement de l'Union soviétique. Le deuxième ouvrage de Makine se présente sous forme de lettre. Kim, écrivain et membre de la dernière génération soviétique[457], s'adresse à son ami d'enfance, Arkadi, qui vit maintenant aux États-Unis. Pendant que leur patrie se dissout, Kim fait face en France à l'effondrement non seulement de sa propre notion de soi mais aussi à celui de sa propre conception de liberté qu'il espérait trouver à l'Ouest.

Au début du roman Kim annonce que « maintenant on sait tout… »[458], mots par

---

[457] « *The Last Soviet Generation* » est un terme employé par Alexeï Yurchak, cf : « *Everything Was Forever Until it Was no More* », 2005, Princeton, New Jersey, Princeton University Press, 331p. Le terme signifie la génération née en URSS aux années 1950 – 1970 et qui, donc, '*came of age*' entre les années 1970 – 1980, cf. p. 31. Juliane Fürst emploie un terme similaire – "Stalin's Last Generation". Cf., *Stalin's Last Generation : Soviet Post-War Youth and the Emergence of Mature Socialism*, 2010, Oxford , New York , Oxford University Press , 2010, 352p.
[458] *Confession d'un porte-drapeau déchu, op. cit*, p.12.

lesquels Makine souligne la position privilégiée qu'il occupe dans ce texte : sa connaissance du passé soviétique est devenue accessible et Kim peut confronter le dysfonctionnement du système que l'historienne Julianne Fürst a décrit comme *« deeply rotten, yet covered by a veil of silence and ideological control »*[459]. Néanmoins, en dépit de la chute de l'URSS et de la réinstallation de Kim en France, il convient que : « nous resterons toujours ces pionniers aux foulards rouges »[460]. Kim se définit toujours comme « soviétique ». C'est seulement à travers le processus de l'écriture et à l'aide de la mémoire, que Kim commence à recomposer les fragments de son passé soviétique afin d'affronter le futur incertain de sa vie postsoviétique en France. En expérimentant à l'aide d'un récit rétrospectif de l'histoire soviétique, situé dans le Paris contemporain de son protagoniste russe, Makine confronte les réalités ainsi que des vérités du système soviétique. Ce faisant, Makine illustre le désarroi dans lequel tombaient les jeunes soviétiques en essayant de reconstruire leurs

---

[459] Julianne Fürst, « Introduction », dans *Late Stalininist Russia : Society Between Reconstruction and Reinvention* (dir. Fürst), New York, Routledge, 2006. p. 16.
[460] *Confession d'un porte-drapeau déchu, op. cit*, p. 15.

notions de l'identité après la perte de leur foyer d'origine – l'Union soviétique.

La perte de l'identité soviétique

Avec ce roman, l'écrivain réagit évidemment à une crise historique : la chute de l'URSS. Fitzpatrick a décrit le début des années quatre-vingt-dix comme : « *the heyday of tumultuous, chaotic social change and anxious individual reinvention* »[461]. Pendant cette période « *Soviet identities were cast off [and] new post-Soviet identities invented* »[462] ; selon elle les individus de l'ex-URSS trouvaient dans l'exemple occidental un modèle idéal : la vie occidentale fascine, elle engendre l'antithèse de leur soi soviétique. Les actions de Kim à Paris sont en accord avec l'argument de Fitzpatrick ; il essaye d'oublier son passé soviétique, d'égaler le modèle français qui l'entoure et, par la suite, de s'adapter à une identité occidentale. Pourtant, l'Ouest désiré par Kim n'est pas le lieu de la liberté qu'il avait imaginé. Si l'Ouest que Kim décrit à Arkadi est esthétiquement parfait, par exemple tel le parisien

---

[461] *Tear off the Masks! Identity and Imposture in Twentieth-Century Russia*, *op. cit.*, p. 304.
[462] *Tear off the Masks! Identity and Imposture in Twentieth-Century Russia*, *op. cit.*, p. 303.

qui « se glisse au volant avec la souplesse d'une carte bancaire avalée par un guichet automatique »[463], sa lettre montre qu'il comprend déjà les défauts de l'imitation : « Nous les imiterons. Nous singerons cette souplesse. Nous nous laisserons avaler par les sièges capitonnés avec le même sourire facile. Mais au fond nous resterons toujours ces jeunes barbares aveuglés par la foi dans l'horizon tout proche. Il manquera à nos singeries une chose capitale : savoir en jouir. C'est cela qui nous trahira... »[464]. Dans cet exemple, Kim se rend compte qu'en faisant des tentatives superficielles pour copier le monde occidental – pour perfectionner un sourire, par exemple – il n'essaye que vainement de reconstruire une vie ordinaire et d'opérer « comme les autres, comme les gens normaux »[465]. L'imitation n'occasionne pas l'intégration culturelle. L'exemple occidental que Kim tente de suivre à Paris n'est qu'un masque : il a besoin de manières alternatives pour reconstruire une identité postsoviétique et, par conséquent, restaurer son soi.

---

[463] *Confession d'un porte-drapeau déchu, op. cit.*, 2007, p.16.
[464] *Ibidem*, p.16.
[465] *Ibidem*, p.16.

Le trou noir de l'oubli

Il est intéressant de constater que, comme l'affirme Fitzpatrick, les individus soviétiques avaient hâte : « *[even to] consign the whole seventy-four years of Soviet power to a black hole of forgetfulness* »[466] : de nier le savoir historique[467]. Selon l'historienne, après le démantèlement de l'Union soviétique et pendant la période au début des années quatre-vingt-dix, « *the remaking of self was experienced as liberating* » ; néanmoins, elle ajoute que le processus était évidemment « *also laborious and sometimes painful* »[468]. Dans *Confession d'un porte-drapeau déchu*, il est clair que, pour Kim, reconstruire sa notion de soi dans sa position d'émigré est un processus douloureux. Quand il admet à Arkadi que « nous ne serons jamais des gens normaux… »[469], ceci incite

---

[466] *Tear off the Masks* : *Identity and Imposture in Twentieth Century Rusia*, *op. cit.*, p. 303.
[467] Sur une analyse précieuse de l'histoire personnelle/ officielle ainsi que de la mémoire individuelle/ collective, et le rôle de l'oubli chez Makine (selon un modèle proposé par Ricoeur) Cf., Julie Hansen, « 'La simultanéité du présent' : Memory, History, and Narrative in Andreï Makine's Novels *Le Testament français* et *Requiem pour l'Est* » dans *MLN*, 128, n°4, September 2013, pp. 881-899.
[468] *Tear off the Masks* : *Identity and Imposture in Twentieth Century Russia*, *op. cit.*, p. 303.
[469] *Confession d'un porte-drapeau déchu, op. cit.*, p.17.

Makine à mieux comprendre ce que cela signifie d'être russe dans un monde postsoviétique. Nous constatons que dans le roman, Kim revient de plus en plus sur son passé afin de dissiper son mécontentement face au vide identitaire de son présent. Son enfance soviétique, passée dans la banlieue de Leningrad, devient le point de mire de sa lettre à Arkadi. Ainsi, nous pouvons voir que dans cet ouvrage, Makine rejette l'idée d'oublier le passé, même si se souvenir du passé est tellement difficile que Kim a « l'étrange et agaçante impression d'avoir trahi »[470].

Dans *Confession d'un porte-drapeau déchu*, il est évident que l'histoire soviétique joue un rôle important. Pour Makine, l'oubli du passé empêche la transition de son protagoniste du monde soviétique au monde postsoviétique. L'auteur a déjà exprimé un avis similaire en suggérant en 1995 que : « [l]es gens ne connaissent plus leur histoire. Il faut l'assumer en la critiquant, mais là c'est le trou noir. Voilà soixante-dix ans totalement rayés. Cet oubli historique nous prépare de mauvaise surprises à l'avenir »[471]. Le lien que Makine réalise ici, entre la conscience historique

---

[470] *Ibidem*, p. 149.
[471] Edmond Gilles, « Andreï Makine écrit pour suspendre l'instant » 1995, *L'Humanité*, 15 Novembre.

et l'angoisse du présent postsoviétique, démontre à ses lecteurs sa préoccupation fondamentale, qui est de rechercher les vérités sur l'expérience soviétique ; pour Makine, cette vérité historique est centrée sur « [l]es gens » et sur « l'humain »[472]. Autrement dit, Makine s'inquiète du désir d'effacer le monde soviétique de la conscience publique sans avoir rien appris de cette époque : « en effaçant le régime, on efface les personnes vivantes »[473]. Dans *Confession d'un porte-drapeau déchu*, il démontre que la vérité se trouve dans l'expérience personnelle vécue par Kim en URSS et dont il se souvient en France par le processus de l'écriture. De plus, c'est en faisant resurgir de l'oubli les souvenirs de son enfance, une vie familiale qui entre en contradiction avec l'identité soviétique qu'impose l'État, que Kim va libérer le soi qu'il cherche en France.

Une vision nostalgique
Tandis que Makine attache une grande valeur à l'expérience individuelle dans son deuxième ouvrage, il est utile de s'attarder sur la forme par laquelle il retransmet cette expérience. Pour cette

---

[472] Andreï Makine, interviewé par Edmond Gilles, *Ibidem*,
[473] *Ibidem*.

raison, nous allons analyser comment le fait de raviver le passé de Kim dans le texte est révélateur de l'importance que Makine attribue à l'écriture et au souvenir, et de la façon dont ces deux éléments aident Kim à surmonter son angoisse postsoviétique. À cet égard, les points de vue antithétiques exprimés par deux critiques – Helena Duffy[474] et Katherine Knorr[475] – qui suggèrent que la vision littéraire de Makine est nostalgique, sont précieux[476]. Knorr admire l'esthétique créée par une vision nostalgique dans l'œuvre de Makine,

---

[474] Dans l'article, Helena Duffy se concentre notamment sur les romans suivants : *La Fille d'un héros de l'Union soviétique, La Femme qui attendait* et *La Vie d'un homme inconnu*, cf. « Grandmothers and Uncles: The Role and Status of Old People in Lidia Bobrova's *Babousya* and Andreï Makine's Novels. » *Forum for Modern Language Studies*, 2011, 47, N°. 2 pp.157-169.

[475] « Andreï Makine's Poetics of Nostalgia » *The New Criterion* [online], March 1996, 14, n°7. 32-36. Available from : Humanities International Complete, Ipswich, MA. Accédé le plus récemment, le 4 mars février, 2014.

[476] Plusieurs critiques ont évoqué cet aspect nostalgique chez Makine, cf. Margaret Parry, « Instants perdus, instants éternels : Makine, le Proust russe de son temps ? » dans Margaret Parry, Marie Louise Scheidhauer, Edward Welch (dirs.) *Andreï Makine : La Rencontre de l'Est et de l'Ouest, opt.cit.* pp. 103-113 ; Anne Hogenhuis « Le sentiment poétique de la nature », dans Margaret Parry, Claude Herly et Marie Louise Scheidhauer (dirs.), *Andreï Makine, Le sentiment poétique* Paris, L'Harmattan, 2008, 33-41.

Duffy, quant à elle, est plutôt critique envers sa fonction ; elle soutient que l'œuvre de Makine est étayée par « *nostalgia for the past and in particular for Communism which, despite the atrocities committed in its name, was successful in both safeguarding Russia from Western influence and preserving its unique national spirit* »[477]. De plus, la nostalgie employée par Makine est, selon Duffy, « *nostalgia for the countryside which emerges as an ideal of solidarity, harmony and traditional values* »[478] ; elle suggère que le passé communiste est idéalisé dans l'écriture de Makine et le protège ainsi du capitalisme occidental. Certes, Makine considère quelques aspects du communisme de façon positive[479] ; néanmoins, il nous semble que dans sa vision littéraire, il existe plus d'équilibre entre le passé et le présent.

En effet, un exemple significatif de la désillusion avec laquelle Makine contemple l'URSS, bien avant son ouverture à l'Ouest, est fourni par le récit de la mère de Kim, Liouba ;

---

[477] Helena Duffy, « Grandmothers and Uncles: The Role and Status of Old People in Lidia Bobrova's *Babousya* and Andreï Makine's Novels », art. cit., p. 158.
[478] *Ibidem*, p.168.
[479] Cf. Edmond Gilles, « Andreï Makine écrit pour suspendre l'instant » 1995, *L'Humanité*, 15 Novembre.

« traîtres à la patrie »[480], ses parents sont arrêtés, et dès lors, son enfance est brisée par la guerre, la famine et la désintégration familiale qui en résulte. Selon Arnaud Vareille, les souvenirs des mères de Kim et d'Arkadi « révèlent au narrateur le poids de ce passé »[481]. Makine dévoile un passé accablant plutôt que harmonieux.

Si Duffy remet en question la façon dont Makine évoque le passé communiste[482], Knorr admet que la nostalgie joue un rôle bénéfique dans l'œuvre de l'écrivain. Considérons l'interprétation qu'elle présente : selon Knorr, le passé décrit dans l'œuvre makinienne est un élément « spirituel »[483] ; le passé nostalgique augmente la profondeur de son œuvre. Nous nous appuyons sur le fait que le passé nostalgiquement décrit fait

---

[480] *Confession d'un porte-drapeau déchu*, *op. cit.*, 2007,

[481] Cf., « Du drame de devenir écrivain : Confession d'un porte-drapeau déchu d'Andreï Makine », dans *Andreï Makine, Etudes réunies et présentées par Murielle Lucie Clément*, Amsterdam/New York, Rodopi, CRIN 53, 2009, p.48.

[482] Nous pouvons constater, par la même occasion, que dans l'évocation du passé, Duffy voit un deuxième fonctionnement : « the peasant village is not only a past Arkadia but also a future Utopia », cf. « Grandmothers and Uncles: The Role and Status of Old People in Lidia Bobrova's *Babousya* and Andreï Makine's Novels », *op. cit.*, p.168.

[483] « Andreï Makine's Poetics of Nostalgia » art. cit.

partie de l'esthétique littéraire de Makine. Dans *Confession d'un porte-drapeau déchu*, on peut soutenir que Makine interroge les rapports entre la nostalgie, l'histoire et le présent. Effectivement, loin de vouloir s'immerger dans le passé, en utilisant les principes du narratif basés sur une vision nostalgique, Makine essaie de comprendre un problème contemporain grâce à une perspective historique.

L'horizon radieux ? Kim s'en souvient

La poétique de la vision nostalgique de Makine est liée à son désir d'interroger la manière dont des jeunes soviétiques ont fourni leurs notions de soi dans un monde postsoviétique. Ceci est établi quand Kim évoque les défilés de son enfance. Néanmoins, son premier récit du défilé, dans lequel domine une mémoire sentimentale de l'enfance, est unidimensionnel : « Le clairon lançait ses cris perçants. Le tambour vibrait. Et vibrait au-dessus de sa peau jaune et racornie le ciel dont nous avalions de grands pans frais et bleus en chantant nos chansons sonores. L'univers entiers trépidait dans ce roulement et ces cris »[484].

---

[484] *Confession d'un porte-drapeau déchu, op. cit.*, 2007, p.11.

Certes, cet exemple met en évidence ce que Duffy appelle dans l'écriture de Makine « unabashed nostalgia »[485] ; dans le récit, Kim se souvient de pionniers heureux et l'on voit de surcroît qu'il est pris d'un désir de retrouver l'idéal perdu de son enfance. Ainsi, l'émotion nostalgique à laquelle Makine fait appel dans cette scène est dépourvue de profondeur. Il n'existe aucun indice d'une distinction entre le passé et le présent ni d'une conscience historique et par conséquent tout sens critique de la mémoire reste obscurci par l'émotion dominante de la scène : la sentimentalité.

Or, quatre phrases plus tard, Makine évince de sa prose toute sentimentalité. Kim admet que « [l]a moitié du pays était passementée des dentelles noires des barbelés. Clouées au sol par les miradors »[486]. Il est évident que Kim est conscient de la sinistre tromperie de cette marche « vers cet horizon radieux »[487]. Le contraste créé par Makine entre l'image sentimentale de l'Est baignée d'un ciel bleu et la découverte troublante que tout n'était qu'un

---

[485] Duffy « Grandmothers and Uncles: The Role and Status of Old People in Lidia Bobrova's *Babousya* and Andreï Makine's Novels », art. cit., p. 157.
[486] *Confession d'un porte-drapeau déchu, op. cit.* p.11.
[487] *Ibidem*, p.11.

mensonge, établit l'originalité de sa vision nostalgique. Ceci constitue le point crucial du rôle joué par la mémoire dans la confession de Kim car en laissant filtrer dans son présent occidental un passé soviétique ravivé par l'acte d'écrire, de multiples visions de l'époque soviétique entrent dans le texte. Selon Vareille, ce n'est que lorsque Arkadi prendra conscience du fait « qu'il devra assumer ce passé et que lui incombe la charge de le transmettre »[488] que sa métamorphose individuelle s'accomplira. Qui plus est, c'est à travers les diverses visions du passé découvertes par Kim que se dessine l'objectif de Makine dans ce roman : établir un équilibre entre le passé et le présent, la mémoire et sa forme écrite et ce faisant, créer de la continuité entre les ères soviétiques et postsoviétiques afin que son protagoniste puisse faire face au nouveau monde qui l'entoure.

La nostalgie : « sightfulness »

Afin d'élucider la conceptualisation de la vision nostalgique de Makine dans le roman et plus précisément de développer l'argument que le

---

[488] Arnaud Vareille « Du drame de devenir écrivain : Confession d'un porte-drapeau déchu d'Andreï Makine », dans *Andreï Makine, Etudes réunies et présentées par Murielle Lucie Clément, op. cit.,* p. 48.

retour dans le passé soulage l'inquiétude postsoviétique de Kim, nous nous appuyons sur la fonction essentielle de la nostalgie proposée par Peter Fritzsche[489]. Selon l'historien, la nostalgie refuse toute notion de sentimentalité et d'attachement. En se concentrant sur les événements du passé qui auraient été sinon perdus dans les fissures de mouvements historiques, la nostalgie peut agrandir notre compréhension de la société contemporaine. Comparé à d'autres conceptions de la nostalgie[490], celle de Fritzsche envisage la nostalgie comme une forme de « sightfulness »[491]. Ainsi, la valeur de la nostalgie se révèle dans l'importance qu'elle transmet du passé au présent. Selon Fritzsche, tandis que les vestiges du passé restent vivants dans l'esprit, la nostalgie peut reconnaître « *the permanence of*

---

[489] « Specters of History : On Nostalgia, Exile and Modernity » art. cit.

[490] Nous ajoutons que l'emploi, ainsi que le sens, du terme « nostalgie » est compliqué par les sentiments diverses qui lui est attaché. Une discussion sur le thème de la nostalgie, notamment sur ses rapports avec l'histoire, est élaborés par Malcolm Chase et Christopher Shaw, cf. : « The Dimensions of Nostalgia » dans, *The Imagined Past : History and Nostalgia*, Manchester/ New York, Manchester University Press, 1989. pp.1-17

[491] « Specters of History : On Nostalgia, Exile and Modernity » art. cit. p. 1592.

their absence »[492] ; bien que la perte et la mélancolie fassent partie intégrante de l'émotion nostalgique, que le passé reste un endroit clos et indépendant du présent n'est jamais nié. Selon l'historien « *[w]hat the ghostly remains of other pasts recall is the fact of other presents and other possibilities* »[493] : il s'agit de clarifier le processus des changements historiques. Ce faisant, l'émotion nostalgique peut influencer la façon dont la société contemporaine ainsi que le futur est perçu sans se laisser piéger par la séduction du passé.

Lorsque l'on aborde le style nostalgique de *Confession d'un porte-drapeau déchu*, il nous semble que Makine met au même niveau le passé et le présent. Dans son doctorat, l'auteur souligne déjà que la nostalgie est un « terme usé et banalisé à l'extrême »[494], un sentiment qu'il réitère en 1996 : « *nostalgia is a term that has become an equivalent for passéisme, an attachment to the past* »[495] ; à l'encontre de cette conceptualisation,

---

[492] *Ibidem*, p. 1592.
[493] *Ibidem*, p. 1592.
[494] Andreï Makine, « La prose de I.A. Bounine, La poétique de la nostalgie » Doctorat, Université de Paris-Sorbonne, Paris IV, 1991, p. 559.
[495] Katherine Knorr, « Andreï Makine's Poetics of Nostalgia » art. cit.

Makine affirme que : « *nostalgia refuses the past, it says that the past is always present* »[496].

Dans *Confession d'un porte-drapeau déchu*, il est évident que l'esthétique nostalgique du roman dépend d'un déplacement de la dimension temporelle entre le passé et le présent du protagoniste : pour Kim, l'évaluation avec clarté de l'époque soviétique n'est possible que de la position de son présent parisien. Qui plus est, Makine crée un protagoniste qui souhaite comprendre des diverses histoires et versions de la vie soviétique auxquelles il est maintenant exposé depuis la France. Ce n'est que lorsque Kim obtiendra une telle conscience historique que sa quête identitaire postsoviétique deviendra plus claire. Ainsi, le but de Makine est d'illustrer qu'il était possible de cultiver pendant la période chaotique de la transition postsoviétique une identité significative sans ignorer ce que Fritzsche nomme ces « *ghostly remains of other pasts* »[497]. Ainsi, faut-il reconnaître dans ce roman que la vision nostalgique de Makine est en accord avec le rôle de la nostalgie proposé par Fritzsche : il s'agit d'une forme de « sightfulness ». Raviver le passé

---

[496] *Ibidem*.
[497] « Specters of History : On Nostalgia, Exile and Modernity » art. cit., p. 1592.

de façon créative par l'acte d'écrire, c'est explorer comment une vision nostalgique peut éclaircir notre compréhension de la société contemporaine.

Une image spatiale du passé

Ce n'est que lorsque Kim se souvient de sa vie familiale qu'il se rend compte d'une vérité étonnante : la liberté qu'il cherche en France – reconnaître son soi intime – existait déjà pour lui et Arkadi en URSS. Autrement dit, ce qu'il cherche en France existe dans son passé, dans les traces familiales et très personnelles de son enfance qu'il est maintenant chargé de transmettre par l'acte d'écrire. Comme le suggère Orlando Figes, « *to be cut off from the place of one's childhood is to watch one's own past vanish into myth* »[498]. Il nous semble indéniable que de laisser disparaître son enfance ou pire encore, de la mythifier, constitue une lutte contre laquelle Kim se bat. À cette fin, après s'être souvenu des défilés, Kim songe à un souvenir atypique de son enfance soviétique dans lequel le lieu de sa vie familiale domine – la cour du « *kommunalka* » – et que Kim nomme « un port d'ancrage »[499]. Le port d'ancrage

---

[498] Orlando Figes, Natasha's Dance, London, Penguin Books, 2002, p.533.
[499] *Confession d'un porte-drapeau déchu,* p.12.

physique de l'enfance deviendra un port d'ancrage spirituel pour les souvenirs soviétiques de Kim. En fait, comme le suggère Catriona Kelly, les cours étaient des lieux importants pour les enfants ; malgré leurs petites tailles, les cours encourageaient les enfants à jouer et stimulaient ainsi leur imagination[500]. Chez Makine, la cour est un endroit imprégné par la liberté de pensée et qui, d'après Kim, « contenait un univers qui nous était connu jusqu'à la dernière motte de terre »[501] ; il s'agit d'un lieu résistant à l'idéologie soviétique. La façon dont Kim se souvient de la cour de son enfance est telle qu'elle fait émerger dans sa conscience d'adulte une expérience autre que l'idéologie soviétique qu'il déplore : c'est dans la cour que domine l'imagination.

Bien que deux lieux significatifs forment « l'univers »[502] de la cour, il est utile de s'attarder sur celui du « Passage »[503]. Une analyse du Passage

---

[500] Catriona Kelly, *Children's World : Growing Up in Russia, 1890-1991,* New Haven/ London, Yale University Press, 2007. P.436 sqq.
[501] *Confession d'un porte-drapeau déchu,* p.18.
[502] *Ibidem, loc.cit.*
[503] Les deux lieux sont nommés « le Passage » et « la Crevasse ». Sur une analyse de la Crevasse, surtout ses intertextualités, cf. David Gillespie, « Bartavels, Ortolans and Borshch: France and Russia in the Fictional Worlds of

révèle comment les défis de la vie postsoviétique de Kim peuvent être surmontés lorsqu'il se rend compte de sa capacité d'enfant à construire une identité significative, malgré le pouvoir de l'idéologie dominante de l'époque. S'ouvrant « non pas vers la ville, mais vers les terrains vagues déserts »[504] et donc sur un horizon dépourvu de la propagande soviétique, le Passage offre à Kim et à Arkadi une autre manière de voir, ainsi que d'interpréter, leur environnement soviétique. Il s'agit d'un nouveau monde qui apparaît devant les garçons et qui nourrit leur imagination.

> Le ciel ne planait plus, tout plat, parallèlement à la terre. Il se dressait à la verticale. Dans cette masse blanche et rose s'érigeaient des colonnes, s'esquissaient des ogives, s'élançaient des flèches. Les reflets mauves de cette beauté coloraient les visages des joueurs, les pages d'un grand volume sur les genoux de Iacha, les taies et les draps qu'une femme accrochait aux cordes tendues à côté des arbustes de jasmin.[505]

Andreï Makine », *Australian Slavonic and East European Studies* 24, n° 1-2, 2010, p. 8.
[504] *Confession d'un porte-drapeau déchu,* op. cit. p.41.
[505] *Confession d'un porte-drapeau déchu,* op. cit., p.42.

Le contraste entre le ciel du nord décrit dans cet exemple et celui de « l'horizon radieux »[506] vers lequel les garçons défilent est frappant. Le ciel vertical est vivant ; au lieu du ciel bleu et homogène de défilés, nous voyons un ciel inondé de multiples couleurs. Tous les objets familiers de leur vie se voient modifiés par les rayons de lumières que le Passage laisse entrer. Lorsque Arkadi admet que : « au-dessus du Passage s'érigeait ce dont nous ne connaissions pas le nom et qui pourtant nous rendait heureux »[507] Makine laisse apparaître dans le texte une parcelle d'espoir. Le récit de Kim va à l'encontre de son auto-évaluation du début du roman ; au lieu des enfants « aveuglés par la foi dans l'horizon tout proche »[508] Kim se souvient maintenant des enfants libres ; même si leur liberté est limitée à l'environnement familial, l'essentiel a été qu'une lueur d'espoir naisse à l'intérieur de leur soi intime.

La cour symbolise, à la fois la possibilité d'espoir dans un monde clos, et son développement dans le futur postsoviétique de Kim. D'ailleurs il est possible de la voir comme un

---

[506] *Ibidem*, p. 11.
[507] *Ibidem*, p. 43.
[508] *Ibidem*, p. 16.

réceptacle dans lequel résonnent les vestiges spectraux de l'histoire soviétique. Car, loin d'être le lieu architectural envisagé par des architectes soviétiques pour qui, comme l'affirme l'anthropologue Caroline Humphrey, « *the task [...] was to build material foundations that would mould nothing less than a new society* »[509], la fonction de la cour décrite par Makine est d'atténuer la puissance de l'idéologie soviétique et de stimuler, en revanche, l'imagination. Comme le souligne Humphrey, la cour du roman fonctionne comme « *a prism: gathering meanings and scattering them again* »[510]. Il nous semble que Makine crée un environnement dépourvu de l'idéologie, qu'il décrit avec un ton nostalgique dont le but est d'éclaircir les aspects du passé de Kim, auparavant oubliés, qui vont pourtant lui permettre d'aborder son futur incertain avec un courage absent au début du roman.

Par conséquent, le passé évoqué par Kim, non seulement dans ses souvenirs mais aussi par l'acte d'écrire, se transforme en signe inattendu de

---

[509] « Ideology in Infrastructure : Architecture and Soviet Imagination », dans *Journal of the Royal Anthropological Institute*, 11, n°1, 2005, p.39.
[510] « Ideology in Infrastructure : Architecture and Soviet Imagination », art. cit., p.55.

liberté. Dans *Confession d'un porte-drapeau déchu*, Makine souligne l'importance de se créer une identité satisfaisante dans le monde postsoviétique, et le rôle non négligeable du passé pour l'atteindre. Les paroles exprimées par la mère d'Arkadi donnent forme à cette idée de Makine :

Le passé est un dragon qu'on garde au fond d'un souterrain, dans une cage. On ne peut pas penser tout le temps au dragon. On ne vivrait plus, sinon... Mais de temps en temps, il faut vérifier si la serrure de la cage est en bon état. Car si elle rouille, le dragon la casse et apparaît, encore plus cruel et insatiable.[511]

Dans cet exemple, Makine suggère que sans aucune connaissance du passé, la quête identitaire de son protagoniste échouerait ; pourtant, s'immerger totalement dans le passé, Makine ne le conseille pas : « [o]n ne vivrait plus, sinon »[512].

En utilisant un style nostalgique dans lequel résonnent les vestiges du passé, Makine confronte les problèmes de la quête identitaire des jeunes soviétiques du début des années quatre-vingt-dix à travers l'expérience individuelle de son personnage Kim à qui le désordre de son présent fait perdre toutes ses illusions. Dans *Confession*

---

[511] *Confession d'un porte-drapeau déchu, op. cit.*, p.148.
[512] *Ibidem*, p.148.

d'un porte-drapeau déchu, Kim réalise sa quête identitaire en portant au plus profond de lui-même l'espoir que dévoile sa confession. Kim, héritier d'un passé trouble, transforme son désir de nier le passé en forme d'amour et d'espoir par l'acte d'écrire. Ce faisant, le passé révèle les vestiges d'un processus historique dans lequel résonnent les voix d'individus, plutôt que des systèmes politiques : Kim est désormais prêt à libérer l'angoisse et la honte qui l'affligent dans le présent.

La Vie d'un homme inconnu

Si *Confession d'un porte-drapeau déchu* s'achève sur une note d'espoir concernant la possibilité de reconstruction d'une identité dans la société postsoviétique, il en est autrement dans son onzième ouvrage, où dès l'exposition tout optimisme à cet égard est absent. Publié en 2009, *La Vie d'un homme inconnu* se déroule entre la France et la Russie du début du XXIe siècle et Makine y réexamine, à travers le personnage de Choutov, un ex-soviétique vieillissant, les obstacles qui empêchent toujours la construction d'une identité postsoviétique. Comme le protagoniste de *Confession d'un porte-drapeau déchu*, Choutov est un émigré vivant en France loin « d'un pays qui avait été depuis effacé de toutes les cartes géographiques »[513] et de l'inhumanité de l'époque soviétique. Pourtant, malgré cela Makine révèle qu'« écrivain à audience modeste »[514], Choutov reste un homme non seulement « malheureux »[515] mais désabusé. L'omniprésence de sa vie passée en URSS est telle qu'elle le provoque à refuser sa nouvelle vie occidentale, et à cristalliser une image sentimentale de la Russie dans laquelle il choisit de demeurer.

En effet, contrairement à Kim, Choutov s'est immergé il y a plus de vingt ans dans les souvenirs idéalisés de son pays d'origine ; son incapacité à réconcilier le passé et le présent entraîne une crise identitaire. Un exemple significatif est fourni par la réponse de Choutov à son ex-amante : « Je ne suis pas russe, Léa. Je suis soviétique. Donc sale, bête et méchant »[516]. Cette exclamation révèle non seulement sa perception de l'identité, restée ancrée dans des termes désuets, mais aussi, l'ampleur de son désarroi intérieur. En se

---

[513] *La Vie d'un homme inconnu, op. cit*, p. 38.
[514] *Ibidem*, p.24.
[515] *Ibidem*, p.12.
[516] *Ibidem*, p.53.

définissant « soviétique », il se considère forcément irrécupérable.

Le pays natal illusoire

Cependant, le pessimisme apparent chez Makine au début du roman dissimule un fil narratif bien plus nuancé que ce que nous pouvons imaginer. En entamant le roman par l'accablement du protagoniste, Makine souhaite suggérer non seulement que l'identité de Choutov est brisée, mais en outre, que sa capacité à vivre dans la société postsoviétique reste toujours problématique malgré les vingt ans écoulés depuis le bannissement de son pays d'origine[517]. Par conséquent, considérons dans un premier temps, l'image de la Russie qui se dessine dans l'imaginaire du protagoniste. Lui-même écrivain, Choutov se consacre à la découverte des grands classiques de la littérature russe : Tchékov, Nabokov et Tolstoï[518]. Nous voyons, de surcroît, qu'en se languissant de « la littérature de sa patrie »[519] ainsi que d'une culture littéraire « [s]ans

---

[517] Le lecteur apprend que Choutov était « un dissident des années quatre-vingt » et, par conséquent, banni du pays. Cf. *La Vie d'un homme inconnu, op. cit.*, p.37.
[518] Sur les discussions littéraires, cf, *Ibidem*, pp. 29 sqq.
[519] *La Vie d'un homme inconnu, op. cit.*, p. 29.

Freud, sans post-modernisme, sans sexe à tout bout de phrase »[520], Choutov s'enferme dans « ce bon vieux temps »[521]. Lorsque Makine indique que son protagoniste croit en une image de la Russie « où se poursui[t] [...] une vie bercée par les strophes aimées. Un parc sous la dorure des feuilles, une femme qui marche en silence, telle l'héroïne d'un poème »[522], l'auteur démontre que loin de conserver une image concrète de sa terre natale, Choutov se laisse emporter vers une « patrie retrouvée dans les livres »[523]. Confronté à une modernité postsoviétique qu'il supporte mal en France, Choutov se réfugie dans les souvenirs réconfortants de l'empire déchu. Choutov ne tient pas compte de mots exprimés par la mère d'Arkadi ; au contraire, il « pense tout le temps au dragon »[524], ce qui finit par aboutir à la dissolution de son identité.

En s'enfonçant dans un espace littéraire de son imaginaire, « cette Russie qu'il n'avait pas revue depuis vingt ans »[525], Choutov oublie les vestiges spectraux du passé (desquelles parlent

---

[520] *Ibidem*, p. 10.
[521] *Ibidem*, p. 10.
[522] *Ibidem*, p. 38-39.
[523] *Ibidem*, p. 29
[524] *Confession d'un porte-drapeau déchu, op. cit.*, p. 148
[525] *La Vie d'un homme inconnu, op. cit.*, p. 38.

Fritzsche) ; il s'abandonne à ce que l'historien appelle « *nostalgia without melancholy* »[526]. Cela signifie que « *[i]ts ability to indict the present and imagine the future is accordingly lessened. Commodified in this way, the past is no longer a different place, and the troubled, tenuous connections that made historical self-awareness so satisfying are lost in easygoing consumption* »[527]. En effet, Choutov nie l'idée que les vestiges du passé peuvent percer le désordre de son présent et réconcilier, tant qu'il est possible, son identité brisée. Cela permet d'exposer la source de la crise identitaire qui afflige le protagoniste : tant que Choutov sera dépourvu de la capacité de distinguer l'écart séparant le passé et le présent, le développement de son identité postsoviétique restera paralysé. Pour lui, le passé russe n'est plus « *a different place* »[528], il est désormais le « chez-soi » de son présent.

Identités brisées

La difficulté à se reconstruire dans la société contemporaine même vingt ans après

---

[526] « Specters of History : On Nostalgia, Exile and Modernity » art. cit. p. 1618.
[527] *Ibidem*.
[528] *Ibidem*.

l'effondrement du bloc soviétique est un fil conducteur dans *La Vie d'un homme inconnu*. Comme l'énonce Fitzpatrick, apprendre à devenir postsoviétique était « *a self-conscious process* »[529]. Dans *Confession d'un porte-drapeau déchu*, Kim, à l'aide de l'importance égale qu'il attribue au souvenir et à l'écriture, se lance dans ce processus douloureux afin de « *fit [him]self to be [a] citizen of the new post-Soviet world* »[530]. Pourtant, dans *La Vie d'un homme inconnu*, Choutov ne réussit pas à atteindre cette étape. Considérons, par exemple, l'importance minime qu'il accorde à la société postsoviétique ainsi qu'à la littérature contemporaine, malgré le fait qu'il y a lui-même contribué. Bien qu'il soit conscient du fait que « [d]e nos jours, il faut écrire autrement »[531], Choutov considère insupportable : « la misère de la littérature actuelle […] [i]l tempêt[e] contre les écrivains castrés par le politiquement correct »[532] et blâme l'idée qu' « un héros doit être névrosé, cynique, pressé d'étaler devant nous ses miasmes »[533]. En effet, comme l'indique

---

[529] Sheila Fitzpatrick, *Tear off the Masks! Identity and Imposture in Twentieth-Century Russia*, *op. cit.*, p. 303.
[530] *Ibidem*, p. 303.
[531] *La Vie d'un homme inconnu*, *op. cit*, p. 11.
[532] *La Vie d'un homme inconnu*, *op. cit*, p. 15.
[533] *La Vie d'un homme inconnu*, *op. cit*, p. 11.

Duffy, Choutov voit dans le Paris contemporain, ainsi que dans les cercles littéraires de son présent « *a culture that fetishizes youth and has commodified literature* »[534]. Il refuse d'y participer et, par conséquent, il ne peut pas devenir « *[a] citizen of the new post-Soviet world* »[535].

Nous soutenons que l'aliénation de Choutov en France, son emploi des termes soviétiques pour se définir, ainsi que son évanescence dans la Russie littéraire de son imaginaire indiquent deux réalités : il possède non seulement une conscience de soi fragmentée mais il est aussi dépourvu d'une conscience historique. Cela engendre dès lors une question fondamentale en ce qui concerne notre analyse du roman : est-ce que Makine considère que les difficultés identitaires occasionnées par l'exil peuvent être résolues ? Ou serait-il plus pessimiste, suggérant que la réalité de la société postsoviétique est tellement désolante que, comme

---

[534] Helena Duffy, « Grandmothers and Uncles: The Role and Status of Old People in Lidia Bobrova's *Babousya* and Andreï Makine's Novels, art.cit. p.165.
[535] Sheila Fitzpatrick, *Tear off the Masks! Identity and Imposture in Twentieth-Century Russia*, *op. cit.,* p. 303.

l'indique David Gillespie, « *immersion in literature now remains the safest refuge* »[536] ?

Tandis que Gillespie suggère que , « *[t]he novel makes clear that Makine is as disgusted by the new realities of Russia as he is with modern France* »[537], nous nous appuyons sur l'idée que, dans *La Vie d'un homme inconnuî,* Makine se concentre sur la question de l'effet du passé sur le présent, plutôt que sur la réalité du présent en soi. Autrement dit, le dessein de l'auteur est d'illustrer à quel point l'idéalisation du passé peut non seulement affaiblir l'âme du protagoniste mais aussi dénaturer sa vision de la société contemporaine et donc empêcher l'éveil d'une identité postsoviétique. Ce n'est que lorsque Makine resituera son héros dans la Russie actuelle que l'imaginaire et le réel fusionneront, le forçant à affronter la question si angoissante : « qui est-il ? »[538].

---

[536] « Bartavels, Ortolans and Borshch: France and Russia in the Fictional Worlds of Andreï Makine », dans *Australian Slavonic and East European Studies*, art.cit. p. 16.
[537] *Ibidem*, p. 16.
[538] *La Vie d'un homme inconnu, op. cit*, p. 89.

Le retour au pays natal

Lorsque Choutov arrive dans « la Russie nouvelle »[539], il s'aperçoit que le pays natal, qui est désormais devenu un lieu de refuge imaginaire, s'était transformé pendant son absence en pays étranger. Il reconnaît difficilement les russes à Saint-Pétersbourg qui sont « habillés comme dans les rues d'une ville occidentale »[540]. De plus, il souffre de parler un russe ancien : « ce manque langagier […] rend la compréhension difficile »[541] et confronté alors à « cette nouvelle vie »[542], Choutov se trouve « pas loin de passer pour un clochard »[543]. Grâce à ces exemples, nous voyons que Makine offre une observation perceptive du destin d'émigré : Choutov est devenu maintenant un étranger dans le pays de ses origines ; il est un homme « inclassable »[544].

En Russie, Choutov perd tout concept de son identité. Si le retour au foyer d'origine s'avère tellement déconcertant que Choutov ne peut plus préserver les images idéalisées du passé et de la Russie qu'il a entretenues en France, il est dès lors

---

[539] *Ibidem*, p. 87
[540] *Ibidem*, pp. 70sq.
[541] *La Vie d'un homme inconnu, op. cit*, p. 88.
[542] *La Vie d'un homme inconnu, op. cit*, p. 82.
[543] *La Vie d'un homme inconnu, op. cit*, p. 71.
[544] *La Vie d'un homme inconnu, op. cit*, p. 89.

utile d'examiner de plus près l'impact qui se produit quand le réel et l'imaginaire entrent en collision. À Saint-Pétersbourg, Choutov se trouve au milieu de la fête du tricentenaire de la ville dont l'énergie est « agréablement contagieuse »[545]. En s'y plongeant, Choutov « se sent rajeuni, presque espiègle »[546] et cela arrive à le convaincre qu'il va peut-être regagner dans la nouvelle Russie « une vie où il sera de nouveau lui-même »[547]. Cependant, nous constatons aussi qu'à plusieurs reprises pendant la fête, le protagoniste a l'impression de jouer la comédie[548]. En effet, cela révèle une vérité nuancée que Makine désire montrer concernant le retour[549] : celle de l'artificialité du sentiment d'appartenance à la

---

[545] *La Vie d'un homme inconnu, op. cit*, p. 82. Sur une analyse plus profonde du rôle de la fête, cf., Helena Duffy « Grandmothers and Uncles: The Role and Status of Old People in Lidia Bobrova's *Babousya* and Andreï Makine's Novels », art. cit., p. 158.

[546] *La Vie d'un homme inconnu, op. cit*, p. 82.

[547] *La Vie d'un homme inconnu, op. cit*, p.76.

[548] *La Vie d'un homme inconnu, op. cit*, p. 76sq et p. 90.

[549] Comme le suggère Duffy, la fête fournit « [a] temporary sense of belonging [which] is nevertheless illusory ». Cf. : « Grandmothers and Uncles: The Role and Status of Old People in Lidia Bobrova's *Babousya* and Andreï Makine's Novels », art. cit., p.166.

Russie littéraire ainsi qu'au passé russe que ressent Choutov durant la première partie du roman.

Par la même occasion, le retour en Russie est significatif car, ayant montré à l'émigré qu'il n'appartient plus au pays natal, il cause ensuite une transformation profonde qui découle d'une rencontre avec l'ancien combattant, Volski. Durant le « récit nocturne »[550], Volski raconte ses expériences individuelles de l'amour, de la guerre et, de sa vie d'après-guerre. De plus, la rencontre introduit dans le texte des vérités historiques qui sont centrées sur la vie des individus et qui engage, par conséquent, un dialogue plus authentique avec le passé soviétique que celui des souvenirs sentimentaux de Choutov. L'impact de la rencontre est d'une telle puissance que Choutov se résout dès son retour en France à écrire des romans sur la vie des gens comme Volski : « ces 'femmes inconnues' et ces 'hommes inconnus' qui s'aimaient et dont la parole est restée muette »[551]. En effet, Makine révèle que la rencontre avec Volski va tirer Choutov de sa léthargie et du malheur provoqué par son exil.

---

[550] *La Vie d'un homme inconnu, op. cit*, p. 275
[551] *Ibidem*, p. 292

Ainsi, ce n'est pas avant la fin du roman que Makine montre, comme il l'a indiqué dans *Confession d'un porte-drapeau déchu*, que par l'intermédiaire de l'écriture, Choutov aura les moyens de réconcilier les liens cassés entre le passé soviétique et le présent postsoviétique[552]. Considérons comment le retour en France dévoile une révélation auparavant inconnue :

> Dans l'avion, pour la première fois de sa vie, il a l'impression d'aller de nulle part vers nulle part, ou plutôt de voyager sans destination véritable. Et pourtant, jamais encore il n'a aussi intensément ressenti son appartenance à une terre natale. Sauf que cette patrie coïncide non pas avec un territoire mais avec une époque […] cette monstrueuse époque soviétique qui fut le seul temps que Choutov a vécu en Russie.[553]

Dans cet exemple, nous pouvons voir que Choutov, en s'imaginant en voyageur « sans

---

[552] Nous remarquons, que dans *La Vie d'un homme inconnu*, plusieurs façons de relier le passé au présent sont mentionnées. Par exemple : un deuxième voyage en Russie (cf., p. 291sqq.) ; Une acte commémoratif – Choutov met « une stèle sur la tombe de Volski » (cf. p. 292) ; et, dès le retour en France, une reconnaissance de la fragilité de mémoire : « [Choutov] relit ce récit de Tchékhov [...] [et] découvre que son souvenir a beaucoup modifié l'intrigue. » (cf. p. 289).
[553] *La Vie d'un homme inconnu, op. cit.*, p. 285.

destination véritable »[554], est désormais capable de vivre dans un présent contemporain sans s'appesantir sur une image sentimentale du passé. D'ailleurs, sa reconnaissance d'appartenir « à une terre natale »[555] ancrée dans « une époque »[556] devient la première indication que l'émigré conçoit désormais le passé comme « *a different place* »[557]. Autrement dit, par ces mots, l'auteur indique que Choutov a obtenu une conscience historique : il se rend compte du fait qu'il ne peut plus vivre dans les souvenirs de son passé. Par conséquent, dans la chute de *La Vie d'un homme inconnu*, Makine fait allusion au fait que l'émigré à la capacité, dorénavant, de réconcilier le passé et le présent, et par la même occasion de restaurer sa propre identité.

Pourtant, ce n'est qu'au dénouement de *La Vie d'un homme inconnu* que Makine dévoile son avis concernant la restauration potentielle de l'identité brisée de Choutov : « il aperçoit la ligne légèrement brumeuse du golfe de Finlande. Il n'a jamais encore vu, d'un seul regard, tant de ciel »[558].

---

[554] *Ibidem, loc. cit.*
[555] *Ibidem, loc. cit.*
[556] *Ibidem, loc.cit.*
[557] « Specters of History : On Nostalgia, Exile and Modernity » art. cit. p. 1618.
[558] *La Vie d'un homme inconnu, op. cit.*, p. 293.

Cette description du ciel relie les deux textes analysés ici car l'image, sur laquelle les deux romans se terminent, est analogue. Notons par exemple le « bout du ciel au-dessus de nos têtes »[559] dont Kim se souvient à la fin de *Confession d'un porte-drapeau déchu*. À plus forte raison, elle reflète l'espoir que signale le ciel du Passage dans le même roman et qui « rendait heureux »[560] Kim et Arkadi. En effet, en offrant à Choutov dans *La Vie d'un homme inconnu* cette vision céleste de l'espoir, Makine rappelle l'idée de liberté déjà mentionnée par le même symbole dans son deuxième ouvrage, publié dix-sept ans auparavant.

Conclusion : se rebâtir un futur

L'étude comparative des ouvrages – *Confession d'un porte-drapeau déchu* et *La Vie d'un homme inconnu* – nous a permis d'interroger la manière dont Makine aborde la question de la perte d'identité soviétique dans la difficile période de transition qui a suivi l'effondrement de l'Union soviétique et vingt ans après son démantèlement. D'ailleurs, la lecture de ces romans démontre que

---

[559] *Ibidem*, p. 159.
[560] *Ibidem*, p. 43.

la source des crises identitaires postsoviétiques des deux protagonistes s'ensuit de leurs relations troubles avec le passé qu'ils considèrent « monstrueu[x] »[561]. Dépourvu de la capacité de reconstruire leurs notions de soi, les protagonistes de Makine oublient le passé (en souhaitant nier ses vérités) ou ils s'immergent dans les souvenirs illusoires de la terre natale. Néanmoins Makine, en interrogeant les rapports entre le passé et le présent ainsi qu'entre l'histoire et la mémoire, envisage comme une possibilité la restauration des identités brisées de la période postsoviétique. Ainsi, Makine ravive l'histoire du passé soviétique de manière poétique, voire nostalgique (toujours selon la définition proposée par Fritzsche) afin qu'elle devienne un élément constitutif de son œuvre. Dès que les protagonistes embrassent l'émotion nostalgique, et par conséquent « *the ghostly remains of other pasts* », ils sont capables de confronter le choc provoqué par « le futur incertain de [leurs] vies cahotées »[562] ; or, ce qui reste à découvrir deviendra la substance de cette nouvelle réalité qui est désormais la leur.

---

[561] *La Vie d'un homme inconnu, op. cit.,* p.285.
[562] *Confession d'un porte-drapeau déchu, op.cit.,* p.152.

Bibliographie

Andreï Makine, « La prose de I.A. Bounine, La poétique de la nostalgie » Doctorat, Université de Paris-Sorbonne, Paris IV, 1991.

Andreï Makine, *La Fille d'un héros de l'Union soviétique*, (1990), Paris, Gallimard, collection Folio, 2006.

Andreï Makine, *Confession d'un porte-drapeau déchu* (1992), Paris, Gallimard, collection Folio, 2007

Andreï Makine, *La Vie d'un homme inconnu*, 2009, Paris, Éditions du Seuil.

La poétique de l'ailleurs d'Andreï Makine

Giulia Gigante

« *Does the distance open any other doors?* »
Salman Rushdie[563]

Dans les romans d'Andreï Makine, il y a toujours un *ailleurs*. Qu'il parle de la France rêvée par deux enfants sur le balcon d'une petite ville sibérienne ou qu'il évoque sa Russie natale en se fondant sur le tissu fragile de la mémoire, l'écrivain tend à assumer une perspective externe par rapport à ce qu'il narre, en s'installant physiquement ou en pensée dans une dimension autre - vis à vis de la réalité contingente ou de l'idéologie dominante -, qui lui permet d'avoir une distanciation par rapport à l'objet de sa narration[564]. C'est un artifice qui

---

[563] "Est-ce que la distance ouvre d'autres portes ?"*Imaginary Homelands*, London, Vintage Books, 2010, p. 13.
[564] Pour Marie Louise Scheidhauer, l'éloignement est la condition même pour que son « écriture advienne » (cf.

concourt à élargir la perspective comme ne l'ignorait pas Gogol, qui aimait dire que, pour parler de sa patrie, il avait besoin d'en être loin[565].

Sous ses formes multiples, l'ailleurs est une constante narrative dans les différentes œuvres de Makine où il accomplit des fonctions différentes qu'on essayera d'identifier ici. Il s'agit d'une dimension de l'esprit que l'auteur partage avec certains de ses personnages, dans la plupart des cas le moi narrateur et les personnages qui se configurent comme ses *alter ego*[566]. Grâce à ce procédé original auquel il fait souvent recours,

---

« Une plume française pour un sol russe dans 'La Femme qui attendait' » *in Andreï Makine. Perspectives russes*, textes réunis par Margaret Parry, Marie Louise Scheidhauer, Edward Welch, Paris, L'Harmattan, 2005, p. 125).

[565] L'écrivain a écrit la plupart des nouvelles de son recueil *Soirées du hameau*, dont l'action se déroule dans son Ukraine natale, quand il se trouvait à Saint-Pétersbourg (et pour se rafraîchir la mémoire sur les mœurs, usages et costumes locaux, il harcelait sa mère de lettres où il lui demandait des détails et matériaux sur la vie et les traditions ukrainiennes). En outre, il a composé son chef-d'œuvre *Les Ames mortes* tandis qu'il séjournait à l'étranger (pour la plupart du temps à Rome).

[566] On retrouve des *alter ego* de l'auteur dans presque tous ses romans et récits (à partir du personnage du narrateur et protagoniste de son *Testament français*).

Makine crée une poétique qu'on pourrait définir "de l'ailleurs".

Pour un chercheur comme Pierre Grémion, le fait d'aboutir à un ailleurs « ouvert à toutes les possibilités » peut être considéré comme typique d'une série particulière d'écrivains qui s'inscrivent dans la catégorie de l'*exil transfiguré*, qu'il oppose à l'*exil subi*, qui est, au contraire : « un temps suspendu en attendant l'impossible retour »[567].

Dans le roman *La Terre et le ciel de Jacques Dorme*, une image-clé semble représenter métaphoriquement le sens de l'ailleurs : l'*estran*. La portion de plage qui apparaît pour ensuite disparaître avec le va-et-vient des vagues de la mer symbolise un espace qui est aussi et surtout un lieu de l'esprit[568]. Le narrateur place sa propre vie dans l'espace de l'estran et cela lui permet de s'éloigner de la réalité malheureuse d'un orphelinat

---

[567] Pierre Grémion, « Voix d'exil en marge du progressisme parisien » *in Intellectuels de l'Est exilés en France*, Paris, Institut d'Etudes Slaves, 2011, p. 34.
[568] « J'étais tombé sur un mot inconnu, l''estran' […], j'avais imaginé cette bande de sable libérée par les vagues et, sans jamais avoir vu la mer, j'avais eu l'illusion parfaite d'y être, d'examiner tout ce qu'un océan pouvait oublier sur une plage en se retirant. Je comprenais à présent que cet estran dont je ne connaissais pas l'équivalent russe était aussi ma vie […] » (Andreï Makine, *La Terre et le ciel de Jacques Dorme*, Paris, Mercure de France, 2003, p. 56).

soviétique et d'imaginer d'autres mondes possibles : « Le pays de l'estran, pays refuge, où il m'était encore possible de rêver »[569].

Dans un certain sens, le fait qu'on trouve le terme "ailleurs" dans la phrase de l'incipit du roman *Requiem pour l'Est*[570] semble aussi confirmer l'importance que cette notion revêt dans les œuvres de Makine. La maison secrète, cachée dans un coin lointain du Caucase, dans laquelle, comme des hommes primitifs, vivent en auto exil de la société soviétique l'Homme, la Femme et l'Enfant (le narrateur et protagoniste du livre), est un refuge (inconnu de tout le monde sauf de la femme mystérieuse qui parle français), mais est, aussi et surtout, le symbole d'une résistance, d'une opposition tenace à la tyrannie soviétique : « Ce pays (l'Union soviétique) – écrit l'auteur – les entourait, les encerclait, mais ils étaient ailleurs »[571]. Pour le narrateur, le lieu où il a passé les toutes premières années de sa vie, en contact étroit avec la nature, avec les éléments de la *stichija*[572], représente aussi un mythe, un espace-

---

[569] *Ibidem,* p. 59.
[570] Andreï Makine, *Requiem pour l'Est,* Paris, Mercure de France, 2000, p. 13.
[571] *Ibidem*.
[572] Eléments de l'air, du feu, de l'eau, de la terre.

temps devenu utopique où le silence règne en maître et on vit dans le présent, dans les gestes nécessaires pour assurer la survie et dans lesquels se manifeste une façon de vivre essentielle si différente de la rhétorique stalinienne. Le souvenir de cet ailleurs accompagne le chemin difficile que l'enfant prend à partir du moment où il est emmené nuitamment par l'amie française de ses parents qui avaient pressenti ne plus être en sécurité.

Cette langue étrange, que l'enfant avait entendue pour la première fois précisément la nuit fatidique pendant laquelle il abandonnait à jamais la maison secrète, les parents et, précocement, l'enfance (entendue comme *insouciance*), constitue pour lui un ailleurs de l'esprit. Dans les œuvres de l'écrivain, on trouve souvent une langue qui joue le rôle d'un ailleurs en ouvrant des possibilités nouvelles pour l'esprit, faisant découvrir d'autres mondes, des modes alternatifs de vivre et de concevoir l'existence. Dans la plupart de ses œuvres, c'est le français (*Le Testament français*, *La Terre et le ciel de Jacques Dorme* et *Requiem pour l'Est*), mais dans *Une Femme aimée*, ce sont la langue et la culture allemandes qui se juxtaposent à la réalité du quotidien.

Dans *La Terre et le ciel de Jacques Dorme*, le rôle de la langue étrangère comme passerelle vers une autre dimension est clairement indiqué : « le français évoquerait toujours pour moi un lieu et un temps semblables à l'atmosphère d'une maison d'enfance que je n'avais jamais connue »[573].

Dans *Le Testament français*, le français est un philtre qui amène le protagoniste à avoir une vision différente de la réalité : « Je voyais la Russie en français ! J'étais ailleurs. En dehors de ma vie russe »[574], c'est la clef qui lui permet d'accéder à l'Atlantide, c'est-à-dire à une France imaginée, reconstruite à travers les contes ensorcelants de Charlotte : « […] c'était un pays livresque par essence, un pays composé de mots, dont les fleuves ruisselaient comme des strophes, dont les femmes pleuraient en alexandrins et les hommes s'affrontaient en sirventès »[575]. Le pays énigmatique, que la narration des épisodes passés fait surgir dans sa fantaisie, engendre une sensation évidente d'étrangeté (*остранение*) dans

---

[573] Andreï Makine, *La Terre et le ciel de Jacques Dorme*, *op.cit.*, p. 49.
[574] Andreï Makine, *Le Testament français*, Paris, Mercure de France, 1995, p. 51.
[575] *Ibidem*, p. 292.

le protagoniste du roman. Cette France songée est tellement différente du contexte de sa vie quotidienne dans l'Union soviétique qu'elle provoque en lui une sensation de dédoublement. Par ailleurs, il est bien conscient du fait que vivre auprès de sa grand-mère était déjà : « se sentir ailleurs »[576] puisqu'elle portait en elle « un ailleurs insolite »[577]. Ce n'est pas facile, toutefois, de pactiser avec cet ailleurs encombrant, surtout dans une société avec une forte tendance à enrégimenter comme la société soviétique et le protagoniste, qui, de plus, est en pleine adolescence, subit une crise profonde de rejet qu'il surmonte quand il se rend compte de l'opportunité unique qui lui est offerte de « voir autrement »[578].

L'ailleurs constitué par les langues étrangères, avec tout l'héritage qu'elles recèlent et la vision du monde qui en découle, n'est qu'une des formes sous lesquelles la poétique de l'ailleurs de Makine se révèle.

Représentations de l'ailleurs

> *« Così verso l'ignoto altrove spesso/*
> *si dirigono inquieti i miei pensieri,/*
> *a un paese che sembra uscito ieri/*

---

[576] *Ibidem*, p. 29.
[577] *Ibidem*, p. 32.
[578] *Ibidem,* p. 260.

> *dal diluvio, grondante ancora e intatto »*
> Fernando Bandini[579]

Dans certains cas, l'ailleurs se configure comme un lieu, alternatif par rapport à celui où se déroule l'action du roman, mais existant. C'est le cas de la France enchanteresse évoquée dans plusieurs romans ou de l'image que les Allemands de la Volga ont de leur patrie, une image où, aux souvenirs, se mêlent des éléments qui acquièrent un caractère mythique, et surtout le cas de la Sibérie[580].

La Sibérie est pour Makine l'ailleurs par excellence :

> Infinie, blanche, indifférente aux rares apparitions d'hommes. Dans la torpeur hivernale, on guettait non pas les derniers soubresauts de l'actualité mais le trait rouge du soleil qui allait, dans quelques jours, frôler l'horizon après une longue nuit polaire.[581]

---

[579] Poème « Altrove » dans le recueil *Santi di dicembre*, Milano, Garzanti, 1994.

[580] Parfois, selon Agata Sylwestrzak-Wszelaki, la conception de l'Occident est engendrée *in vitro*, c'est-à-dire d'une façon abstraite, « hors de toute idée réelle et de tout contact avec la réalité ouest-européenne » (*Andreï Makine. L'identité problématique*, Paris, L'Harmattan, 2010, p. 161). Par analogie, on pourrait dire que l'ailleurs des personnages de Makine est lui aussi engendré *in vitro* car il n'est qu'une création, une projection de l'esprit.

[581] *La Terre et le ciel de Jacques Dorme*, *op. cit.*, p. 25.

Dans *L'Amour humain*, un roman dans lequel la conscience du Mal se manifeste non seulement comme des actes répétés de violence au temps des guerres et guérillas, mais aussi comme de la cruauté gratuite en temps de paix, causée par le préjudice et les abus, la seule trêve est représentée par la Sibérie, un espace où le temps semble s'être arrêté et où le froid n'a pas réussi à congeler les sentiments et les valeurs. Pour Elias, le protagoniste, le chronotope Sibérie reste un point de référence immuable tout le long de son existence[582]. Un lieu qui, malgré sa rudesse, parvient encore à héberger la poésie, le rêve. On en trouve un exemple chez le couple de vieillards qui, malgré toutes les adversités endurées, continue à cultiver désespérément la beauté en essayant de faire naître dans un coin éloigné de la Sibérie, par moins 50 degrés, une orchidée sauvage, la légendaire « flamme d'or », dans une

---

[582] Selon Margaret Parry, la Sibérie représente souvent dans les œuvres de Makine un Paradis perdu qu'il cherche à récupérer « Instants perdus, instants éternels : Makine, le Proust russe de son temps ? » *in Andreï Makine : La Rencontre de l'Est et de l'Ouest,* Paris, L'Harmattan, 2004, p. 103.

trouée percée dans la neige[583]. Pour Elias, l'ailleurs est représenté par cette terre fascinante bien que dure et par l'amour pour une femme, de laquelle il est séparé par des nombreuses années et des milliers de kilomètres, mais qui, comme un astre, éclaire ses pensées. Le héros, un *looser* dès le départ, cherche à donner un sens à son existence – née sous une mauvaise étoile – en choisissant de se battre pour un monde meilleur. Pour lui et pour sa camarade de mission, qui vivent la condition difficile d'une vie cachée dans laquelle le présent est terriblement précaire et il n'est plus possible d'imaginer aucune forme de futur, la seule dimension possible est celle du passé, renfermé sous forme de souvenir dans leur for intérieur.

Sur une échelle plus réduite, beaucoup d'autres lieux se présentent comme de possibles ailleurs. Dans *La Femme qui attendait*, il s'agit de « l'isba gigogne, une maison dans la maison », un endroit refuge, chargé du mystère d'une vie vécue, où demeure, seule, l'ancienne Katerina, dernière habitante du village. Dans la maisonnette règne

---

[583] « Au milieu des déchets rejetés par la marche de l'Histoire une vie secrète, tenace, veillait. […] Aucun verdict de l'Histoire, pensait Elias, n'avait prise sur ces deux êtres qui, le printemps venu, chercheraient dans la forêt leur orchidée sauvage » (Andreï Makine, *L'Amour Humain*, Paris, Edition du Seuil, 2006, p. 171).

« le confort condensé d'une vie primitive mais d'une propreté étonnante »[584]. L'ailleurs peut être aussi cela : « une sorte de minimum vital [...] la dernière frontière qui séparait l'existence humaine et le cosmos »[585].

Dans *La Terre et le ciel de Jacques Dorme*, on découvre une chambre secrète, une petite mansarde coupée du reste de la maison par un incendie, un réduit sous les toits qu'un petit garçon atteint en grimpant sur la fenêtre du palier. Ce petit espace où se trouvent les restes de la riche bibliothèque d'un marchand : « des livres abimés par le feu, l'âge et la pluie »[586] représente pour le protagoniste un *havre de paix*, non seulement un refuge, mais aussi la précieuse opportunité de franchir, à travers les livres insolites ayant survécu au temps qui se trouvent dans la pièce, la frontière de sa propre vie.

À travers les suggestions littéraires ou culturelles au sens large, on accède à la liberté intérieure, on parvient à redimensionner le quotidien, à relativiser le monde environnant. Le raffinement, l'humour, une touche d'érotisme

---

[584] Andreï Makine, *La Femme qui attendait*, Paris, Éditions du Seuil, 2004, p. 123.
[585] *Ibidem*.
[586] *La Terre et le ciel de Jacques Dorme*, *op.cit.*, p. 49.

favorisent l'ouverture à d'autres réalités : « Je n'avais jamais éprouvé auparavant une telle liberté face au réel. J'avais envie de rire tant la beauté de ce voyage nocturne rendait insignifiant le monde soi-disant réel qui m'entourait : les murs de cette classe décorés de bandes de calicot rouge avec des citations de Lénine et du dernier congrès du Parti, le bâtiment de l'orphelinat, les cheminées d'une gigantesque usine »[587].

On retrouve cette fonction d'ailleurs-refuge dans d'autres représentations de l'ailleurs comme l'*immeuble rocher* encerclé par des convois de trains où Oleg, le protagoniste d'*Une Femme aimée*, a passé son enfance et dont le souvenir sera « la seule réalité qui l'attachera à la vie »[588] quand, déjà adulte, il va tomber malade, et, plus prosaïquement, à son échelle et à sa manière, comme le débarras des balais de l'orphelinat où le protagoniste de *La Terre et le ciel de Jacques Dorme* se cache : « un minuscule ilot où le monde n'était pas blessure [...], un archipel de brefs bonheurs »[589].

---

[587] *Ibidem*, p. 63.
[588] Andreï Makine, *Une Femme aimée*, Paris, Éditions du Seuil, 2013, p. 225.
[589] *La Terre et le ciel de Jacques Dorme*, *op. cit.*, p. 56.

L'ailleurs peut aussi symboliser l'opposition de l'individuel au collectif, comme dans le cas de l'image[590] du « bonnet rouge de la petite fille qui voulait à tout prix être singulière »[591] dans le récit *Les Prisonniers de l'Eden* ou représenter une barrière silencieuse contre la grossièreté du monde comme le microcosme de l'extrême banlieue où se déroule le quotidien de Vika et sa mère dans le récit *Une Doctrine éternellement vivante*. Makine glose : « Cette sérénité indifférente à la laideur et à la grossièreté du monde était une forme de résistance »[592].

Dans d'autres cas, l'ailleurs ne correspond pas à des endroits concrets, mais transparaît par des images fugaces qui renvoient à une autre réalité où ce qui compte, ce sont l'humanité, les rêves, la poésie. Dans le roman *La Femme qui*

---

[590] L'image du bonnet avec sa couleur rouge qui se détache, par contraste, de la grisaille uniformisante de la vie soviétique peut, à juste titre, être considérée comme une exemplification de la définition que Murielle Lucie Clément donne de l'écriture makinienne : « une écriture aux empreintes photographiques » (Murielle Lucie Clément, « Rhétorique de la séduction, sémiologie du ciel » dans *Andreï Makine. Le sentiment poétique*, Paris L'Harmattan, 2008, p. 200).
[591] Andreï Makine, *Le Livre des brèves amours éternelles*, Paris, Éditions du Seuil, 2011, p. 170.
[592] *Ibidem*, p. 101.

attendait, dans un village qui semble déjà hors du monde et qui frappe le narrateur par son étrangeté et parce que : « dans l'après-temps où vivait le village, les choses et les êtres semblaient se libérer de leur utilité et commençaient à être aimés par leur seule présence sous ce ciel du Nord »[593], habite Vera, une femme qui depuis trente ans attend obstinément un homme qui n'arrivera jamais. La foi inébranlable dans le retour de l'aimé parti en guerre l'auréole d'une sorte de halo et lui permet de vivre dans un ailleurs où l'impact de la réalité est assourdi, feutré. C'est une femme, qui selon les mots du protagoniste, semble vivre sur une autre planète[594] et qui a choisi de continuer à vivre dans ce village où, selon sa définition, on ne vit même pas au passé mais déjà au plus-que-parfait[595], mais qu'elle considère, malgré cela, comme plus authentique que la ville de Leningrad où elle a étudié et où elle percevait nettement, presque douloureusement, que sa place « était ailleurs »[596]. Pendant un cours, l'un des petits élèves de Vera évoque un papillon égaré dans la forêt et se demande où celui-ci pourra trouver un

---

[593] *La Femme qui attendait*, *op.cit.*, p. 67.
[594] *Ibidem*, p. 25.
[595] *Ibidem*, p. 109.
[596] *Ibidem*, p. 114.

abri pendant les tempêtes de neige de la Sibérie⁵⁹⁷. La maîtresse croit que ce sont justement des images comme celle du papillon qui impriment une trace durable dans l'âme des enfants, qui les aideront à survivre à l'impitoyable destin de fatigue, violence et alcool qui les attend. Une once de poésie dans le quotidien. A ce propos, Vera observe : « C'est peu, bien sûr. Et pourtant je suis certaine que ça peut sauver. Il suffit de si peu souvent pour ne pas sombrer »⁵⁹⁸.

Dans le roman *La Musique d'une vie*, à travers la musique qui retentit, de façon tout à fait inconséquente et inattendue par rapport à la vie fourmillante et misérable d'une petite gare désolée de l'Oural où une foule de passagers attend depuis longtemps un train en retard. Avec sa beauté inopportune, son *détachement*, cette musique « marque tout simplement une frontière, esquisse un tout autre ordre des choses »⁵⁹⁹. Et ses notes – remarque Makine – « s'instillent comme des instants d'une nuit tout autre »⁶⁰⁰.

---

⁵⁹⁷ *Ibidem*, p. 107.
⁵⁹⁸ *Ibidem*, p. 110.
⁵⁹⁹ Andreï Makine, *La Musique d'une vie*, Paris, Éditions du Seuil, 2001, p. 23.
⁶⁰⁰ *Ibidem*.

Au delà du simple malaise – lié, entre autres, au fait de ne pas se reconnaître dans un contexte donné, et qui détermine une condition « d'exil interne » –, l'évasion vers l'ailleurs n'est pas seulement la conséquence de circonstances historiques, mais peut jaillir de motivations existentielles. C'est le cas d'Erdmann qui, dans *Une Femme aimée*, éprouve la nécessité de plonger dans une autre époque en se projetant dans la vie de la « petite princesse allemande » et en cherchant à imaginer ses pensées plus secrètes et ses rêveries.

Ce sont presque toujours des raisons intimes qui poussent les héros vers l'ailleurs, et ce qui met en branle les personnages, c'est la voix du souvenir (comme dans *L'Amour humain*), la force captivante d'un récit (comme dans *Le Testament français*), un sentiment d'amour, la passion pour l'art. Et si parfois l'ailleurs n'est que la réponse à un désir de soulagement, il devient maintes fois une source où puiser la force de continuer à vivre et porte toujours à élargir les horizons des héros en amplifiant leur perspective de la réalité.

L'instant

> « Я помню чудное мгновенье:
> Передо мной явилась ты,
> Как мимолетное виденье,
> Как гений чистой красоты »
> Alexandre Pouchkine[601]

Dans le contexte de la poétique de l'ailleurs d'Andreï Makine se greffe le rôle fondamental attribué à l'instant. Un instant fugace (ou une série d'instants) qui naît comme une possible réponse à la précarité de la vie et aux vicissitudes tourmentées de personnages à l'identité ondoyante, éternellement sur le seuil de cultures et mondes différents, et qui peut à soi seul suffire à motiver une existence entière.

C'est un procédé qui revient tout au long de l'œuvre de l'auteur : il s'agit d'une tentative de se réfugier dans le *hic et nunc* en renonçant aux idéologies totalisantes et aux utopies lointaines. Dans le recueil de récits *Le Livre des brèves amours éternelles*, Makine constate :

> Notre erreur fatale est de chercher des paradis pérennes. Des plaisirs qui ne s'usent pas, des attachements persistants […]. Cette obsession de

---

[601] « Je me souviens d'un instant merveilleux / Tu apparus devant moi/ Comme une vision passagère, / Comme le génie de la pure beauté ». Ces vers sont tirés du célèbre poème de Pouchkine « À K*** » de 1825.

> la durée nous fait manquer tant de paradis fugaces, les seuls que nous puissions approcher au cours de notre fulgurant trajet de mortels. Leurs éblouissements surgissent dans des lieux souvent si humbles et éphémères que nous refusons de nous y attarder. Nous préférons bâtir nos rêves avec les blocs granitiques des décennies.[602]

Déjà le titre du recueil, qui est un oxymoron, laisse apercevoir qu'il est question de moments brefs dont la valeur se projette sur une longue durée. Ce sont des moments impalpables qui s'impriment dans la mémoire et qui peuvent bouleverser l'existence en lui attribuant un sens durable que personne et rien ne pourront ébrécher. Il peut s'agir d'un rêve, de l'image d'un reflet de la lumière sur la neige[603], d'une odeur – comme la senteur du bois qui brûle dans la cheminée –, du souvenir d'un soir d'été, de quelqu'un qu'on a aimé.

L'amour comme un instant éphémère qui, seul, suffit à illuminer – grâce à son souvenir – toute la vie d'après, est une constante dans les œuvres de Makine. Il suffit de penser aux deux octogénaires dans *Les Amants dans le vent*

---

[602] *Le Livre des brèves amours éternelles*, *op.cit.*, p. 81.
[603] Sur l'importance de la neige dans les œuvres de Makine *cf.* Murielle Lucie Clément dans l'essai « Rhétorique de la séduction, sémiologie du ciel » *op. cit.*, p. 195.

nocturne ou au lien entre Mila et Volski qui ne se brise pas malgré toutes les horreurs de l'époque soviétique, de la guerre à la faim, de la terreur politique au Lager. Un amour qui puise sa capacité de résister dans la force que recèlent en soi certains instants vécus ensemble et dans le pacte secrètement scellé qui les nouera, tel un fil invisible, dans l'éternité chaque fois que chacun d'eux regardera le ciel étoilé en pensant à l'autre.

Les instants individuels reliés ensemble créent un ailleurs. Selon Makine l'ensemble des instants[604] dessine une autre vie « invisible, inavouable »[605] à côté de la vie réelle. Ils forment : « un univers singulier, avec son propre rythme, son air et son soleil particuliers. Une autre planète presque »[606]. La planète à laquelle l'écrivain se réfère est un ailleurs de l'esprit qui consent à voir et à interpréter la vie quotidienne d'une façon différente.

---

[604] Les « instants éternels » qui apparaissent dans les œuvres de Makine sont l'un des éléments sur lesquels Jan McCall base son intéressante analyse parallèle des textes du *Testament français* et du *Temps retrouvé* de Marcel Proust. *Cf.* « Proust's *A la recherche* as intertext of Makine's *Le Testament français* » in *Modern Language Review* 100 (4), 2005, pp. 971-984.
[605] *Le Testament français*, *op.cit.*, p. 277.
[606] *Ibidem*, p. 260.

Autrui

> « *Je est un autre.*
> *Tant pis pour le bois qui se trouve violon [...]* »
> Arthur Rimbaud[607]

Une variation sur le thème de l'ailleurs est représentée par la notion d'autrui. Dans plusieurs circonstances, on croise dans les œuvres de Makine un personnage qui, pour survivre dans des contingences pénibles, s'approprie l'identité d'un autre et vit la vie de cet autre[608].

C'est un *topos* qu'on trouve dans *La Musique d'une vie*, où le pianiste Berg en fuite s'empare de l'identité d'un soldat mort et commence à vivre à sa place, dans *Requiem pour l'Est* où les protagonistes assument continuellement des identités fictives, simulant des vies imaginaires d'autrui étayées par des objets postiches mais vraisemblables dans leur fonction (comme l'album de photographies d'une famille qui dans la réalité n'a jamais existé) et qu'on trouve aussi dans le

---

[607] Lettre à Georges Izambard de 1871.
[608] Il s'agit d'une expérience qui, en quelque sorte, peut être reconduite à la condition de l'exil vécu comme *dépouillement intégral* (entendu comme perte de sa propre maison, langue et même de son propre nom). *Cf.* Sanda Stolojan, *Au Balcon de l'exil roumain*, Paris, L'Harmattan, 1999, p. 64.

dernier roman, *Une Femme aimée*, où le père du protagoniste cache son identité d'allemand de la Volga et se fait passer pour un juif[609]. Dans tous ces cas, l'abandon de sa propre identité[610] procure un salut éphémère, fonctionnel à la situation contingente, mais engendre pour les héros concernés souffrance et déchirement. Renoncer à être soi-même provoque une blessure inguérissable. « Un jour il faudra pouvoir dire la vérité » résonne comme un refrain dans *Requiem pour l'Est*. Et alors il arrive, comme remarque Sylwestrzak-Wszelaki[611], que parfois la révélation de sa propre véritable identité, nonobstant les conséquences que cela implique, représente une sorte de libération intérieure pour la personne qui,

---

[609] Cette fausse nationalité juive, qui au début lui épargne la déportation au-delà de l'Oural avec les autres Russes d'origine allemande, se retourne contre lui en 1948, quand une nouvelle chasse aux sorcières se déchaîna sous le nom de « lutte contre le cosmopolitisme dans la culture et les sciences ». *Cf. Une Femme aimée, op. cit.*, p. 95.

[610] Pour ne pas engendrer des souffrances, l'adoption d'une identité nouvelle doit être un libre choix. Dans le cas présent, il s'agit d'une auto-détermination (*cf.* Amos Oz, *Parola di Amos Oz in L'Espresso,* n° 80, 10 septembre 2013, p. 81) qui ne peut que jouer un rôle positif pour les êtres humains.

[611] Agata Sylwestrzak-Wszelaki, *op. cit.*, p. 113.

dans un certain sens, revient à sa propre personnalité, à son propre passé.

L'extase du beau

> « *De Satan ou de Dieu, qu'importe ? Ange ou Sirène,*
> *Qu'importe, si tu rends, — fée aux yeux de velours,*
> *Rythme, parfum, lueur, ô mon unique reine ! —*
> *L'univers moins hideux et les instants moins lourds ?* »
> Charles Baudelaire[612]

Un exemple saillant d'instant est décrit dans *Les Prisonniers de l'Eden*, un récit qui se déroule autour de l'image d'une immense pommeraie ("onirique"), plantée dans le milieu du néant. Cette pommeraie cyclopéenne, – conçue à des fins de propagande par le pouvoir soviétique déjà touchant à sa fin –, une sorte de "village Potemkine" soviétique, est douée d'une beauté insensée (en tant que stérile) mais absolue : elle est belle « Jusqu'à l'extase, jusqu'à l'évanouissement »[613]. Dans l'absurdité de sa conception se cèle l'enchantement d'une utopie : « La merveilleuse inutilité du Beau »[614]. Pendant la journée passée dans cette pommeraie avec une

---

[612] « Hymne à la Beauté » *in Les Fleurs du mal*, 1857.
[613] *Le Livre des brèves amours éternelles, op.cit.*, p. 159.
[614] *Ibidem*, p. 155.

ancienne camarade d'école, le protagoniste cherche en vain à lui faire comprendre que la beauté et le bonheur sont dans ces instants, parmi les rangées blanches des pommiers qui transforment cet endroit en un paysage lunaire, hors du temps et de l'histoire : « Cette vie inimitable que tu as toujours cherchée, elle est là. Dans cette pommeraie onirique [...], dans cette journée claire à la frontière entre le printemps et l'été. Dans cet instant si singulier qu'il n'appartient même pas à ta propre vie [...]. Cela ne se répétera jamais dans ta vie. C'est là ton destin inédit »[615].

Bien qu'existante, la pommeraie dont Makine nous parle est tellement surréelle qu'elle devient une dimension à part qui permet de se détacher de la réalité et d'élargir, par conséquent, ses propres horizons. L'ailleurs est un observatoire qui nous ouvre une vision du monde relativisée, nuancée, qui s'oppose aux certitudes granitiques et aux postulats inflexibles de l'idéologie soviétique. En outre – en tant que lieu de l'esprit – il offre une possibilité de fuir un quotidien étouffant et de s'évader vers une autre dimension dans laquelle ce sont les valeurs et les sentiments qui comptent et

---

[615] *Ibidem*, p. 171.

où la musique, l'amour, la poésie ont encore un rôle important à jouer. A travers l'ailleurs on peut accéder à la Beauté, entendue comme beauté absolue dans le sens de la célèbre formulation de Dostoïevski, prononcée par le prince Mychkine, selon laquelle "la beauté sauvera le monde"[616]. La notion makinienne de beauté, la beauté intérieure de personnages comme Charlotte Lemonnier du *Testament français* ou Volski du récit *Les Amants dans le vent nocturne*, pour ne citer que quelques exemples, tout comme celle de la *pommeraie onirique* ou de la Sibérie, est intrinsèquement liée à son idée de la fonction thaumaturgique de la littérature[617].

En conclusion, l'ailleurs forme un plan narratif alternatif par rapport au plan qui correspond à la réalité du contexte principal et interagit dialectiquement avec celui-ci, parfois en s'opposant à lui. C'est le cas, en particulier, de l'univers culturel de la Russie qui se développe, par un effet d'étrangeté, en parallèle avec la

---

[616] Fiodor Mikhaïlovitch Dostoïevski, *Idiot*, in *Polnoe sobranie sočinenij v 30 tomakh*, Leningrad, Izd. Nauka, 1973, vol. 8, p. 317.

[617] « Chaque livre doit proposer un chemin de salut », *in* Murielle Lucie Clément, « Entretien avec Andreï Makine. La littérature, science du salut », *Le Nouvel Observateur*, 1.02.2011.

France-Atlantide de Charlotte dans *Le Testament français* ou avec le patrimoine de traditions et de culture des ancêtres des Allemands de la Volga dans *Une Femme aimée*. Dans d'autres cas, le plan narratif de l'ailleurs se juxtapose au plan principal du récit ou engage un combat contre lui, ce qui engendre chez le personnage un sentiment de déchirement.

La traduction roumaine des gastronomies françaises et russes : *Le Testament français*

Iulia Corduş
Université « Ştefan cel Mare », Suceava

La perspective nouvelle d'étude que nous proposons pour ce roman à succès d'Andreï Makine nous a été inspirée par la fascination du narrateur-enfant pour les plats d'une élégance inimaginable, présents dans les articles de journal trouvés dans la valise sibérienne de sa grand-mère. Un univers séparé, énormément différent de la réalité russe quotidienne, dans laquelle les plats et les boissons, plus rudimentaires, ne permettent pas une compréhension facile pour le public enfantin. La traduction roumaine est formée de termes également sophistiqués et difficiles à imaginer, étant donnée la proximité géographique de l'espace russe et la distance de la France. La seule version roumaine de ce roman appartient à la traductrice Virginia Baciu et a été publiée aux

Éditions Univers, deux ans après la parution de l'œuvre originale.

Comme des messages subliminaires, les significations non-exprimées des plats parsemés dans le roman *Le Testament français* transmettent au lecteur des informations sur les personnages et sur leur situation sociale. Un élément qui rend l'histoire d'Aliocha et tout son cadre socio-historique plus plausible est le mélange bien maîtrisé des terminologies spécialisées utilisées, celle du régime soviétique et celle de la nourriture. Des deux types de terminologies, seulement la première pose un potentiel problème de compréhension pour le lecteur cible, car le lexique de la nourriture utilisé dans le texte a une sonorité familière pour tout le monde. Ayant une existence bien longue, le vocabulaire de l'alimentation a été formé et amélioré pendant des milliers d'années. Sa dimension hybride est causée par les emprunts de termes entre les régions géographiques, par les invasions des peuples migrateurs et par diverses influences culinaires.

Bartavelles et ortolans versus Potage de Sibérie

La scène à laquelle nous faisons référence en parlant des plats *royaux* français est leur présentation à l'occasion du banquet donné en France pour la famille du tsar russe. Nous pouvons remarquer la similitude des termes gastronomiques dans les deux versions et la préférence pour l'emprunt comme procédé de traduction.

Version française :

Charlotte [...] nous annonçait le menu du banquet donné en l'honneur des souverains russes à leur arrivée à Cherbourg :
Potage
Bisque de crevettes
Cassolettes Pompadour
Truite de la Loire braisée au Sauternes
Filet de Pré-Salé aux cèpes
Cailles de vigne à la Lucullus
Poulardes du Mans Cambacérès
Granités au Lunel
Punch à la romaine
Bartavelles et ortolans truffés rôtis
Pâté de foie gras de Nancy
Salade
Asperges en branches sauce mousseline
Glaces Succès
Dessert
[618]

---

[618] *Le Testament français*, Paris, Mercure de France, 1995, p. 41.

Version roumaine

Charlotte […] ne anunța meniul banchetului dat în onoarea suveranilor ruși la sosirea lor la Cherbourg :
Supă
Supă-cremă de creveți
Casolete Pompadour
Păstrăv din Loara înăbușit cu vin de Sauternes
Fileu de Pré-Salé cu mânătărci
Prepeliță de podgorie à la Lucullus
Găini îndopate din Mans Cambacérès
Înghețată cu vin de Lunel
Punci à la romaine
Potârnichi și ortolani fripți cu trufe
Pateu de ficat de gâscă de Nancy
Salată
Sparanghel cu sos muslin
Înghețată Succes
Desert[619]

La traductrice roumaine, Virginia Baciu, choisit parfois d'expliciter la dénomination de certains termes, comme « *vin de* Sauternes » ou

---

[619] *Testamentul francez*, trad. par Virginia Baciu, București, Univers, 1997, p. 25.

« *vin de* Lunel », pour éclairer le sens des noms propres qui ne sont pas familiers au lecteur roumain. Les « asperges en branche », qui suggèrent une modalité de préparation en entier, sans hacher le légume, sont traduites par implicitation et rendus simplement par « sparanghel ». Les « poulardes », c'est-à-dire les poules qui n'ont pas encore pondu, sont rendues par un terme qui introduit deux significations supplémentaires, « găini îndopate » (poules farcies). Le transport des termes culinaires vers la langue roumaine perd parfois des significations et des détails, comme c'est souvent le cas dans la traduction. Pour le « filet de Pré-Salé aux cèpes », la traduction roumaine reste ambiguë, vu qu'il s'agit d'une viande rouge, provenant des agneaux élevés sur des herbages inondés périodiquement par la mer, donc naturellement salés. Cette viande, qui se remarque par un goût spécial, influencé par l'alimentation de l'animal sacrifié, n'a pas d'équivalent en roumain et produit une solution traductive qui ne dévoile en rien la signification originale : « fileu de Pré-Salé cu mânătărci », ni même par une note en bas de page.

Tout comme le personnage du roman, le lecteur roumain est privé du sens de tous les plats spéciaux préparés pour le tsar ; la version roumaine fait appel à la traduction mot-à-mot et transporte la curiosité, en provoquant le même effet dans le public cible : « Cum puteam oare să descifrăm acele formule cabalistice ? Potârnichi și ortolani ! Prepelițe de podgorie *à la Lucullus* ! »[620]. Le petit garçon, qui représente la voix du narrateur, va comprendre beaucoup plus tard le sens des *bartavelles et ortolans*, moment qui se confond avec la perte de la magie des mots saisie quand il écoutait les merveilleuses histoires de Charlotte. Le pouvoir intrinsèque des termes gastronomiques français résidait seulement dans les représentations grandioses qu'il s'imaginait, mais après avoir découvert qu'« il s'agissait du gibier très apprécié des gourmands. Un plat délicat, savoureux, rare, mais rien de plus »[621], le narrateur constate avec tristesse qu'il était inutile de « répéter comme autrefois : "Bartavelles et ortolans", la magie qui remplissait mes poumons du vent salé de Cherbourg était caduque »[622].

La société française, avec sa culture gastronomique spécifique, est découverte avec une curiosité ardente par les deux enfants. Les histoires de Charlotte leur montrent que « le repas, oui, la

---

[620] *Le Testament français, op. cit.,* 1995, p. 25.
[621] *Ibidem*, p. 156.
[622] *Ibidem*.

simple absorption de la nourriture, pouvait devenir une mise en scène, une liturgie, un art »[623]. Le système complexe et cohérent de boissons vient confirmer cette théorie, car « tous ces innombrables vins formaient, selon Charlotte, d'infinies combinaison avec les fromages ! Et ceux-ci, à leur tour, composaient une véritable encyclopédie fromagère de goûts, de couleurs locales – d'humeurs individuelles presque... »[624]. La collation de Marcel Proust, composée seulement d'une grappe de raisin et un verre d'eau, les mène à penser que « ce n'est donc pas la variété des vins ou l'abondance rabelaisienne de la nourriture qui comptaient, mais... »[625] la frugalité élégante, oserions-nous compléter.

La première Guerre Mondiale a provoqué des millions de victimes en Russie durant les années de guerre, mais aussi après cette période, pendant la grande famine de 1922-1923. Ayant comme cause la nationalisation dans l'agriculture et les réquisitions abusives de l'État soviétique, les victimes très nombreuses étaient les paysans russes. L'ampleur de cette situation n'est pas intégralement décrite dans *Le Testament français*,

---

[623] *Ibidem*, p. 109.
[624] *Ibidem*.
[625] *Ibidem*, p. 111.

mais un regard attentif peut découvrir de nombreuses marques de la famine désespérante à laquelle beaucoup de personnes ne survivaient pas.

La jeune Française, récemment arrivée de France, regarde avec curiosité les « bottes d'herbe sèches », dont elle ignore l'utilisation. L'inventivité, tirée à la surface par la sensation extrême de faim, engendre des recettes de cuisine qui éblouissent Charlotte, comme le *potage de Sibérie*. Une mixture d'herbes, de tiges, de grains et de racines qui est la pauvre improvisation russe d'un repas chaud, dans le cœur de l'hiver. Albertine essaie d'encourager sa fille, en louant les qualités des diverses plantes de la taïga russe, en se demandant pourquoi les autres habitants de la région n'en profitent plus. L'effet superlatif du contraste entre le menu royal français, présenté une quarantaine de pages auparavant, et le potage qui éteint péniblement la faim, garde sa force dans la traduction roumaine. Le lecteur roumain a, quand même, l'« avantage » d'avoir connu les restrictions alimentaires soviétiques et se sent connecté aux situations sociales spécifiques comme les immenses queues devant les boutiques alimentaires ou la rationalisation des aliments et les tickets afférents.

Se trouvant dans le milieu de la Russie et dominées par une sensation de faim omniprésente, Charlotte et Albertine n'oublient pourtant pas la compassion pour les autres. Lorsqu'elles découvrent une petite Tsigane à leur porte qui grattait les planches endurcies avec les doigts violets de froid, elles prennent soin de la fillette selon leurs possibilités : « [...] Charlotte fit ce qu'elle n'aurait jamais fait pour elle. Au marché, on la vit mendier : *un oignon, quelques pommes de terre gelées, un morceau de lard*[626]. Elle fouilla dans le bac aux ordures près de la cantine du Parti [...] »[627]. La traduction en roumain montre aussi que l'orgueil disparaît à la rencontre des nécessités physiologiques : « o ceapă, câțiva cartofi înghețați, o bucată de slănină »[628]. Charlotte accepte aussi de donner des leçons de français à la fille du gouverneur de Boïarsk en échange de quelques restes de nourriture ; des heures passées dans une chambre élégante avec une adolescente très soignée, un peu plus âgée qu'elle, qui la regardait avec mépris, valaient la peine pour la nourriture qu'elle allait mener à sa mère : « Elle savait qu'il lui faudrait supporter durant toute une heure les

---

[626] C'est nous qui soulignons.
[627] *Le Testament français*, *op. cit.*, 1995, p. 86.
[628] *Testamentul francez*, *op. cit.*, 1997, p. 57.

petites grimaces de cette grande enfant dodue superbement habillée, puis au coin de la cuisine recevoir, des mains d'une femme de chambre, son paquet, les restes d'un déjeuner »[629].

La cuisine, une occupation habituelle

L'élégance dans la gastronomie est parfois regardée par un filtre préconçu qui observe les plats attentivement préparés, quand la méticulosité se concentre sur l'aspect et sur les nuances fines des vins avec lesquels on les accompagne. Toutefois, la simplicité gagne toujours du terrain, surtout si le message est transmis par l'exemple d'une personnalité imposante, comme Marcel Proust : « Un jour, nous suivîmes dans les rues de l'Atlantide un jeune dandy qui entra chez *Weber*, un café très à la mode, d'après l'oncle de Charlotte. Il commanda ce qu'il commandait toujours : une grappe de raisin et un verre d'eau. C'était Marcel Proust. Nous observions cette grappe et cette eau qui, sous nos regards fascinés, se transformaient en un plat d'une élégance inégalable »[630]. L'espace magique dans lequel le moindre geste suscite l'admiration et l'intérêt des enfants, appelé

---

[629] *Le Testament français, op. cit.,* 1995, p. 68.
[630] *Ibidem*, p. 110.

l'Atlantide, se déroule devant eux comme un scénario réel et les conquiert. Une collation qui emprunte la distinction de celui qui la commande, les raisins et le verre d'eau forment un contraste avec l'abondant menu de banquet des rois français, mais ils sont plus facilement compris par les enfants contents d'identifier un plat qu'ils pouvaient savourer aussi.

Fréquemment, deux espaces géographiques situés à une distance considérable sont la raison des véritables chocs culturels, surtout si les produits impliqués ont une connotation différente. L'exemple de la délicatesse française ayant un prix comparable à sa réputation, les cuisses de grenouilles « payées à prix d'or »[631] aident le petit Aliocha à découvrir le grand écart entre son monde quotidien et la France de sa grand-mère :

> C'est lui qui avait raconté à sa nièce l'histoire de cette incroyable addition de dix mille francs pour un cent de… grenouilles ! "Il faisait très froid, se souvenait-il ; toutes les rivières étaient couvertes de glace. Il a fallu appeler cinquante ouvriers pour éventrer ce glacier et trouver les grenouilles…" Je ne savais pas ce qui nous étonnait plus : ce plat inimaginable, contraire à toutes nos notions gastronomiques, ou bien ce régiment de moujiks (nous les voyions ainsi)

---

[631] *Ibidem*, p. 201.

en train de fendre des blocs de glace sur une Seine gelée.[632]

La même curiosité culturelle apparaît lorsqu'un personnage raconte une histoire de l'Asie Centrale et s'étonne de la manière de manger des Asiatiques : « Bien sûr que là-bas ils ne vivent pas comme nous. Ils prient leur dieu cinq fois par jour, tu te rends compte ! Et même, ils mangent sans table. Oui, tous par terre. Enfin, sur un tapis. Et sans cuillères, avec les doigts ! »[633] L'habitude des musulmans de manger assis par terre a une multitude de significations religieuses, inaccessibles aux fidèles d'autres religions qui ne savent pas comment comprendre ce geste. Le prophète Mohammed a été le premier modèle qui a mangé assis sur le sol, comme un vrai serviteur d'Allah ; sans commettre un péché s'ils mangent à la table, les musulmans ne sont pas obligés d'imiter le prophète, mais il est quand même recommandé de manger et boire en restant assis par terre[634]. Peut-être plus facile à accepter que la consommation des grenouilles, cette coutume est

---

[632] *Ibidem*, p. 110.
[633] *Ibidem*, p. 191.
[634] http://www.islamqa.info/fr/ref/9894, date de la consultation 15.10.2013.

aussi inédite pour le lecteur roumain qui découvre que dans l'Asie Centrale, les gens « mănâncă fără masă. Da, toți pe jos. În fine, pe un covor. Și fără linguri, cu degetele! »[635]

Le plus souvent, ce n'est pas les plats gastronomiques sophistiqués qui ont le plus grand impact sur celui qui les consomme. L'enfant d'autrefois, qui est devenu adulte et qui a perdu l'étonnement devant les nouvelles choses de l'enfance, garde une affinité pour la nourriture sans prétention et valorise la simplicité. Ce retour à la vie ordonnée et sans contrôle, qui arrive lors de l'inscription dans l'armée, est identifié par le narrateur avec le geste de « manger dans des gamelles en aluminium la kacha de mil »[636]. La joie de revenir *enfin* à la vie, provenant des aliments si élémentaires, a été rendue en roumain par « să mănânc din gamele de aluminiu păsat de mei »[637], expression qui semble garder le rythme de la phrase originale et qui transmet la même beauté des choses primaires.

Le même sentiment de vie calme et simple ressort de la monotonie ensoleillée de la steppe, lorsque le narrateur et sa grand-mère passaient les

---

[635] *Testamentul francez, op. cit.,* 1997, p. 126.
[636] *Le Testament français, op. cit.,* 1995, p. 198.
[637] *Testamentul francez, op. cit.,* 1997, p. 131.

jours d'été sur les rives de la Soumra. Tout ce qu'il leur fallait étaient « une grande gourde d'eau, du pain, du fromage »[638] pour compléter le « grand calme, à la fois amer et serein » qu'il sentait en menant cette vie simple. Un repas qui garde quelque chose du style gastronomique français : « o ploscă mare cu apă, pâine, brânză »[639], qui reste simple et savoureux en roumain aussi.

La vie d'antan à laquelle songe le narrateur contient des recettes de cuisine qu'on ne trouve pas dans les livres gastronomiques, caractérisées par le nombre réduit d'ingrédients et la modalité facile de préparation ; un tel exemple est le poisson enveloppé de glaise et cuit dans la braise, sur la rive de la Volga :

> Avec ses doigts rouges, écorchés, il pétrissait une boule de glaise dont il enveloppait le poisson avant de le mettre dans la braise. […] Pachka baissa le visage et se mit à retirer le poisson moulé dans l'argile en remuant la braise avec une branche. En silence, nous brisions cette croûte de terre cuite qui se détachait avec les écailles et nous mangions la chair tendre et brûlante en la saupoudrant de gros sel[640].

---

[638] *Le Testament français*, *op. cit.*, 1995, p. 237.
[639] *Testamentul francez*, *op. cit.*, 1997, p. 157.
[640] *Le Testament français*, *op. cit.*, 1995, pp. 145-148.

Si quelques fragments qui concernent la gastronomie sont difficiles à traduire, comme les termes d'un degré moyen de spécialisation « des perches au dos tigré, des brochets tachetés, des gardons à la queue rouge vif »[641], ce fragment requiert une traduction qui reste fidèle à la situation décrite et qui contient des termes et des sonorités primaires... ou primitives :

> Pachka [...] a început să scoată peștele învelit în *lut*, răscolind *jăraticul* cu o *creangă*. În tăcere, *sfărâmam crusta* aceea de *pământ ars* care se desprindea o dată cu *solzii* și mâncam *carnea fragedă*, presărând-o cu *sare grunjoasă.*[642]

Notre opinion est que la traductrice Virginia Baciu réussit très bien à rendre la sonorité de l'original et à garder l'essence de l'image décrite.

La vodka et le ratafia en coquilles d'argent

L'association des Russes avec le climat froid et la vodka est presque un cliché, mais les occurrences

---

[641] *Ibidem*, p. 143 ; la traduction roumaine de ces termes est : « Bibani cu spatele dungat, știuci pestrițe, babuște cu coada de un roșu aprins » Andrei Makine, Testamentul francez, op. cit., 1997, p. 95.
[642] *Testamentul francez, op. cit.,* 1997, p. 98.

des boissons alcooliques dans le roman ne sont pas nombreuses. Appelée *l'amère*, la vodka est vue par un personnage féminin comme un danger extrême, un *geste fatal* dans la vie des hommes ; son mari, l'oncle du personnage principal, ignorait ses avertissements et « buvait beaucoup, mais ses yeux restaient limpides, et seules ses mâchoires se serraient de plus en plus fortement »[643]. Quand le narrateur boit son premier verre de vodka offert par son oncle, il voit plus clairement la Russie, cette partie de soi-même, « ce pays interdit, [où] les mots les plus simples prenaient une signification redoutable, brûlaient la gorge comme cette "amère" que je buvais dans un épais verre à facettes »[644]. Cette image du verre épais, à facettes, contenant la boisson fortement alcoolisée, semble de nouveau très familière au lecteur roumain, un sorte de réminiscence du passé influencé par la Russie : « […] ardeau gâtul ca şi "amăruia" pe care o beam dintr-un pahar gros cu faţete »[645].

Le contraste délibéré des deux boissons, la vodka amère et âpre et le ratafia fait de pétales de roses, laisse peu à interpréter pour le lecteur. Expliqué dans une note en bas de page dans la

---

[643] *Le Testament français*, *op. cit.*, 1995, p. 185.
[644] *Ibidem*, pp. 185-186.
[645] *Testamentul francez*, *op. cit.*, 1997, p. 123.

traduction roumaine, le ratafia est illustré comme une « liqueur préparée à la maison de divers ingrédients (pétales de roses etc.) macérés dans de l'alcool et du sucre »[646]. Un détail très important est la manière de boire cette liqueur délicate qui crée de chers souvenirs : « garder pour toute leur vie le souvenir que c'est là, à l'angle d'une rue qu'on buvait du ratafia dans des coquilles d'argent. Oui, *pas dans des verres à facettes*[647], ni dans des coupes, mais dans ces fines coquilles »[648]. L'élégance de la boisson, secondée par l'argent qui a l'air de la valoriser encore plus, est transmise aussi en roumain par une phrase qui exprime toute la sonorité de l'original et même le tintement de l'argent : « [...] să păstreze pentru toată viaţa amintirea că, doar acolo, la colţul unei străzi, se bea *ratafia* în cochilii de argint. Da, nu din pahare cu faţete, ci în nişte cochilii delicate »[649].

D'autres échos du monde français arrivaient aussi dans le petit village russe qui se trouvait si loin du raffinement culinaire et gastronomique français, si apprécié dans l'Europe. Les boissons

---

[646] *Testamentul francez, op. cit.*, 1997, p. 71, (notre traduction).
[647] C'est nous qui soulignons.
[648] *Le Testament français, op. cit.*, 1995, p. 108.
[649] *Testamentul francez, op. cit.*, 1997, p. 71.

présentes dans le magasin russe fréquenté par le narrateur avaient des noms strictement français : « Et nous rappelant les étiquettes de quelques bouteilles exposées sur les rayons du *Flocon de neige*, nous nous rendions maintenant à l'évidence que c'était uniquement des noms français : "Champanskoé", "Koniak", "Silvaner", "Aligoté", "Mouskat", "Kagor"... »[650]. La stratégie de traduction en roumain réalise l'adaptation phonétique pour que les termes aient encore la sonorité française et russe en même temps : « Şi amintindu-ne etichetele câtorva sticle expuse pe rafturile de la *Fulg de nea*, ne dădeam acum, în sfârşit, seama că erau doar nume franţuzeşti : Şampanskoe, Coniac, Silvaner, Aligote, Muscat, Cahors... »[651]. La solution que nous proposons pour le dernier terme, *Kagor*, serait de garder la même graphie, car le terme est déjà introduit en roumain : *Kagor* – « vin obţinut din struguri copţi în exces din viţa de vie Cabernet Sauvignon »[652] (vin obtenu des raisins excessivement cuits de la vigne Cabernet Sauvignon[653]).

---

[650] *Le Testament français, op. cit.*, 1995, p. 109.
[651] *Testamentul francez, op. cit.*, 1997, p.72.
[652] http://www.vinescu.ro/vinuri-rosii/kagor-vin-rosu-dulce-republica-moldova-.html, date de la consultation 14.10.2013
[653] Notre traduction.

L'art d'être un bon viveur et l'attachement envers un café et son atmosphère semblent une découverte fascinante pour les enfants qui connaissent la France par le biais des histoires de leur grand-mère. Charlotte lisait en souriant l'enseigne du bistro *Au Ratafia de Neuilly*, ce qui indiquait des bons souvenirs de sa vie française et qui laissait transparaître aux enfants une science occulte des lieux spéciaux de restauration, des cérémonies gastronomiques et de l'état psychologique spécifique. L'inédit de la manière de profiter de la vie à la française apparaît dans l'esprit des lecteurs roumains aussi, qui sont plus familiarisés avec les cafés auxquels on ne s'attachait pas, dans lesquels « cel mult interiorul ei întunecos, cu ochiul albastru al unei veioze, putea trezi curiozitatea noastră »[654]. Bien sûr, nos affirmations ne s'appliquent pas pour la société roumaine après la Révolution de 1989, qui a instauré la démocratie après quarante-deux années de dictature communiste.

---

[654] *Testamentul francez, op. cit.,* 1997, p. 72) cf. « C'est encore son intérieur obscur, avec l'oeil bleu d'une veilleuse qui provoquait notre curiosité. » *Le Testament français, op. cit.,* 1995, p. 108.

Conclusion

Dans l'analyse des termes gastronomiques de la traduction roumaine du roman, *Le Testament français* s'avère un espace de rencontre de trois cultures plus ou moins similaires. Les connotations des plats de cuisine mentionnées ont une signification plus profonde que la première impression laisse comprendre. Les différences entre la France et la Russie, qui surgissent souvent dans l'étendue du roman, sont visibles dans le conflit intérieur du personnage central, dans les dissensions politiques, dans les coupures de journaux… et dans les plats et les verres des Français et des Russes. L'art de Makine de faire ressortir le contraste à tous les niveaux mentionnés est recréé en roumain assez fidèlement, ce qui justifie aussi le succès du roman sur le marché roumain.

Note : Contribution réalisée dans le cadre du programme CNCS PN-II-ID-PCE-2011-3-0812 (Projet de recherche exploratoire) *Traduction culturelle et littérature(s) francophones : histoire, réception et critique des traductions*, Contrat 133/27.10.201

Le rire à travers la parole théâtrale dans *Le Monde selon Gabriel*

Ovtchinnikova Galina,
Université pédagogique d'état
Léon Tolstoï de Toula

> « *Oui, ce trop loin est l'essence même de la vie qu'on crée au théâtre. Une vie au-delà de notre vie.* »[655]
> *Andreï Makine.*

La présente étude brosse une esquisse de l'écriture carnavalesque[656] fondée sur l'exemple de la pièce de théâtre d'Andreï Makine *Le Monde selon Gabriel*.

Un vrai maître du style en tant que romancier (Prix Goncourt et Médicis, Prix Prince Pierre de Monaco), Andreï Makine, a toujours été réticent à l'emploi de la forme dialoguée, ce qui le prépare déjà à la plume théâtrale.

---

[655] *Andrei Makine. Le monde selon Gabriel. Mystère de Noël*, Paris, éditions du Rocher, 2007, p. 7.
[656] *M. Bakhtine. Esthétique et théorie du roman*, M., 2012, 880 p.

Le Monde selon Gabriel est la première pièce d'un grand auteur.

Dès les premières pages, le lecteur tombe dans le monde des années 2020-2030.

Chaque lecteur se sent immédiatement dans l'atmosphère de la carnavalisation totale de la vie. Il est facile et il est évident d'en parler, en pensant aux heures passées par le citoyen moyen devant un écran de télévision qui « ...en dehors de très brefs moments consacrés à l'information, répand surtout du spectacle, et, parmi les spectacles, privilégie, désormais, ceux qui représentent la vie comme un éternel Carnaval, ou des bouffons et de très belles filles ne lancent pas des confettis... »[657]

Le choix de cette oeuvre dramatique s'explique par les particularités représentatives de l'écriture carnavalesque d'Andreï Makine.

La particularité de la parole théâtrale est liée aux éléments extérieurs au texte, tels que le lieu et l'espace scénique.

Dans *Le Monde selon Gabriel*, tout va se passer dans un endroit, forcément limité, le cadre du tableau, l'écran télévisé ce qui rappelle

---

[657] *Umberto Eco. A reculons, comme une écrevisse*, Grasset, 2006, 418p.

le « home theater ». Un changement de lieu provoque un nouveau tableau, une nouvelle scène. Le décor a moins d'importance que la parole théâtrale, et Andreï Makine refuse souvent le fameux « lever de rideau », en proposant le jeu d'éclairage qui acquiert un rôle stylistique de la gradation tantôt ascendante, tantôt descendante : « l'éclairage augmente graduellement suivant les trois sonneries successives » (scène 1), « la lumière bleutée d'une veilleuse » (scène 2), « l'éclairage nocturne » (scène 3), « l'éclairage bleuté de la nuit » (scène 4), « l'éclairage baissé, devenant nocturne » (scène 5), « l'éclairage de la scène devient nocturne » (scène 13), « Lumière nocturne. La lumière commence à varier devenant tantôt éclatante, tantôt bleutée, comme l'écran d'un téléviseur » (scène 14).

En revanche, certains objets de la scène ont une grande importance pour l'entourage carnavalesque : « un grand cadre de tableau (quatre mètres sur deux mètres cinquante), aux moulures richement dorées » (p.13), un drapeau tricolore, le fusil, les seins en plastique pour animer le tableau de la Liberté guidant le peuple une antilope empaillée, (p.13), des chaînes, (p.35), une pipe (p.57) qui rappelle celle de

Sartre, ainsi que ses lunettes, une boîte à musique entre les mains du Noir et beaucoup d'autres accessoires, portés par les comédiens dans les scènes convenables, sans oublier le mur. Ce décor est animé par l'auteur, ce qui renforce l'effet grotesque.

Le genre dramatique a ses traits spécifiques dont la participation dominante de l'auteur dans le déroulement de l'action est considérée comme l'un des principaux.

Un des traits essentiels de la langue théâtrale, c'est le fait que l'auteur n'a pas directement la parole, l'auteur dramatique ne peut que faire parler les autres. Ce n'est pas le cas d'Andreï Makine. Actuellement, un théâtre moderne se fonde sur la narration, au détriment de l'action dialoguée. Actuellement, on parle même de la tendance à la romanisation de l'écriture théâtrale. Les dramaturges contemporains incorporent largement des éléments narratifs dans le discours théâtral et ceci sous diverses formes : prologue, épilogue, récit de vie, didascalies narratives, etc.

L'écriture théâtrale d'Andreï Makine s'inscrit parfaitement dans cette esthétique narrative. Andreï Makine écrit l'avant-propos, où il rapporte une anecdote exemplaire : alors que l'on jouait au Théâtre d'art à Moscou une pièce de Boulgakov « Les jours de Tourbiny », pièce résolument antisoviétique, un spectateur clandestin, dissimulé dans une loge, a assisté à pas moins de 17 représentations. Ce spectateur était Staline.

Comme romancier, Andreï Makine, peut choisir la subjectivité, intervenir de manière plus au moins directe, il fait parler plutôt ses personnages, mais comme dramaturge, il n'a droit qu'aux didascalies, la pièce d'Andreï Makine en abonde. Elles sont très développées à la différence de didascalies, employées dans le sens propre de ce mot. Dans le texte traditionnel, cette parole de l'auteur est adressée au metteur en scène, aux interprètes, jamais aux spectateurs. Dans le théâtre contemporain, les didascalies deviennent plus subjectives, décrivant les états d'âme des personnages avec des commentaires sur leur comportement parfois. En voici un exemple :

> HAUT-DE-FORME : Ces terriens heureux n'auront plus besoin d'avoir un avis ou des convictions, plus besoin d'être pour ou contre, car sur l'écran tous les points seront présentés et réconciliés dans une harmonie parfaite qui dispensera de penser...

> Sa voix devient de plus en plus exaltée, mais incapable de dominer le sanglot qui le trahit. Des larmes brillent dans ses yeux. Gavroche s'approche de lui, l'observe, perplexe. »[658]

Il apparaît parfois que l'auteur de la pièce adresse ses didascalies plutôt aux spectateurs et ces dernières perdent leur fonction purement indicative : les courtes répliques de Ricardo sont coupées par les didascalies détaillées de l'auteur. Exemple :

> Haut-de-forme : « Tous dans le cadre ! Vite ! Aujourd'hui une séquence choc... : dans le cadre, le podium a trois places sur le sommet duquel monte Haut-de-forme travesti en joueur de football africain. Il porte le masque d'un Noir à la Banania, aux grosses lèvres et aux dents éclatantes. Il pose son pied sur un ballon, son short est comiquement large. Derrière lui se place Rep qui joue la République : une toge, la poitrine en plastique sous les plis du tissu, un bonnet phrygien. L'air d'une dignité grave et hiératique, il tient une couronne de laurier au-dessus de la tête du footballeur (bedonnant, un complet à carreaux, un chapeau melon, rejeté sur sa nuque, un cigarillo, un pied posé sur un sac d'argent, l'air douteux). Devant le footballeur, Gavroche : minijupe, talons aiguilles. »

---

[658] *Le Monde selon Gabriel, op. cit., p. 116.*

Le théâtre moderne recourt assez souvent aux noms communs pour la dénomination des personnages, et la pièce makinienne en est un bon exemple à citer.

Il n'y a que six personnages sur la scène qui ont des noms caricaturaux : Ricardo ou Haut-de-forme, ancien éditeur, à présent réalisateur de shows télévisés ; Maud ou 68, ancienne journaliste de gauche ; Georges ou Rep, ancien membre d'une organisation humanitaire ; Le Noir, un balayeur africain, Hélène ou Gavroche, comédienne débutante, et Gabriel ou le Prisonnier, écrivain emprisonné pour avoir écrit un livre prouvant qu'ils ne vivaient pas dans le meilleur des mondes. Ce sont des personnages explicites. Tout de même, tout le texte est imprégné par « la voix – téléphone » du personnage implicite qui est le mystérieux Grand Imagier, se chargeant de commenter, même de diriger le jeu des comédiens. Tous ces personnages représentent les couches sociales différentes, les générations différentes (Haut-de-Forme, Rep et le Balayeur sont « d'une soixantaine d'années », Maud est « d'une cinquantaine d'années », le Prisonnier est « d'une quarantaine d'années », la plus jeune est Gavroche, âgée de vingt-quatre ou vingt-cinq ans) la pensée différente de leur époque (la philosophie existentialiste de Jean-Paul Sartre, les manifestations estudiantines de mai 1968, la révolution culturelle chinoise des années 70, etc.). La littérature d'humour produit les sens de la différence : l'excessif, le bizarre, l'excentrique, tout ce qui sort de l'ordinaire, comme ce mur qui avance, qui fonctionne comme un personnage explicite : c'est un mur qui avance et rétrécit l'espace de la scène. « Le fond de la scène est occupé par un mur, en gros blocs gris, haut de cinq mètres, d'un aspect lugubre » (p.13) qui bouge.

Les comédiens réalisent pour la télévision des tableaux édifiants du passé, du présent et du futur du drame : la République guidant le peuple, le choc des civilisations, la fin de l'Histoire, la guerre des religions.

Au fil des séquences, les personnages laissent apparaître le dérisoire de leurs vies et de leurs motivations, tandis que l'écrivain, le prisonnier, se révèle le seul homme libre, porteur de la liberté spirituelle. Tout est fait sous forme burlesque et allégorique, ce que Mikhail Bakhtine appelait « le rire populaire qui accompagnait encore les cérémonies et rites civils de la vie courante : ainsi les bouffons et les sots ne manquaient jamais d'y participer et ils parodiaient chacun des actes du cérémonial sérieux »[659].

Chaque personnage porte au moins quatre-cinq masques différents tout le long du spectacle. Ricardo est Haut-de-forme, footballeur-attaquant du Milan A.C., esclave africain, dandy du dix-neuvième siècle, Sartre, prêtre mitré ; Hélène est Gavroche, protestante, footballeur ; Maud est 68, femme en tchador, Arménienne, mater dolorosa, Simone de Beauvoir, pope ; Georges est Rep, dans le rôle de Moïse, du cordonnier, du prisonnier des camps. Le seul personnage qui ne porte pas de masque, c'est le Noir qui est toujours avec son balai et sa boîte à musique avec la mélodie de la Polonaise d'Oguinski, mais sa participation a une grande importance dans ce Carnaval scénique.

Le rire de Makine fonctionne comme un exutoire quand ses personnages jouent leur dispute sur la religion. L'écriture grimaçante de cette scène fait rire et beaucoup réfléchir au sujet des religions mondiales :

---

[659] M. Bakhtine. *L'Œuvre de François Rabelais et la culture populaire au Moyen-Âge et sous la Renaissance*, 2008, 1120 p.

> GAVROCHE : Pourquoi je peux traiter ce pope orthodoxe (elle désigne 68) de moujik mangeur d'oignons, mais je dois me taire devant ce musu..., pardon, cette absence sacrée. (p.72-73)
> 68 : Tu devrais revoir le scénario, Ricardo. Notre parpaillote a raison. On ne respecte pas la parité religieuse. Rien n'empêche de traiter ce gros Moïse de veau d'or, de dire même qu'il est le futur déicide et je ne sais quelle autre connerie, mais là, ce vide (elle montre la chaise vacante), tout le monde se prosterne ! ça devient rageant, tu sais !
> REP (vexé) : Écoute, Maud, merci pour le veau... Pourquoi pas le gros porc, tant qu'on y est. Les popes en mangent sans doute en plein carême.
> GAVROCHE (en ricanant) : avec de l'oignon et de la vodka...
> 68 (agacée) : Tu la fermes, d'accord, rescapée de la Saint-Barthélemy. Les popes n'ont jamais brulé personne ni (pointant Rep du doigt) crucifié le Messie... (p.72,73).

L'écriture carnavalesque, mise en avant par Mikhaïl Bakhtine, est une bonne méthode pour exploiter, comme outil conceptuel d'étude du conflit et du carrefour entre les forces de l'ordre et du désordre, entre le haut et le bas, entre la réalité et la fiction dans la pièce d'Andreï Makine. Le haut et le bas vont de pair dans la même réplique ou dans les répliques qui se suivent. Par exemple :

HAUT-DE-FORME : Allez, vous me faites un joli fixage symbolique de deux minutes. Le maximum d'expressivité corporelle, vous savez bien... (p.88) (Les autres se figent en exprimant jusqu'à la caricature l'essence de leur personnage).
HAUT-DE-FORME : Si notre Cause exigeait ce remplacement, oui, je procéderais à un nouveau casting.
GAVROCHE : Un nouveau casting... Une paire de belles petites fesses et de jolis seins à pétrir... (p.24)
HAUT-DE-FORME : Allo ! Oui, on va abaisser le coefficient intellectuel du jeu. Oui, je comprends, plus de présence corporelle. (p.53)

Cette écriture carnavalesque trouve son incarnation dans le tissu verbal du spectacle sous forme des procédés stylistiques différents : épithètes, métonymies, métaphores, hyperboles, euphémismes, etc., ainsi que de l'intertextualité.

Les antithèses sont les plus abondantes : les spectateurs/ les non-spectateurs, une défaite à quelques jours de la victoire, vous parlez de tout et de rien.

Les oxymores et les parallélismes renforcent le caractère carnavalesque de l'écriture d'Andreï Makine : L'âge tiède, l'âge d'or.

GAVROCHE : Mais je n'ai lu ni l'un, ni l'autre.

HAUT-DE-FORME : Ce n'est pas grave. Retiens juste ça. « Tout est sexuel », c'est Freud, « Tout est politique, même le sexe », c'est Sartre... (p.123)
« La République topless (p.139), La République se déshabille : un débardeur moulant, façon gay. » (p.18)

Plusieurs champs sémantiques du style soutenu, du style parlé, de l'argot, du jargon vont de pair, en créant l'effet burlesque.

Le grotesque de Nikolaï Gogol est mondialement connu et sa phrase, employée par Andrei Makine « J'ai une très mauvaise nouvelle à vous annoncer » (p.45), prépare facilement le spectateur au Carnaval « à la russe ». Le titre du roman de Léon Tolstoï « La Guerre et la Paix » fait aussi parti du calambour makinien : « La Guerre de Religion et la Paix sans religion (p.74). La méthode Stanislavski (p.108), le théâtre d'après Tchékhov : « Si dans le premier acte on voit un fusil, dans le dernier un coup de feu doit partir. » (p.137), « Adieu, poète qui croyait avoir raison seul contre tous. » (p.136) font penser à une très grande importance des citations, du polylogue et de l'intertextualité dans le langage dramatique d'Andreï Makine.

Pour conclure, on peut avancer une opinion contraire à celle de HAUT-DE-

FORME, personnage d'Andreï Makine : « Enfin, un bavardage parisien au quotidien. Prononcé sur scène ça devient du théâtre. » (p.125) :

- le langage dramatique ne se confond pas pourtant avec la parole prononcée dans la vie courante ou avec le bavardage sans intérêt ;

- le créateur de l'oeuvre dramatique impose à ses personnages une façon de parole hétérogène pour rendre leur dialogisme plus multivocal et polyphonique, où le sérieux et le rire se trouvent sur le même plateau carnavalesque.

Bibliographie utilisée

M. Bakhtine. Esthétique et théorie du roman, M., 2012, 880 p.

Andreï Makine. Le Monde selon Gabriel. Mystère de Noël, Paris, éditions du Rocher, 2007, 158 p.

Umberto Eco. A reculons, comme une écrevisse, Grasset ,2006, 418p.

M. Bakhtine. L'Œuvre de François Rabelais et la culture populaire au Moyen-Âge et sous la Renaissance, 2008, 1120 p.

De l'ekphrasis chez Gabriel Osmonde

Murielle Lucie Clément

Andreï Makine, né en 1957, obtient en 1985 un doctorat de l'Université d'État Lomonossov de Moscou[660]. Installé en France dans les années 1980, il devient professeur de langue et de culture russes à Paris[661]. En 1991, il dépose une thèse de doctorat à la Sorbonne consacrée à l'œuvre de l'écrivain russe Ivan Bounine (1870-1953)[662]. Depuis *Le Testament français* (1995) paru au Mercure de France, roman pour lequel il reçut les

---

[660] Andreï Makine, *Roman o detstve v sovremennoi literature Francii (70-80 gody)*, Thèse de doctorat d'État (non publiée), Université d'État Lomonossov de Moscou, 1985.
[661] Selon Willem Gerardus Weststeijn, en 1985 la censure était encore très sévère en Russie et rien n'était possible. Cela pourrait, partiellement du moins, expliquer le désir de Makine de s'installer en France dans les années 1980. Cf. *Russische literatuur*, Amsterdam, Meulenhoff, 2004, p. 268.
[662] Andreï Makine, *La Prose de I. A. Bounine, Poétique de la nostalgie*, Thèse de doctorat d'État (non publiée), Paris IV, 1991.

Prix Goncourt, Prix Fémina, Prix Goncourt des Lycéens, Prix Eeva Joenpelto (Finlande), de nombreuses autres distinctions vinrent couronner son œuvre[663].

Exception faite de ces quelques données factuelles, peu de détails sont connus sur la biographie de l'auteur. Par ailleurs, depuis plusieurs années, Andreï Makine mène une double vie littéraire en publiant sous le pseudonyme de Gabriel Osmonde. C'est des romans de ce dernier dont nous nous préoccupons dans cette étude et plus précisément le dernier paru, *Alternaissance*, dont nous analysons brièvement plusieurs ekphraseis.

Etudier Osmonde fait partie des nouveautés de l'extrême contemporain. L'auteur n'a pas encore subi de méfiance due à une effervescence médiatique faisant écran. En cela, l'émergence de cet auteur authentique n'a nullement été occultée et les chercheurs ont pu se pencher sur son œuvre en toute tranquillité. Son style est inimitable et aisément reconnaissable avec ses vertigineuses variations de focalisation. Osmonde est un auteur complexe et ambigu. Il se livre à une critique de la

---

[663] Pour les références bibliographiques des romans d'Andreï Makine, cf. la bibliographie.

société, mais pas que. Il peut être terriblement virulent en en démontrant l'abjection évidente comme dans les ekphraseis suivantes qui décrivent une session de visionnement de films :

> J'ai le temps de comprendre qu'il ne s'agit pas des enfants de Lemming, que ce sont des gamins de rues, et, soudain, je vois le même garçon, nu, agenouillé dans un lit, le corps se débattant entre deux hommes, nus eux aussi. L'un d'eux est Lemming. Son visage est hilare et dur à la fois. Et cette dureté jure avec l'obscénité de son corps jaunâtre. Une seconde, je sens en moi l'espérance naïve d'un dénouement qui effacerait ce qui se prépare déjà trop clairement. Et c'est là, après une brève pause noire, que la scène change, basculant dans une physiologie plate, brutale. En gros plan, le dos maigre de l'enfant, son fessier disparaissant entre des mains d'homme et embroché sur un sexe gonflé, taché de sang. Le visage de l'enfant surgit dans un brusque déplacement de la caméra : une bouche largement ouverte dans un cri muet...[664]

Un autre garçon se laisse piéger par la caméra aux abords d'une gare. Je reconnais de nouveau un des portraits aperçus dans la villa. L'enfant traîne entre des kiosques où l'on vend des cigarettes, des canettes de bière... On suit son regard de petit pauvre. Puis, un sourire hésitant adressé à quelqu'un d'invisible qui l'interpelle. Le cadrage plus serré sur son visage, des boucles sombres qui sinuent jusqu'à ses joues, des yeux craintifs, l'expression d'un jeune chien

---

[664] Gabriel Osmonde, *Alternaissance*, Paris, Pygmalion, 2011, pp. 215-216.

errant étonné par une caresse inattendue… Sans interruption, cette fois-ci, ces boucles qu'empoigne une grosse main couverte de poils roux, son corps nu plié sous le poids d'un homme, des yeux écarquillés, ceux d'un fou. Et ce détail imprévu par le « caméraman » : une sucrerie enrobée de chocolats que les doigts de l'enfant serrent toujours…[665]

Osmonde fait preuve d'un grand pessimisme au sens schopenhauerien. Une vision sombre parcourt les romans, avec – peut-être – une certaine complaisance envers le pire. Toutefois, Osmonde sait et laisse voir qu'il existe la possibilité de faire autrement : accéder à la troisième naissance.

L'œuvre d'Osmonde révèle ses aspérités à la lecture et comme toutes les grandes œuvres – du moins la plupart d'entre elles – elle est née d'une déchirure, d'une volonté aussi de vouloir changer et sauver le monde. Cette antithèse profonde structure son univers.

Description et ekphrasis

Tout comme dans ceux d'Andreï Makine, à la première lecture des romans de Gabriel Osmonde, nous sommes frappée par le grand nombre de

---

[665] Gabriel Osmonde, *Alternaissance*, Paris, Pygmalion, 2011, p. 216.

descriptions de films. Or, nous pensons que la description de films dans le roman n'est jamais fortuite[666]. Pour la description d'une image en littérature (peinture ou photographie) on se sert souvent de la notion d'ekphrasis. Nous employons aussi ce concept pour la description de films ce qui nous amène à la question : Qu'est-ce qu'une ekphrasis ? Pour éclairer notre propos, nous traçons un court récapitulatif sur l'ekphrasis et la description[667].

Le concept d'ekphrasis est apparu au Ier siècle ap. J.C. en tant que description dans des traités de rhétorique : celui de Aelius Théon : *Progymnatasmata*[668] et *L'Art rhétorique* d'Hermogène pour qui : « On a des descriptions de personnes, de faits, de lieux et de temps »[669]. Chez ces deux auteurs, l'ekphrasis est considérée comme l'un des exercices de rhétorique réservés aux étudiants les plus avancés. Selon la définition

---

[666] À ce sujet cf. notre thèse, *Andreï Makine. Présence de l'absence : une poétique de l'art (photographie, cinéma, musique)*, chapitre IV.
[667] Pour un survol complet, cf. notre thèse, *op. cit.*
[668] Aelius Théon, *Progymnatasmata*, Paris, Les Belles Lettres, 1997. Traduction : Michel Patillon, p. 118.6.
[669] Michel Patillon, *La Théorie du discours chez Hermogène le rhéteur, essai sur la structure de la rhétorique ancienne*, Paris, Les Belles lettres, 1982.

qu'en donne Théon D'Alexandrie[670], il s'agit d'un discours périégétique qui apporte au regard ce qui doit être montré. Il emploie le terme périégétique qui signifie « faire le tour de l'objet de la description ». On peut dire, en simplifiant à l'extrême, que du domaine de la rhétorique, l'ekphrasis passe à celui de la critique littéraire. Partant de là, le terme « ekphrasis » désigne une pratique littéraire.

Si nous nous référons à William J. Thomas Mitchell dans *Picture Theory* (1994)[671], la critique a souvent voulu voir dans la description du bouclier d'Achille, le modèle de l'ekphrasis au sens moderne du terme, c'est-à-dire le modèle de la description de l'œuvre d'art. La réception du texte d'Homère a certainement fait de cette description d'un objet d'art artisanal, presque un passage obligé de l'épopée. On le retrouve dans *Les Argonautiques* d'Apollonios de Rhodes (IIIe siècle av J.C.) ou dans *L'Énéide* de Virgile (70-19 av J.C.). Pour cette raison, le texte d'Homère, la première ekphrasis et certainement la plus célèbre,

---

[670] Michel Patillon, *La Théorie du discours chez Hermogène le rhéteur, essai sur la structure de la rhétorique ancienne*, *op. cit.*
[671] William J. Thomas Mitchell, *Picture theory* (1994), University Press of Chicago, 1995, pp. 176-181.

est considéré fondateur en ce qu'il crée un motif qui devient caractéristique du genre épique. À la fin du chant XVIII de l'Iliade, il donne une description du bouclier d'Achille forgé par Héphaïstos. Ce bouclier, devra susciter l'admiration de tous, d'où la superbe description.

Pour les Anciens, la fonction première d'un discours était de montrer « l'enargia » généralement traduite par « visibilité ou évidence »[672]. Même si le terme s'inaugurait principalement dans le domaine de la rhétorique, la caractéristique métadiscursive de l'ekphrasis reste particulièrement notable dans la définition qu'en donnent les rhétoriciens contemporains tels

---

[672] Pour Aristote (384-322 av J.C.) et ses successeurs, ce principe de visibilité repose essentiellement sur le sens de la vue. Dans ce contexte, l'auditeur ou le lecteur devient spectateur, ce qu'affirment aussi Denys d'Halicarnasse et Ciceron (Ier siècle av J.C.) ou Quintillien (Ier siècle ap J.C.). Dans *L'Institution oratoire*, Quintillien précise : « le discours ne produit pas son plein effet et n'exerce pas cet empire absolu auquel il a le droit de prétendre, si son pouvoir s'arrête aux oreilles, et si le juge croit entendre simplement le récit des faits sur lesquels il doit prononcer, au lieu qu'ils se détachent en relief aux yeux de son intelligence. » Cf. Quintillien, *L'Institution oratoire*, Paris, Garnier, t. III, livre VII, 1934. Traduction : Henri Bornecque.

William J. Thomas Mitchell ou Gérard Genette[673] qui considèrent l'ekphrasis comme la description d'une œuvre d'art imaginaire ou réelle comprise dans un texte. Dans notre analyse, l'ekphrasis est entendue comme la description d'une œuvre d'art. Et par « œuvre d'art », un concept au sens large, nous comprenons la photographie, l'illustration, le film, la littérature et la musique.

L'ekphrasis est, selon nous, la représentation verbale d'une représentation visuelle ou auditive. Meschonnic reproche à « "image" de glisser surtout vers le visuel alors qu'il est capital de noter que l'analogue ne comporte aucune présence nécessaire du visuel, ne se situe pas ou pas seulement dans le visuel »[674]. En effet, nous considérons l'ekphrasis comme une représentation verbale d'une représentation visuelle, dans le cas de photographies, d'illustrations et de films, et comme représentation verbale d'une représentation auditive dans le cas de la musique. En ce qui concerne la littérature, nous optons pour une représentation visuelle ET verbale. La

---

[673] Gérard Genette, *Figures II*, Paris, Seuil, 1969, p. 59, William J. Thomas Mitchell, *Picture theory*, *op. cit.*, pp. 176-181.
[674] Meschonnic Henri, *Pour la poétique*, Paris, Gallimard, 1970, p. 102.

description étant la forme la plus courante d'ekphrasis[675]. Une forme d'ekphrasis employée avec récurrence chez Osmonde est aussi celle de la littérature avec, par exemple, les écrits de Sanko dans *L'Œuvre de l'amour* et ceux de Bôlos dans *Alternaissance*.

Nous pensons que les descriptions de films sont un point de focalisation dans les textes. En cela, nous nous référons à Mieke Bal dans *Narratology, Introduction to the Theory of Narrative* (1985)[676] : « Description is a privileged

---

[675] Mitchell note que la description est la forme la plus courante d'ekphrasis et réfère à Genette pour signifier l'absence de différentiation sémiologique entre la description et la narration, plus précisément que chaque narration et chaque description sont uniquement différentiées par le contenu et non le contenant et qu'il n'y a « rien grammaticalement parlant qui distingue la description d'un tableau de la description d'un kumquat ou d'un jeu de baseball » (cf. William J. Thomas Mitchell, *Picture theory*, *op. cit.*, p. 159). La légère différence que voit Genette entre description et narration est l'accent temporel et dramatique mis par la narration sur le récit, alors que la description apporte plutôt, selon lui, une contribution à l'étalement spatial du récit. Ceci en raison de l'attachement de la narration aux actions et événements considérés comme de purs procès et du fait que la description envisage des procès eux-mêmes comme des spectacles (cf. Gérard Genette, *Figures II*, Paris, Seuil, 1969, p. 59.

[676] Mieke Bal, *Narratology, Introduction to the Theory of Narrative*, University of Toronto Press, 2ème édition, 1992.

site of focalization, and as such it has a great impact on the ideological and aesthetic effect of the text » (p. 36). Bal définit la description dans les termes suivants : « a textual fragment in which features are attributed to objects. This aspect of attribution is the descriptive function. We consider a fragment a description when this function is dominant » (p. 36).

Nous définissons quatre fonctions de l'ekphrasis dans le récit. La fonction psychologique, la fonction rhétorique, la fonction structurale et la fonction ontologique[677]. Nous rappelons ici ces fonctions : dans la fonction psychologique, la description est entièrement soumise au personnage et renforce la voix narrative et sert d'amplificateur aux éléments de caractérisation d'un personnage. La fonction rhétorique est définie comme l'effet persuasif et affectif exercé sur le personnage du récit avec pour conséquence des développements narratifs. La fonction structurale correspond à la mise en abyme. La fonction structurale peut aussi être prémonitoire. Placé en début de récit, le film prédit les événements à venir. Et enfin, la fonction

---

[677] Sur la fonction de l'ekphrasis dans le roman, cf. notre étude *Andreï Makine. L'Ekphrasis dans son œuvre*, Rodopi, 2011.

ontologique où l'ekphrasis s'immobilise dans une symbolisation du sens même de l'œuvre et n'a plus uniquement un statut narratif. Les manières utilisées varient énormément et peuvent aller de la description détaillée à la simple allusion. La fonction structurale peut difficilement être réduite au terme de mise en abyme pure et simple[678]. Nous retiendrons donc uniquement le terme de « fonction structurale » avec la signification partielle, attribuée par Bertho : « réfléchit, résume certains aspects de l'histoire »[679].

Lecture contrapunctique

La lecture des romans et, par-là, des ekphraseis doit être, selon nous, contrapunctique. Il est en effet impossible de ne pas tenir compte de la double personnalité de l'auteur dans l'analyse de ses romans. Nous appliquerons donc aussi une lecture en contrepoint lors de l'analyse des ekphraseis.

---

[678] Pour un historique de la mise en abyme, cf. aussi Mieke Bal, *Femmes imaginaires : l'Ancien Testament au risque d'une narratologie critique,* Utrecht, Hes/ Paris, Nizet, 1986, pp. 164-180.
[679] Sophie Bertho, « Asservir l'image, fonctions du tableau dans le récit », dans *L'interprétation détournée*, textes réunis par Léo Hoek, *CRIN*, n° 23, 1990, pp. 25-35.

Le concept de lecture en contrepoint de *Culture et impérialisme*[680] d'Edward Said, fin connaisseur de musique et musicien de talent, emprunte cette notion à la musique. Said explique qu'à une relecture des archives culturelles notre regard est loin d'être univoque car nous lisons avec en « contrepoint » notre connaissance de l'histoire métropolitaine simultanément en regard de celles réprimées mais, toutefois, ces deux histoires sont indissociables l'une de l'autre. Nous pensons qu'il en est ainsi à une lecture d'Osmonde. Ses romans, bien que totalement indépendants de ceux de Makine, relatent pour la plus grande part, comme ceux-là, des événements ayant trait à la nature et la vie humaine. La question qui alors s'impose est : « Peut-on lire Osmonde sans y déceler Makine ? », une question sur laquelle nous reviendrons au cours de notre analyse.

En musique, l'art du contrepoint dans une composition occidentale classique fait ressortir plusieurs thèmes qui « se succèdent et s'évincent, chacun n'est privilégié que pour un temps »[681]. De ce chevauchement résulte une « polyphonie ordonnée » qui émane de ces thèmes et non

---

[680] Edward Said, *Culture et impérialisme* (1994), Paris, Arthème Fayard, 2000. Traduction : Paul Chemla, p. 97.
[681] *Ibidem.*

extérieure à l'œuvre. Tout comme Said, c'est dans ce sens que nous employons le terme lecture en contrepoint ou « lecture contrapunctique ». Bien qu'il applique cette lecture aux documents de l'époque coloniale ou à des écrits concernés par elle, nous l'appliquons parfois aux romans d'Osmonde en repérant des éléments que nous avons aussi trouvés dans les romans makiniens. Par exemple, lorsque le narrateur d'*Alternaissance* visionne le film « Le Tueur en série », la caméra laisse voir un papillon qui se débat contre la vitre. Le fait que le papillon ait les ailes « usées » suggère un âge avancé et peut-être un décès proche – lorsque l'on pense à la vie éphémère des lépidoptères – que l'on peut lire en contrepoint. Mais, c'est aussi un *punctum* de ce film dans lequel se rejoignent le passé, le présent et le futur existentiels.

Le narrateur d'Osmonde fournit au lecteur un autre *punctum* :

> Dans *Le Tueur en série*, il s'agit de la mutilation que notre regard commet sur autrui, en le réduisant à une nullité, oui, en le tuant. Le billet de banque qu'exhibe Ron devient le signe tangible de ce meurtre, l'universelle monnaie d'échange pour tous les objets du désir : un succulent dîner, une succulente fellation, de gras emplâtres de peinture

sur les tableaux d'une exposition d'art contemporain.[682]

Ceci nous amène à expliciter cet autre concept que nous manipulons en regard des ekphraseis : celui de Roland Barthes dans *La Chambre claire*[683] : le *punctum*. Le *punctum*, c'est le petit détail, la tache, la coupure ce qui attire l'œil. La présence du *punctum* change la lecture de la photographie (p. 1175). Lorsque Barthes décrit l'effet produit sur lui par une photographie, par exemple, celle de Lewis Payne, prise dans sa cellule, qui attend la pendaison pour avoir tenté d'assassiner W.H. Seward, le secrétaire d'État américain, il réfère à un détail qui le frappe : le *punctum* dans lequel le « ça a été » rejoint le « cela sera ». L'homme qui était devant l'objectif allait à la rencontre de sa mort. Où le passé de la photo se conjugue avec le futur de l'action qu'elle représente, le « cela sera » et le « ça a été » simultanés de Barthes. C'est le *punctum* d'intensité, du Temps : « C'est l'emphase déchirante du noème ("ça-a-été"), sa

---

[682] Gabriel Osmonde, *Alternaissance*, Paris, Pygmalion, 2011, p. 31.
[683] Roland Barthes, *Œuvres complètes*, Seuil, Paris, 1994, t. III, p. 1175.

représentation pure » (p. 1175). Ce *punctum* est lisible dans la photo historique qui contient « l'écrasement du Temps, cela est mort et cela va mourir » (*ibidem*). Le *punctum* de cette photo est : il va mourir. Futur qui se conjugue simultanément avec le passé, puisque Payne est déjà mort au moment où Barthes regarde la photo qui date de 1865. « Cela sera » et « cela a été » dit la photo. Une équivalence qui point Barthes à sa découverte.

Chez Osmonde, par exemple, le *punctum* de l'ekphrasis suivante est le « laps noir » qui laisse imaginer les moyens de séduction employés pour attirer l'enfant :

> Ce flux de violence est conçu en « sujets », en « épisodes ». Une chronique de chasse, un carnet de trophées. La victime est observée encore inconsciente de ce qui l'attend, et ce monde en suspens se colore d'une déchirante tendresse. Le néant se trahit dans un manque de savoir-faire technique, cette secousse de l'image d'une caméra déplacée, un laps noir et déjà le visage de cette petite fille en larmes, les lèvres horriblement déformées par une fellation dont un homme l'étouffe. On devine que le preneur d'image s'entortille pour approcher ce visage supplicié. Il doit être assis par terre, on voit entrer dans le champ cette chaussure noire. Ses gigotements effraient l'enfant, elle jette dans la caméra un regard très conscient insoutenable.[684]

---

[684] Gabriel Osmonde, *Alternaissance*, Paris, Pygmalion, 2011, p. 216.

Et Osmonde pose la brûlante question : « Que faire de ce seul Lemming, prêt à défendre à mort son droit d'éjaculer dans la bouche d'une enfant défigurée par la peur ? Le tuer, l'emprisonner pour le restant de sa vie ? Le guérir ? Mais comment ? »[685]

Pour comprendre le *punctum*, dit Barthes, il suffit de comparer la photographie au cinéma. Ce dernier possède le pouvoir de laisser vivre les personnages sortis du champ de l'écran, du champ de vision du Spectator. Au contraire, dans la photographie, quiconque se retrouve dans le champ de vision meurt absolument. Lorsque l'on affirme de la photographie qu'elle est une image immobile, on réfère à l'impossibilité des personnages de sortir du cadre : « Ils sont anesthésiés et fichés, comme des papillons » (p. 1147). Le *punctum* crée ce champ extérieur à la photo regardée, le *punctum* qui pourvoit la photo d'un champ extérieur. Un champ aveugle comparable à celui du cinéma, qui permet d'imaginer les acteurs en dehors de la scène représentée. En revanche, au cinéma, les personnages se meuvent et possèdent une activité

---

[685] Gabriel Osmonde, *Alternaissance*, Paris, Pygmalion, 2011, p. 218.

évidente en dehors du cadre de l'écran dans lequel ils évoluent à un moment donné.

Dans notre analyse des ekphraseis des films osmondiens, nous considérons consécutivement les approches différentes du point de vue du caméraman, du spectateur ou du référent, approches qui correspondent à trois actions : faire, regarder et subir. Trois actions qui, selon nous, engendrent une dialectique entre le passé et le présent. Le concept du *punctum* nous permettra de rechercher ce qui donne au film visionné une importance pour le narrateur osmondien.

Les fonctions des descriptions

La description d'éléments visuels dans les romans est donc rarement neutre ou objective. Elle a toujours un effet sur le personnage qui les regarde. Osmonde ne décrit pas ses films gratuitement. Par exemple, dans *Alternaissance*, le narrateur regarde un film et le commente plus ou moins simultanément :

> Le premier film que je pus voir s'intitulait *Tueur en série*. Un certain Ron sortait de son porte-monnaie un billet de banque, un dîner dans un restaurant allait être payé avec cet argent. La mastication de Ron était filmée en gros plan : la torsion rythmique de ses lèvres, le mouvement de sa pomme d'Adam à chaque déglutition... Ensuite, on le voyait choisir une

> prostituée, monter avec elle dans sa chambre. Filmant la fellation, la caméra réussissait un jeu subtil entre l'aspect vorace de cette technique sexuelle et un rapide pointillé d'objets que l'œil avait le temps de fixer : une poupée en chiffon accrochée à la porte et sur un étroit balcon ces tiges desséchées... Le titre supposait un dénouement sanglant mais il n'y eut pas de meurtre. La scène finale montra Ron dans une galerie d'art, devant une large toile couverte de guillochis multicolores. Une brève embardée de la caméra cadra un papillon aux ailes usées qui se débattait contre une vitre.[686]

Dans l'ekphrasis ci-dessus, le papillon symbolise la brièveté du plaisir ressenti par Ron lors de sa rencontre avec la prostituée et l'éphémère sensation dans la galerie d'art. Le travelling de la caméra, permet au narrateur de voir le papillon contre la vitre. Dans cette précision descriptive, le lecteur peut déceler en contrepoint un thème que l'on retrouve aussi chez Makine, entre autres dans *Le Testament français* et *Le Crime d'Olga Arbélina*. Nous avons vu précédemment le *punctum* de ce film, le papillon, mais il y en a encore un autre : les « tiges desséchées sur le balcon ». Le lecteur peut supposer et voir la prostituée les déposer là dans des velléités de

---

[686] Gabriel Osmonde, *Alternaissance*, Paris, Pygmalion, 2011, p. 20.

jardinage et, trop accaparée par ses rencontres, les abandonner à leur triste sort.

Cette ekphrasis a une fonction rhétorique car elle agit de façon persuasive sur le personnage du narrateur et sert d'amplificateur à ses éléments de caractérisation qui est celui d'un spectateur tout au long du roman. Non seulement par le visionnement des films, mais aussi en restant un observateur de son entourage. Le film exerce aussi une fonction structurale et prédit des événements à venir, principalement dans la position du narrateur. Il en est de même dans un grand nombre de ces ekphraseis.

La Vie d'un homme inconnu se retrouve dans les deux dernières phrases de l'ekphrasis suivante où la vie d'un homme est rapportée en accéléré :

> J'allais quitter la salle quand un titre me retint. *Le Rappel à l'ordre...*
> J'avais déjà vu ce film ! À Paris, juste avant d'être engagé sur le bateau par Bôlos... Un élève laissait égarer son regard au milieu des nuages pareils à un pays de montagnes... La voix du professeur rompit sa rêverie. La scène se répétait : à chaque tentative de contemplation, on le ramenait à la réalité. Les moqueries de ses camarades, le hurlement d'un sergent dans l'armée, puis le ton venimeux d'un chef de bureau... Vieil homme mourant, il entendait des voix parlant de ses funérailles. Derrière la

> fenêtre s'élevaient des nuages en immenses cimes lumineuses.[687]

En effet, à la fin du film, l'homme devenu vieux et mourant entend son entourage discuter des détails de ses funérailles tout comme Volski entend les personnes autour de lui discuter de son déménagement dans le roman makinien avec le ciel dont la récurrence est si importante dans le roman. Cette ekprasis a une fonction rhétorique sur le narrateur qui au lieu de continuer son chemin vers la sortie de la salle de projection, reste pour visionner le film suivant. Elle a aussi une fonction structurale en cela qu'elle est une mise en abyme de l'existence humaine et probablement de celle du narrateur. Enfin, elle fonctionne aussi en tant que symbolisation du sens même de l'œuvre qui RAPPELLE (cf. le titre du film) les moments clés de la vie. De plus, le ciel et les nuages forment à leur tour l'éternel recommencement.

Mais Osmonde n'est certainement pas Makine. Là où ce dernier décrit la vie d'un homme le long de tout un roman, Osmonde ne nécessite qu'une courte ekphrasis pour ce faire. Le fragment suivant accentue encore l'effet utilisé :

---

[687] Gabriel Osmonde, *Alternaissance*, Paris, Pygmalion, 2011, p. 21.

> Je connaissais aussi le film dont le titre venait de traverser l'écran : *Le Bilan*. Il dura cinq ou six minutes dont le tiers représentait une femme endormie qui vieillissait à vue d'œil. Un autre tiers la montrait travaillant derrière un guichet. Pendant une vingtaine de secondes, on suivait ses déplacements en voiture, en train... Le même temps revenait à la prise des repas. Quelques secondes suffirent pour la voir enlacée par un homme, le souffle haché par un cri d'orgasme, ce moment se confondit avec un autre, plus bref, où les râles étaient arrachés par la douleur d'un accouchement...[688]

L'orgasme et l'accouchement se mêlent dans un *punctum* où il devient clair que le futur est le résultat du présent (effet que Makine/Osmonde avait déjà utilisé dans une ekphrasis de film dans *Confession d'un porte-drapeau déchu*)[689]. L'accouchement y est alors assimilé à la conséquence de l'accouplement. Cette ekphrasis exerce une fonction rhétorique et influence grandement le narrateur dont le lecteur peut lire les digressions engendrées par le visionnement du film. Par ailleurs, il est aussi possible d'y déceler

---

[688] Gabriel Osmonde, *Alternaissance*, Paris, Pygmalion, 2011, p. 21.
[689] Dans ce roman il s'agit d'un baiser pas tout à fait échangé et après le noir du film, les vagissements d'un nouveau-né.

la fonction structurale de cette ekphrasis qui décrit la vie de l'humain et forme une mise en abyme car elle réfléchit et résume sans aucun doute une grande partie du roman et contient la philosophie osmondienne : la vie est très courte (20 000 jours).

Quelques pages plus loin, le narrateur dans son évocation du film se focalise sur sa signification :

> Oui, notre existence est bien telle que la présente *Le Bilan*. Un tiers de la vie de son héroïne est occupée par le sommeil (cette dormeuse qui vieillit à vue d'œil), un tiers par l'ennui d'un bureau encombré d'ordinateurs, une minute est destinée aux transports, quelques secondes à l'activité sexuelle... La durée de six minutes respecte les ratios d'une vie moyenne. Ce débitage, pourrait-on objecter, déforme l'enchaînement de nos faits et gestes. Mais l'évidence du bilan est là : des petits amas de jours dédiés à tel ou tel effort et au bout du compte, déconnectés les uns des autres, car la mort tire une conclusion froidement arithmétique.[690]

Lorsqu'il s'agit de dépeindre la cruauté humaine et combattre l'adage selon lequel les animaux ne seraient qu'amour et tendresse entre membres d'une même sorte, au lieu de philosopher sur le sujet et démontrer la vie des animaux égalant celle

---

[690] Gabriel Osmonde, *Alternaissance*, Paris, Pygmalion, 2011, p. 32.

des humains, Osmonde le fait aussi avec une ekphrasis :

> Un rivage océanique, une grande colonie de lions de mer, l'infinie coulée luisante de leur pelage noir. Et ce colosse dont la stature se dresse au milieu des corps plus fins, plus souples. Un sultan au milieu de son harem. "Il mesure au moins six mètres de long et doit peser trois ou quatre tonnes", commente Thomas. La femelle que ce monstre saillit disparaît presque sous lui. En gros plan, on voit une gueule béante, on entend un rugissement de plaisir, le frottement de la fourrure contre le sol. Son œil se brouille dans la jouissance et tout de suite s'éveille : de jeunes mâles s'aventurent sur son terrain, menacent ses concubines. Il éructe, se relève dans une position de combat, dénude ses crocs. Soudain, une des femelles prend peur, se précipite vers l'eau, essaye d'échapper aux mâles qui la poursuivent. Une curée de corps qui se repoussent pour la monter, des claquements de dents, une vocifération hystérique. La femelle est mordue, battue, elle saigne, les mâles se jettent sur elle, l'écrasent, déchirent sa peau, copule avec cette masse noire déjà presque inanimée, la frappent encore, puis soudain se sauvent. Dans un tourbillon d'écume, de sang, de bris de glace, deux orques déchirent la large loque de la femelle. " Morte d'avoir été trop aimée", murmure Thomas et il éteint le téléviseur.[691]

---

[691] Gabriel Osmonde, *Alternaissance*, Paris, Pygmalion, 2011, p. 186.

La dernière phrase, qui ne fait plus partie de l'ekphrasis mais décrit l'entourage et les circonstances dans lesquels le film est visionné, résume de façon magistrale tous les enjeux du fragment : l'amour, au final, s'avère d'une dangerosité létale. En ceci, cette ekphrasis exerce une fonction ontologique et comprend pour une grande part la philosophie osmondienne.

Dans la deuxième occurrence de la mention du film, Osmonde définit la signification exacte qu'il donne à ce film par l'entremise du narrateur :

> *Accident nommé "humanité"* se déchiffre encore plus simplement. L'homme, ce sommet autoproclamé de la Création, est en réalité un fragile phénomène organique, possible dans une étroite échelle de températures : s'il faisait vingt degrés de moins sur la planète, son existence serait compromise (le comédien gelé du début du film), une vingtaine de degrés de plus et nous serions prostrés comme ce gisant carbonisé sur un sol craquelé. La fin du film montre un laborantin actionnant des leviers : derrière une vitre, un homme happe l'air tel un poisson hors de l'eau. Un minime déséquilibre entre les gaz de l'atmosphère transforme l'orgueilleux bipède en carpe asphyxiée...[692]

---

[692] Gabriel Osmonde, *Alternaissance*, Paris, Pygmalion, 2011, p. 32.

C'est aussi la fonction ontologique qui est illustrée dans l'ekphrasis suivante mentionnée plusieurs fois. La première, une ekphrasis descriptive où, là aussi, l'amour est représenté. Non plus comme dangereux en soi, mais incluant le danger de la répétition et de l'ennui induits par le jeu mondain. La deuxième occurrence est explicative et confirme la fonction ontologique de l'ekphrasis :

> 1) Dans le court-métrage *Soirée*, un couple s'habille, part, se retrouve au milieu des invités, un verre de champagne à la main... Le réel des gestes est respecté et la seule liberté que le concepteur s'autorise est de mettre en doute le sens de l'événement annoncé. Les préparatifs du couple forment une intrigue à part. La femme, à moitié nue, interrompt son habillage, tâte les stries de vergetures sur le haut de ses bras. Puis, courbée, elle cherche une paire de chaussures dans un placard, son visage s'injecte de sang, s'enfle. Le bon carton enfin récupéré, elle reste un moment à souffler, mine hébétée. L'homme qui, après de longs efforts, parvient à nouer ses lacets, a aussi cette expression hagarde de quelqu'un qui tout à coup comprend l'inutilité de ce qu'il fait. Cette sensation augmente en société. La femme, tout en parlant avec une connaissance, fixe les miettes de mascara sur les cils de celle-ci ; cet œil filmé de près ressemble à un insecte couvert de vibrisses. L'homme a mal au dos, car une vieille dame de petite taille l'oblige à se pencher et lui adresse un bafouillis dont il

essaye d'éviter le souffle. Pendant le dîner, la caméra cadre la diminution des aliments dans les assiettes, le mouvement des mains, des lèvres... Au retour, les époux se déshabillent, prennent leur douche, se couchent. La pensée qui me traverse est, j'en suis certain, attendue par l'auteur du film : "Pourvu qu'ils ne fassent pas l'amour !" Après un bâillement, ils s'unissent, s'agitent mollement, se figent. La dernière séquence montre la femme étendue à côté de son mari. Elle ne dort pas et son visage, fané et maigre, est marqué d'une étrange beauté. Une pluie raye la vitre entre d'épais rideau et, de temps en temps, une branche bleuie par un réverbère fait entendre un bref froissement de feuillage.[693]

2) "Ce film... cette *Soirée mondaine*, j'essaye de comprendre... Oui, le jeu social qui envahit nos vies... En fait, c'est bien plus mortifère, car même l'amour, oui, même le désir n'est finalement qu'un jeu mondain... Toute ma vie, j'ai vécu des instants dont je ne savais parler. Ici, à la Fondation, un matin, je suis entré dans une brasserie... Une femme est venue vers moi... Il y avait de longs rais de soleil sur le plancher... Et j'ai cru reconnaître et cette lumière, et cette femme, et le silence de la salle encore déserte... Et quand je vous ai vue, cette

---

[693] Gabriel Osmonde, *Alternaissance*, Paris, Pygmalion, 2011, p. 32.

sensation de vous avoir déjà rencontrée, ce sentiment de... Comment dire ?"⁶⁹⁴

Les ekphraseis chez Osmonde présentent la vie humaine et aussi la vie de couple qui selon la description qu'en fait l'auteur se résume à une sorte de répétitions infernales. Comme l'écrit Osmonde, : « Malgré la bizarrerie des sujets, ces films n'ont rien de délirant : c'est notre vie qui défile sur l'écran. Quintessenciée, décantée de tout ajout rhétorique. »⁶⁹⁵

Conclusion

Les films métaphorisent la vie humaine et c'est toute l'œuvre osmondienne qui se reflète dans les ekphraseis filmiques qui symbolisent l'ontologie existentielle actuelle de l'humanité. Elles remplissent aussi une fonction sotériologique, en ce sens qu'elles expriment une position dont il est possible de se départir. Elles offrent une possibilité de salut à qui sait les lire. En cela, le lecteur est grandement aidé par le narrateur qui les explicite généreusement.

---

[694] Gabriel Osmonde, *Alternaissance*, Paris, Pygmalion, 2011, p. 34.
[695] Gabriel Osmonde, *Alternaissance*, Paris, Pygmalion, 2011, p. 32.

Par les ekphraseis, Osmonde démontre l'inanité de la vie et sa fin prochaine si l'humanité continue à suivre la même route. En résumé, les ekphraseis filmiques sont multifonctionnelles et toutes ont pour sujet la fragmentation de la vie humaine. Cela permet à Osmonde de réaliser une critique sociale acerbe et satirique avec des moyens littéraires très économiques d'où sont bannis les grands développements théoriques ce qui évite la stagnation de la narration. Les ekphraseis s'emboîtent parfaitement dans l'intrigue et ne pourraient en aucun cas en être occultées sans porter préjudice à la diégèse. En cela, Osmonde réalise un coup de maître et se montre le digne alter ego de Makine.

Table des matières

Page 9 : Bibliographie d'Andreï Makine
Page 11 : **Murielle Lucie Clément**, Introduction
Page 21 : **Nicole Thatcher**, Université de Westminster, Londres, « Ecrire l'autre vie »
Page 45 : **Edith Perry**, Université de Paris X, France, « Une femme aimée : biographie et jeux de miroirs »
Page 81 : **Ricard Ripoll**, Universitat Autònoma de Barcelona, Espagne, « Gabriel Osmonde et la recherche de l'autre »
Page 103 : **Erzsébet Harmath**, Université de Szeged, Hongrie, « Makine-Osmonde ET Osmonde-Makine, écrivain à multiples facettes »
Page 139 : **Alexia Gassin**, Université Paris-Sorbonne, « Andreï Makine versus Wladimir Kaminer : la perception du pays d'accueil »
Page 171 : **Željka Janković,** Université de Belgrade, Serbie, « Le symbolisme du ciel dans l'œuvre d'Andreï Makine et de Milos Tsernianski : Ulysse sous l'infini cercle bleu »
Page 205 : **F. César Gutiérrez Viñayo**, Université de Léon, Espagne, « Histoires d'inconnus, l'Histoire en continu »
Page 241 : **Annie Morgan,** University of Western Australia, « Dissolution d'un empire, dissolution de soi ? Identité, nostalgie et expérience de l'émigré dans *Confession d'un porte-drapeau déchu* (1992) et *La vie d'un homme inconnu* (2009) »
Page 285 : **Giula Gigante,** Université Libre de Bruxelles, « La poétique de l'ailleurs d'Andreï Makine »

Page 311 : **Iulia Corduş,** Université Ştefan cel Mare, Suceava, Roumanie, « La traduction roumaine des gastronomies françaises et russes : *Le Testament français* »

Page 331 : **Galina Ovchinnikova**, Université de Toula, Russie, « Le rire à travers la parole théâtrale dans la pièce d'Andreï Makine *Le Monde selon Gabriel* »

Page 345 : **Murielle Lucie Clément**, « De l'ekphrasis chez Gabriel Osmonde »

Page 377 : Table des matières

Imprimé par CreateSpace

Août 2016

www.ingramcontent.com/pod-product-compliance
Lightning Source LLC
Chambersburg PA
CBHW031612160426
43196CB00006B/102